윤재근 선생과 함께 읽는
노자 백책

윤재근 선생과 함께 읽는
노자 백책

윤재근 지음

산천재

[일러두기]

- 괄호 안 한자漢字 병기倂記는 처음 나오는 경우뿐만 아니라 내용 이해에 도움이 된다고 판단되는 경우에는 여러 번 되풀이하여 적용했습니다. 외자 한자와 음은 같지만 여러 뜻으로 쓰이는 한자, 읽는 면이 달라져서 같은 한자일지라도 다시 보여주는 것이 필요한 경우 등입니다. 기계적인 일관성보다는 한문 원전의 고전 읽기라는 책의 성격을 중심에 두고 편집했음을 밝혀둡니다.
- 인용 혹은 강조의 부호는 『노자』 혹은 관련 고전 내용은 꺾쇠괄호로, 그 외의 경우는 따옴표로 구분하여 표시했습니다.

# 머리말

　『노자老子』는 『도덕경道德經』으로도 불린다. 『노자』를 오천여 자五千餘字로 남겨준 사람은 언제 태어나서 언제 죽었는지 알려져 있지 않다. 『노자』의 저자著者는 한漢나라 때도 수수께끼의 인물이었다. 이런 연유로 노자는 어느 시대의 사람이며 『노자』라는 서書는 어느 때의 저작著作이냐를 두고 학자들 사이에 이론異論들이 분분한 편이다. 그러나 『노자』에 관한 여러 설說들이 일반 독자에게 필수적인 것은 아니라고 본다. 『노자』에 담겨 있는 말씀들이 무엇보다 소중한 까닭이다. 『노자』에 담긴 말씀들을 만나 그 속에 담긴 뜻을 저마다 나름대로 살펴 새기고 헤아려 생각의 폭을 넓히고 깊게 해가는 것이 소중하다.

　『노자』에 담긴 말씀들을 만나게 해줄 길잡이로서 『피는 꽃은 이쁘고

지는 꽃은 미운가 — 노자백책老子百策』을 마련했다. 『노자』는 학자들이 만들어낸 이론서가 아니다. 『노자』가 『도덕경道德經』으로도 불림은 그 속의 말씀들이 성인聖人의 것임을 말해준다. 『노자』는 하나의 경전經典인 것이다. 경전은 이론서를 읽듯이 읽지 않아도 된다. 이론서는 첫 면부터 차례를 따라 읽어가야 하지만 경전은 펴서 열리는 대로 어디서나 읽어도 된다. 경전에 시비是非-논란論難 등의 변론辯論이란 없다. 경전에는 선善하게 살아가라는 길이 있을 뿐이다. 『노자』를 그런 경전으로 여기고 아무 데나 열리는 대로 마음을 가다듬어 말씀을 살펴 새기면 된다. 이런 연유로 이 책은 『노자』 81편篇을 순서대로 따라 말씀을 선택하지 않고 순서 없이 이 편 저 편 등에 있는 말씀을 선택해서 독자들로 하여금 경청하게 했다.

지금 우리들에게 『노자』가 절실한 것은 잊어버린 〈나我〉를 저마다 진실로 만나봐야 하는 까닭이다. 왜 내가我 나를我 모르느냐고 할 수도 있겠지만 바깥 사물들이 꼬드기는 이욕利欲을 완전히 제하고 아무런 걸림 없이 맑고 밝은 빈방 같은 〈나我〉를 만난 적이 있는지 자신에게 물어보게 하는 말씀들이 『노자』에 가득하다. 제 주민등록 번호를 안다고 해서 저 자신을 아는 것은 아니다. 이욕利欲을 추구하고자 욕심 부리는 자신을 두고 이것이 바로 〈나我〉라고 믿는다면 그것은 〈나의 욕심〉을 따라 짓눌려 사는 삶이지 〈나〉를 누리는 하염없는 삶은 아니라고 『노자』의 말씀은 전해준다. 돈-출세-명성 등의 이욕利欲을 훌랑 벗고 한 순간이라도 다시 갓난애

嬰兒가 되어보라고 『노자』는 절절히 호소한다. 그리고 〈너를 낳아 길러주고 먹여주며 살게 하는 자연이 바로 네 어머니母임을〉 절실하게 헤아려 보지 않겠느냐고 『노자』의 말씀은 조용히 묻는다.

『노자』에 있는 말씀을 솔직히 듣는 순간 자신이 너무나 무거운 짐을 짊어지고 세파世波를 헤쳐가려 함을 깨닫게 된다. 짐을 잘 나르는 짐꾼은 얼마쯤 가다가 짐을 내려놓고 쉴 줄 안다. 하루에 한 번이라도 짊어진 짐을 내려놓고 어머니 품에 안겨 〈아자연我自然〉이 되어보라는 『노자』의 권고에 속임수란 한 점도 없다. 이러한 『노자』를 만나보면 애걸복걸하고 있는 것들이 커피 한 잔에 불과하다는 놀라움에 소스라칠 수 있다. 자연이 마련해주는 물을 마셔야 한평생 누릴 수 있음을 새삼 일깨워주는 말씀들이 『노자』에 있다.

한 잔의 산중 옹달샘 물이 되기를 바라고 『노자백책老子百策』을 마련했다. 책 읽기 싫어하는 세상에서 굽힘없이 읽어두어야 할 책들을 펴내고자 애쓰는 산천재山天齋 노미영 사장님께 고맙기 그지없다.


유산 윤재근 적음 有山 尹在根 識

차례

■ 머리말 | 5

## 1장 낳아주되 갖지 않는다

001 道可道非常道 말할 수 있다면 상도가 아니다 | 15

002 皆知美之爲美斯惡已 피는 꽃은 이쁘고 지는 꽃은 미운가 | 18

003 使民不爲盜 내가 나를 잡아먹는 무서운 그것 | 21

004 道沖而用之 아홉 구멍 덕으로 사람이 산다 | 24

005 聖人不仁 사람도 풀강아지야 | 27

006 谷神不死 신은 골짜기 같아 죽지 않는다 | 30

007 後其身而身先 소사, 무사, 또 무사 | 33

008 上善若水 물은 오로지 낮은 데로만 길을 잡는다 | 36

009 功遂身退 공이 이뤄졌거든 자신을 물려라 | 39

010 生而不有 낳아주되 갖지 않는다 | 42

011 三十輻共一轂 바퀴 구멍이 있어야 수레가 구른다 | 45

012 各歸其根 귀근은 죽음이니 고요라 한다 | 48

013 能弊不新成 끊을 수 있어 새로 취하지 않는다 | 51

014 少私寡欲 감꽃이 휠휠 떨어지듯 ｜54

015 貴食母 새끼 딸린 노루는 사냥하지 않는다 ｜57

016 不自見故明 제멋대로 보지 않으면 밝다 ｜60

017 我自然 사욕을 버리면 사람도 자연이다 ｜63

018 去甚 去奢 去泰 치우쳐 말뚝박기 하지 말라 ｜66

019 柔弱勝剛强 강약이 걸맞으면 제 소리를 낸다 ｜69

020 天網恢恢 하늘 그물은 넓고 넓다 ｜72

## 2장  성인께는 정해둔 마음이 없다

021 樸散而爲器 변하면 살고 멈추면 죽는 이치 ｜77

022 自知者明 내가 나를 바로 보고자 밝히는 것 ｜80

023 重爲輕根 무거움은 가벼움의 뿌리가 된다 ｜83

024 善言無瑕讁 까치는 까치 소리 내고 ｜86

025 自勝者强 자승에는 이기고 짐이 없다 ｜89

026 我有三寶 사랑하고 아끼며 낮추어라 ｜92

027 爲道日損 도덕을 하면 날마다 줄고 줄어 ｜95

028 萬物得一以生 도가 천지를 낳고 천지가 만물을 낳았다 ｜98

029 知者不言 아는 사람은 말하지 않는다 ｜101

030 報怨以德 심덕에는 욕심의 뿌리가 내릴 수 없다 ｜104

031 聖人無常心 성인께는 정해둔 마음이 없다 ｜107

032 合抱之木 당산나무도 작디작은 씨앗에서 생겨나니 ｜110

033 見小曰明 볍씨 대하는 모습에서 상일꾼 알아본다 ｜113

034 太上下知有之 판정은 백성이 내린다 ｜116

035 聖人被褐懷玉 성인은 베옷 입고 옥을 품는다 ｜119

036 淸靜爲天下正 인간도 본래는 청정한 목숨이었다 | 122
037 若烹小鮮 작은 생선 삶는 어머니처럼 | 125
038 法令滋彰 십리 밖 도적 잡자고 포졸이 나간 사이에 | 128
039 益生曰祥 생즉사 사즉생 | 131
040 道者萬物之奧 만물마다 도가 깃들어 있다 | 134

## 3장 경솔하면 곧장 뿌리를 잃는다

041 善用人者爲之下 사람을 잘 쓰는 사람은 그의 아래가 된다 | 139
042 知足不辱 족제비는 제 탐욕 탓으로 굴욕을 당한다 | 142
043 知其雄 守其雌 자웅의 천리 알면 | 145
044 常無欲以觀其妙 씨앗이 씨앗으로 이어지는 변화 | 148
045 衣養萬物而不爲主 천지만물을 낳아주되 주재하지 않는다 | 151
046 其猶張弓與 장인이 활을 메우듯 | 154
047 上德無爲而無不爲 상덕의 베풂으로 내가 산다 | 157
048 人法地 사람이란 땅을 본받아 사는 목숨 | 160
049 我好靜而民自正 치자의 마음이 고요하면 | 163
050 天下神器 세상은 어느 누구의 손에도 잡히지 않으니 | 166
051 大辯若訥 가장 진솔한 말은 어눌하다 | 169
052 味無味 자연에는 양념단지가 없다 | 172
053 執大象 언젠가는 없어질 온갖 운명들 | 175
054 輕則失根 경솔하면 곧장 뿌리를 잃는다 | 178
055 反者道之動 만물이란 여인숙에 머물다 가는 나그네 | 181
056 舍慈且勇 진실한 용기는 사랑에서 우러난다 | 184
057 執古之道 반드시 거두어들이는 본래의 도 | 187

058 身與貨孰多 생명과 재물에서 어느 것이 중대하냐 ㅣ190
059 知常容 바다가 모든 물을 다 받아들이듯 ㅣ193
060 言有宗 그 말이 있게 한 것을 따르라 ㅣ196


## 4장 제 태어난 바를 싫어하지 말라

061 德善矣 순리대로 변해가면 그것이 곧 선 ㅣ201
062 不以智治國 작은 지혜로 나라를 다스리지 말라 ㅣ204
063 亂之首 예절이란 어지러움의 우두머리다 ㅣ207
064 曲則全 부분이 전체이고 전체가 부분이다 ㅣ210
065 天道無親 자연의 도리에는 친밀함이 없다 ㅣ213
066 是謂微明 순리는 밤이 날이 되는 새벽과 같다 ㅣ216
067 終身不救 내 맘속에 똬리 트는 시비부터 다스려라 ㅣ219
068 民不畏威 제 태어난 바를 싫어하지 말라 ㅣ222
069 夷-希-微 보이지 않고 잡히지 않고 들리지 않는 ㅣ225
070 善人者不善人之師 불선인은 선인의 밑천이다 ㅣ228
071 生之徒-死之徒 살게 하고 죽게 하는 열셋의 무리 ㅣ231
072 不言之敎 말 않거나 말 없거나 천지의 가르침 ㅣ234
073 欲不欲 學不學 욕심내지 않음을 욕심내고 ㅣ237
074 孔德之容 한결같은 크고 텅 빈 덕 ㅣ240
075 智慧出 有大僞 지혜가 나타나 크나큰 거짓이 생겼다 ㅣ243
076 道生之 德畜之 제 새끼를 낳고 기르는 불변의 참 ㅣ246
077 跂者不立 뒤꿈치를 세운 사람은 오래 서 있지 못한다 ㅣ249
078 善勝敵者不與 짖는 개는 물지 못한다 ㅣ252
079 天下柔弱莫過於水 온 세상에서 물보다 더 유약한 것은 없다 ㅣ255

080 君子居則貴左 군자는 왼쪽을 소중히 한다 | 258


## 5장   배우기를 끊으면 걱정이 없다

081 挫其銳 등짝의 가시만 믿는 고슴도치 면하려면 | 263
082 無欲以靜 행복은 깃털보다 가볍고 모래알보다 싸다 | 266
083 不如守中 호랑이는 푸성귀를 탐하지 않는다 | 269
084 禍莫大於不知足 만석꾼 뱃속에 똥거지가 살면 | 272
085 可以爲天下母 능히 온 세상의 어머니가 된다 | 275
086 含德之厚 산중 촌부들이 누린 함덕의 삶 | 278
087 希言自然 들으려 해도 들리지 않는 말이 자연이다 | 281
088 牝常以靜勝牡 암컷은 항상 고요로써 수컷을 이긴다 | 284
089 明道若昧 클수록 어둑하고 작을수록 눈부시다 | 287
090 善者不辯 선한 사람은 교묘히 말하지 않는다 | 290
091 必以身後之 가장 낮게 고개 숙인 벼이삭이 볍씨 된다 | 293
092 知止所以不殆 무심에 머물면 재앙을 면한다 | 296
093 明白四達 명백은 빈 곳간 같은 마음이다 | 299
094 沖氣以爲和 하늘땅 사이에서 암·수컷이 조화하는 기운 | 302
095 禍莫大於輕敵 탐욕이라는 적을 얕보면 반드시 패한다 | 305
096 難得之貨令人行妨 얻기 어려운 재화는 행동을 어렵게 한다 | 308
097 知天下 방문을 나서지 않아도 천하를 안다 | 311
098 絶學無憂 배우기를 끊으면 걱정이 없다 | 314
099 天之道 해치지 않는 자연이 바로 네 어머니 | 317
100 聖人之道 제 맘대로 삶을 누리게 내버려두라 | 320

## 1장  낳아주되 갖지 않는다

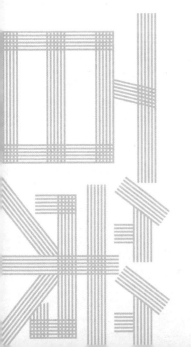

# 말할 수 있다면 상도가 아니다

道可道非常道 도가도 비상도라

---

**道可道非常道**
도가도비상도

**名可名非常名**
명가명비상명

길이라고道 말할道 수 있다면可 그 길
道은 한결의常 길이道 아니다非.
(道可道에서 앞의 도道는 〈길 도道〉로
명사 노릇하고 뒤의 도道는 〈말할 도
道〉로 동사 노릇한다.)

『노자』 1장 참조

　　길은 두 가지가 있다. 그래서 도로道路라 한다. 〈도道〉는 오로지 한쪽으
로만 가는 길이고, 〈노路〉는 팔방八方 어느 쪽이든 상관없이 오가는 길이
다. 지름길 샛길 골목길 그런 길은 다 몇 번이라도 왕래往來하는 노路 그것
이다. 그러니 우리가 늘 왔다 갔다 하는 길은 도道가 아니라 노路들이다.
딱 한 번 밟고 가면 다시는 되밟지 못하는 바로 그 길을 노자老子께서 상
도常道라고 했다. 그 성인聖人께서 그 상도를 두고 『도덕경道德經』 첫머리

에다 〈도라고道 말할 수 있다면可道 그것은 상도常道가 아니다非〉라고 밝혀놓으셔서 상도라는 낱말이 어렵게 들릴 수도 있겠다.

이리저리 어영구영 핑계대면서 가거나 말거나 제 맘대로 하는 길이 결코 아님을 밝혀두고자 도道 자字 앞에 상常을 붙였다고 여기면 되겠다. 상도常道는 아무런 속셈 없는 그저 그냥 한길一道이다. 그 외길常道은 꼬부랑길도 곧은길도 아니다. 상도는 가고 가다가 첫발을 내디뎠던 거기로 닿는 원둘레 길 외길이지 싶다. 이리저리 입맛대로 골라 갈 수 없는 원둘레 외길. 그 무엇이든 딱 한 번만 가는 상도를 우주 삼라만상이 다 가야 하는 길로 믿으면 되는 것이다.

딱 한 번밖에 못 가는 그 원둘레 길. 첫발을 떼는 순간부터 다 가는 그 순간까지 곧장 가기만 해야 하는 동그란 외길. 그 상도가 바로 생사生死의 그 길이구나 싶어진다. 첫걸음이 생生이고 끝 걸음이 사死이거니 생각다 보면 상도가 저마다 일생一生의 길이구나 무릎을 칠 수도 있겠다. 하루살이의 일생도 외길常道를 밟음이고 참새의 일생도 그 길을 밟음이고 일월日月도 은하수도 사람도 온갖 것 다 그 외길로 가는 것이니 우주 삼라만상森羅萬象치고 상도를 가지 않는 것은 하나도 없다.

물론 상도에는 거리가 없다. 만물이 저마다 딱 한 번 가는 것으로 족할 뿐이다. 장수長壽니 요절夭折 따위는 사람이 지어낸 말이고, 스무 살도 못 돼 죽은 상자殤子가 장수했고 700갑자 살다 간 팽조彭祖가 요절했다고 장자莊子가 뒤집어 말한 것도 시간의 장단이 없어서이다. 우주도 좁쌀이고 억 년도 눈깜짝이라면 어리둥절할 것이다. 지구는 크고 달은 작고 태양은 크고 지구는 작다고 말하면 정답이라며 맞장구칠 것이다. 그것은 사람이 셈하는 것이지 상도常道에는 셈이라는 것이 없다. 우주 삼라만상은 인간의 잣대나 저울로 다룰 수 없는 것이다. 그러나 사람이 아무리 알고자 해도 알 수 없는 것이 하나는 있다고 믿는 것이 편하다. 생년월일만큼은 누구나 다 안다. 허나 목숨이 언제 다할지는 모른다. 그래서 오히려 편히 사는 것이다. 죽을 날을 미리 알고 산다면 날마다 안절부절못할 게다. 죽을 때를 모르니 오히려 마냥 사는 게다.

그러니 상도란 무엇인지 말해보자고 아등바등할 것 없겠다. 나는 무엇이냐고 아무리 자문自問해본들 벙어리 되기 십상이다. 인간이 아무리 알아야겠다고 몸부림쳐도 결코 알 수 없는 것이 있음을 깨우친다면 〈상도常道는 말할 수 있다면 그것은 상도常道가 아닌 것〉이라는 노자의 말씀을 귀담아 들을 수 있고 믿을 수도 있겠다.

사람이 알려야 알 수 없는 것이 딱 하나 있다고 믿으면 되는 것이다. 상도가 바로 그것이다. 그렇다고 상도를 어렵다고 할 것은 없다는 것이다. 오히려 상도보다 더 쉬운 길은 없다고 잘라 말하는 경우도 없지 않다. 밥 먹고 잠자고 똥 싸고 아기 낳고 젊어 일하다 늙어지면 죽는 것 이런 것들이 죄다 상도를 걸어가는 일이다. 일장춘몽一場春夢이라는 말씀도 알 것이다. 흐르는 물에서는 같은 물로 발을 두 번 씻을 수 없다는 것이다. 한바탕 꿈꾸기가 곧 상도를 걷는 생사生死의 길손이다. 상도를 말할 수는 없어도 짐작 가는 외길이다.

# 피는 꽃은 이쁘고 지는 꽃은 미운가

皆知美之爲美斯惡已 개지미지위미 사악이

天下皆知美之爲美

천하개지미지위미

斯惡已

사악이

皆知善之爲善

개지선지위선

斯不善已

사불선이

온세상이 天下 다들皆 아름다운 것은美之 아름다운 것美이라고爲 알지만知 그것은斯 아름답지 않은 것일惡 뿐이고已, 다들皆 선한 것은善之 선한 것善이라고爲 알지만知 그것은斯 선하지 않은 것일不善 뿐이다已.

(사악이斯惡已의 〈악惡〉은 〈추할 추醜〉와 같다.)

『노자』 2장 참조

　화무십일홍花無十日紅이라는 말을 알 것이다. 열흘 내내 첫 봉오리로 내내 향기내고 그대로 빛깔 있는 꽃이란 없다는 것이다. 봉오리 벌려 빛깔 내며 향긋한 꽃송이도 한 닷새 지나면 지는 꽃이 되고 만다. 방년 17세 탱탱한 얼굴도 할머니가 되면 쪼글쪼글 주름져 늘어지고 만다. 그러니 갓 핀 꽃은 이쁘고 지는 꽃은 밉다 할 것 없다. 피는 꽃은 지는 꽃이 되고 소녀는 할머니가 되는 것을 하나―라고 한다. 생화生花와 낙화落花도 하나이고 소녀와 할머니도 하나라고 여기면 누구나 흘러가는 물처럼 자연自然이다.

상도常道는 온 우주宇宙에 있는 삼라만상森羅萬象을 죄다 그냥 하나一로 한다. 이를 자연自然이라고 한다. 자연이란 모든 게 그냥 하나라는 것이다. 오직 사람만 이것저것 둘二로 따져보자 한다. 그래서 사람은 미추美醜를 따지고 선악善惡을 따지고 유무有無니 장단長短이니 경중輕重이니 따진다. 따라서 호오好惡니 귀천貴賤이니 따져 시비是非 걸자며 호들갑떤다. 뱁새가 황새 걸음 흉내 짓 내면 가랑이 찢긴다고 하는데 사람이 지어낸 거짓말이다. 뱁새는 결코 황새 다리를 넘보거나 탐하지 않는다. 사람 말고는 천지天地에 모든 것들은 자연 그대로 그저 그렇게 아주 편히 살다 간다.

사람은 처음부터 행복하게 살 수 없는 동물인가 보다. 사람이 불행한 것은 호오好惡-귀천貴賤-시비是非 따위로 실랑이 치며 살기 때문이라고 한다. 미美는 좋아 붙들고 추醜는 싫어 내치는 바람에 얄궂은 일들이 생기고야 만다. 서시西施라는 미녀美女를 아시는지. 사내라는 사내는 모두 넋이 빠져 바라보다 사지가 굳었다는 그 서시가 물가에 나타나면 물고기는 어디서 괴물이 왔다며 깊은 물속으로 숨어버린다 했다. 사람이라는 사내들이 서시를 미녀라고 끙끙거리지 참새의 수컷 눈에는 그 서시도 그냥 움직이는 살덩어리 괴물에 불과하다는 것이다.

캥거루 주머니는 호주머니가 아니다. 그것은 새끼 키우는 어미의 품안이다. 다람쥐가 도토리를 숨긴다고 해서 귀貴해서 그러는 게 아니다. 사람만 귀천을 따지는 탓으로 귀한 것이면 호주머니에 넣어 집으로 가져가고 천한 것이면 아무데나 팽개치고 거들떠보려 않는다. 자연에는 모래알 따로 금 쪼가리 따로 치지 않는다. 그래서 강물은 모래나 금이나 다름없이 마냥 흘려보내는데 사람들이 떼거리로 강가에 나와 사금砂金 일어 금쪽 찾 겠다고 엄벙덤벙 와자지껄하다.

미추美醜가 갈라져 둘이 되니 시비是非 걸고, 선악善惡을 나누어 둘이 되니 시비 걸고, 있고 없음有無도 둘로 나누어 시비 걸고, 길거니 짧거니長短 둘로 나누어 시비 걸고, 어렵니 쉽니難易 둘로 나누어 시비 걸고, 속소리 겉소리音聲 둘로 나누어 시비 걸고, 높니 낮니高下 시비 걸고, 가볍다 무겁다輕重 둘로 나누어 시비 걸고, 앞이냐 뒤냐前後 둘로 나누어 시비 걸기를 일삼는 사람이라는 이 동물은 분명 이 우주 삼라만상 안에서 제일 골칫거리요 변덕쟁이 시비꾼이다.

이런 탓으로 사람은 제물齊物을 모르는 동물로 찍히고 마는 것이다. 제물이란 온갖 것이 다 같다는 말씀이다. 천지天地는 사람이나 나비나 지렁이나 사자나 강아지나 다 하나로 본다. 다만 사람이 온갖 것을 죄다 따지고 가르고 볶고 지지고 자르고 썰고 이리저리 요절낸다. 그래서 사람이란 바람 잘 날 없이 살다가 미추가 따로 없고 선악이 따로 없는 자연의 마음을 몰라서 끙끙거리다 사라지는 길손이라 생각해본 적은 없는지? 〈씨〉가 떡잎이고 〈떡잎〉이 잎새이고 〈잎새〉가 〈가랑잎〉이 되니 이 넷은 네 개가 아니라 하나라고 믿으면 자연自然의 마음心이다.

# 내가 나를 잡아먹는 무서운 그것

使民不爲盜 사민불위도

不貴難得之貨
불귀난득지화

使民不爲盜
사민불위도

不見可欲 使民不亂
불견가욕 사민불란

정치인들이 갖기得 어려운難之 돈을 貨 귀하게 하지 않으면不貴 백성으로 民 하여금使 도둑이盜 되지 않게 하며不爲 욕심 부리기를可欲 보이지 않으면不見 백성으로民 하여금使 흔들리지 않게 한다不亂.

『노자』 3장 참조

　　다스리는 사람을 치자治者라고 한다. 요사이는 치자를 정치인政治人이라고 한다. 치자가 백성을 이끌어간다. 그러니 백성은 치자의 마음을 본뜨게 마련이다. 치자의 마음속이 맑으면 백성의 마음속도 따라서 맑아진다. 그렇지 않고 치자의 마음속이 흐리면 백성의 마음속도 덩달아 흐려진다. 그래서 윗물이 맑아야 아랫물이 맑다는 것이다. 윗물이 더러우면 아랫물은 절로 더러워진다.

왜 황금 보기를 돌 보듯 하라 했겠는가. 이는 치자治者한테 던지는 경고이지 백성한테 내리는 경고가 아니다. 황금은 물론 구하기 어려운 것이다. 금 알갱이 하나 얻자면 한 섬의 땀을 쏟아야 한다고 한다. 그만큼 금 파기가 힘이 든다는 말씀이다.

황금이 귀하다고 군침을 흘리면 저도 모르게 도심盜心이 생긴다. 그러면 도둑질만 하지 않았지, 훔치고 싶은 마음은 이미 돈은 꼴이 되어 남모르게 그만 도둑놈이 되는 꼴이다. 치자가 도둑질하려는 마음만 내도 백성은 가난해지고 쪼들리게 될 수밖에 없다. 이런 연유로 황금 보기를 돌 보듯 하라는 것이다. 물론 황금을 돈이라고 여겨도 된다.

세상을 다스리겠다면 마음부터 맑아야 한다는 것이다. 그러자면 무엇보다 먼저 돈부터 멀리할 줄 알아야 한다는 것이다. 갖기 어려운 돈을 귀하게 여기지 말라 함은 돈을 천하게 여기라는 말은 결코 아니다. 땀 흘려 번 돈이야말로 참으로 고귀하고 그보다 더 깨끗한 것은 없음을 둘러 밝힌 말씀이다. 이는 곧 백성이 땀 흘려 일할 맛이 나도록 치자治者는 땀 흘려 뒷바라지 다하라는 말씀이 되기도 한다. 등치고 간 내먹는 짓거리를 목숨을 걸고 범하지 말라는 경책警策으로 들어두어야 하는 말씀이 곧 〈불귀난득지화不貴難得之貨〉이다. 이는 진실로 맑고 깨끗한 치자가 되라는 말씀이다.

욕欲이 없는 유정有情은 없다. 요샛말로 유정有情은 생물生物이라는 말이다. 그래서 욕欲이 없는 것을 일러 무정無情이라고 한다. 하고 싶고 갖고 싶은 것을 욕欲이라고 한다. 목숨이 있는 것有情이면 그것이 무엇이든 욕欲을 부리고 살아간다. 거미 수컷이 암거미와 교미를 하고 나면 암컷한테 잡아먹힌다는 것을 몰라서 암컷을 찾아가 교미하는 것은 아니다. 암컷한테 먹힐 줄 알면서도 수거미는 암컷을 한사코 찾아가 교미를 하고야 만다.

먹힐 줄 알면서도 하고 싶고 갖고 싶은 것이 바로 욕欲이다. 이러한 욕欲이 넘치기만 하면 반드시 암거미의 식욕食欲보다 더 사나운 욕欲이 된다. 그 사나운 욕欲을 탐욕貪欲이라고 한다. 탐욕보다 더 무서운 것은 없다. 내가 나를 잡아먹는 것이 바로 탐욕이니 말이다.

욕欲을 부리기 시작함을 일러 가욕可欲이라 한다. 가욕을 제대로 다스리지 못하고 내버려두면 썩은 고깃덩이 하나 두고 다투는 독수리 떼같이 엉켜 과욕過欲이 된다. 욕欲이 넘쳐 남을 과욕過欲이라 한다. 과욕이 점점 불어나면 심중心中에 홍수가 나고 만다. 홍수 나면 넘쳐나지 않는 강물이 없듯이 마음속이 송두리째 욕심으로 넘쳐나 탐욕이 똬리를 튼다. 그러면 바로 내가 나를 잡아먹는 무서운 일이 나도 모르게 저질러져 일어난다. 바로 이 탐욕의 불길이 사납게 타오른다.

탐욕의 불길은 참으로 무섭다. 탐욕은 마음속을 활활 타오르는 불길로 채우고 마음을 마치 쇳물을 녹이는 용광로처럼 만들어버리고 만다. 그러니 가욕可欲을 부리면 절대로 안 되는 것이다. 가욕을 내버려두면 반드시 탐욕으로 이어져 마음속을 쇠를 녹이는 용광로가 되게 하여 부글부글 끓게 한다. 그래서 가욕부터 잡아야 한다. 불길도 초장에 잡아야지 바람을 타면 걷잡을 수 없듯이 가욕부터 잡아야 한다는 것이다.

# 아홉 구멍 덕으로 사람이 산다

道沖而用之 도충이용지

道沖而用之
도충이용지

或不盈
혹불영

淵兮似萬物之宗
연혜사만물지종

도道는 텅 비어 어울림이다沖. 그리고
而 도道는 그것을之 쓴다用. 도道는 어
쩌더라도或 스스로 남김없이 다 채우지
않는다不盈. 깊고 깊어라淵兮 도道란
온갖 것의萬物之 뿌리와宗 같다似.

『노자』 4장 참조

　　도충道沖이란 참으로 어려운 낱말 중 하나이다. 도충道沖을 도충道冲으
로 쓰기도 한다. 冲은 沖의 속자俗字이다. 속자란 쓰기 쉽게 흔히 획을
줄여 쓰는 글자를 말한다. 그리고 沖은 허虛와 화和를 묶고 있는 자字이
다. 〈沖〉을 아쉬운 대로 〈텅 빈 沖〉이라고 새김하지만 이 沖 자와
들어맞을 우리말은 없는 것 같다. 그러나 허虛와 화和는 우리말과 들어맞
는 낱말이 있다. 허虛는 우리말로 텅 빔이라 하고 화和는 어울림이라 한

다. 그러니 〈빔과 어울림 충沖〉이라고 새김하면 되겠다. 따라서 도충道沖을 〈도道는 텅 빔과 어울림이다沖〉라고 옮겨 새기면 된다.

도충道沖의 충沖은 도道의 사리事理를 말한다. 사리란 사事와 이理를 묶은 낱말이다. 사事와 이理를 두루 잘 살펴 아는 사람을 두고 사리에 밝다 하고 그렇지 못한 이를 두고 사리에 어둡다고 말한다. 사리의 사事는 차별差別을 말하고 사리의 이理는 평등平等을 말한다. 차별이란 하나하나 나누는 다름이고 평등이란 하나하나 나누지 않고 다 같다는 것이다.

어떤 것이든 서로 다르면서事 또한 서로 같다理. 사람의 목숨과 개미의 목숨이 다르다고 여기는 것은 사람의 짓이다. 사람이든 개미이든 어느 목숨이든 숨을 내쉬고 들이쉬면서 먹고 싸야 살고 그렇지 못하면 죽는다. 이와 같음을 두고 천지天地의 목숨이라 하고 나아가 목숨의 이理라고 한다. 하지만 사람의 생김새와 개미의 생김새는 어느 모로 보나 다 다르다. 이와 다름을 두고서도 천지天地의 목숨이라 하고 나아가 목숨의 사事라고 한다. 조물주造物主라는 말을 알 것이다. 조물주는 만물萬物을 서로 같게 만들어주면서도 다르게 만들어놓는다. 그 조물주를 서양 쪽은 〈God〉이라 하지만 우리 쪽은 〈도道〉라고 한다.

열 손가락 길고 짧아도 깨물어 안 아픈 것 없다는 속담을 알 것이다. 손가락이 열 개이지만 하나라는 말씀이다. 헤아릴 수 없이 많고 모두 다른 여럿을 도道는 하나로 안고 쓴다. 이를 두고 한 글자로 충沖이라 한다. 그래서 도충道沖을 도道의 사리事理라 풀이하기도 하고 체용體用이라 풀이하기도 하는 것이다. 도道의 충沖이 허虛로써 모든 것을 하나로 안음이 곧 도리道理이고 도道의 충沖이 화和로써 모든 것을 다르게 어울림이 곧 도용道用이다. 코끼리이든 콩새이든 다 같이 안아줌이 곧 도道의 허虛이고 코끼리가 콩새보다 수십만 배나 더 먹어치우며 서로 달리 살지만 한 수풀에서 서로 어울림이 도道의 화和이다. 그러니 도충道沖을 도道의 허화虛和라고 여겨도 된다.

도道가 허虛를 다 채우지 않음을 두고 불영不盈이라 한다. 허虛가 없이는 그 무엇도 있을 수 없고 어울림을 누릴 수도 없다. 있는 것이면 그것이 무엇이든 텅 빔虛이 있어야 어울림和이 있다. 구규九竅라는 말이 있다. 아홉九 구멍竅 덕으로 사람이 산다는 말이다. 구멍이란 빈 것이다. 구멍이 없으면 먹지도 싸지도 숨질도 못한다. 살덩이 뼛속 할 것 없이 구멍투성이임을 이제는 전자현미경이 증명해준다. 오장육부五臟六腑가 어울려야 산다고 한다. 텅 빔으로써 오장육부가 서로 어울려 목숨이 부지하는 것이다. 그러니 꽉 채우지 않고 빈틈이 있어서 몸이라는 것이 이루어지는 것이다. 이를 두고 불영不盈이라 한다. 도道의 불영不盈을 비유해 연淵이라 한다. 깊고 깊은 못淵을 상상해보라. 거기서 온갖 물고기들이 숨 쉬면서 헤엄치고 산다. 못 속에 텅빔沖이 없다면 물고기가 숨을 쉬지 못할 것이다. 한이 없다는 이 우주宇宙는 도道의 연못淵인 셈이다. 거기서 삼라만상森羅萬象이 왔다 갔다 하는 것이다.

# 사람도 풀강아지야
聖人不仁 성인불인이라

天地不仁
천지불인

以萬物爲芻狗
이만물위추구

聖人不仁
성인불인

以百姓爲芻狗
이백성위추구

하늘땅은天地 어질지 않아不仁 만물을
以萬物 풀강아지로芻狗 여긴다爲. 성인
도聖人 어질지 않아不仁 백성을以百姓
풀강아지로芻狗 여긴다爲.

『노자』 5장 참조

　세상에서 가장 어진 분이 성인聖人이신데 성인을 어질지 않다不仁고 하
니 참 이상하게 들린다. 그러나 하늘땅에 있는 온갖 것萬物을 두루두루 다
같이 하나처럼 어질게 여기고 받아들이는 성인이므로 〈어질지 않다不仁〉
고 말한 것이다. 인인애물仁人愛物-사람人을 사랑하고仁 사람 아닌 것物은
아낀다愛는 말씀을 알 것이다. 공자孔子께서 인인仁人하라 하셨지 인물仁物

하라 하시지 않았다. 그래서 노자老子께서는 〈사람만 어질게 하라仁人〉는 말씀을 멀리하셨지 싶다.

노자께서는 있는 것이면 그것이 무엇이든 모조리 다 하늘땅의 자식이라고 여겼고 믿었다. 이 자식 저 자식 차별하는 어버이가 없듯이 천지天地는 모든 것을 하나로 본다는 것이다. 그런데 어찌 성인聖人이 사람만 사랑하라고 하겠느냐는 것이다. 성인은 모조리 다 사랑하므로 유별나게 사람만 편애하지 않는다는 말씀이 성인불인聖人不仁이겠다. 노자께서는 〈성인聖人이란 천지天地가 하는 대로 따라하는 분〉이라고 말한다. 사람은 귀하고 지렁이는 천하다고 말하지 말라는 것이다. 천지는 사람이 귀하다면 지렁이도 귀하고 지렁이가 천하다면 사람도 천하게 여긴다는 것이 노자의 자연自然-무위無爲라는 생각이다. 그래서 천지는 만물을 추구芻狗로 보고 따라서 성인도 사람을 추구로 여긴다는 것이다.

추구芻狗란 풀芻과 개狗라는 말이다. 사슴이 풀을 뜯어먹으니까 사슴을 위하여 천지가 풀을 낳아준 것이 아니고 사람이 개를 잡아먹으니까 천지가 사람을 위하여 개를 낳아준 것이 아니라는 뜻으로 추구芻狗라고 말한다. 또 추구는 제사祭祀에 쓰는 풀강아지를 뜻하기도 한다. 제사를 올리기까지는 아주 조심스럽게 모시다가 제사가 끝나면 불쏘시개가 될까 보아 풀어서 길가에 헌신짝처럼 팽개쳐지고 마는 것이 풀강아지芻狗이기도 하다.

귀하다가 천하다가 둔갑하는 것이 추구芻狗이다. 이처럼 천지가 보기로는 사람도 귀하다 천하다 할 것 없고 새-짐승-초목 역시 귀천을 따질 것 없다는 깊은 뜻을 담고 있는 말씀이 자연自然이고 무위無爲를 뜻해주는 풀강아지라는 것이다.

모든 것은 하나로서 그냥 그대로 같아 자유롭다는 것이 자연自然이라는 말이다. 그러니 이것저것 편 갈라 내 편 네 편 따지지 말고 제 욕심 없이 마음먹고 행하라는 말씀이 무위無爲이다. 이런 까닭으로 자연-무위라는 말씀이 참 귀찮게 들릴 수도 있다. 자기를 위해서만은 자유-평등 외치면서도 남을 위해서는 인색한 편이고 욕심 부리지 말라고 아우성치면서도 네 욕심 버리라면 벌컥 화내는 것이 우리 사람이다. 이러니 풀벌레 따위를 두고 추구芻狗라면 모르겠지만 사람을 추구라 해서 말이 되느냐고 날을 세우고 어찌 사람과 지렁이가 같을 수 있겠느냐고 펄쩍 뛸 수도 있겠다.

그러나 바르르 하는 성질머리 가라앉히고 먹고 살다가 죽는다는 문제를 한 번쯤 생각해보면 불인不仁이니 추구芻狗라는 말이 솔깃할 수도 있다. 목숨이 있다는 것이면 무엇이든 숨을 쉬고 먹고 싸고 하면서 살다가 죽어간다는 점만은 어느 누구도 부인할 수 없을 것이다. 이처럼 생사生死를 두고 본다면 만물은 모조리 다 하나이니 따로 편애할 것도 없어 추구라 한들 틀릴 것 없다. 참새의 숨질-붕어의 숨질-사람의 숨질이 저마다 다르다고 할 수 없다. 천지에 이리저리 불고 다니는 한 바람은 숨질한다. 물고기가 마시면 죽는 물을 사람이 마시면 사람도 죽는다. 저마다 입맛 따라 먹는 것이 다를지라도 먹었으면 반드시 배설해야 하는 짓 역시 다 같다. 그래서 천지는 온갖 목숨을 하나로, 즉 무위자연無爲自然으로 보는 것이고 이에 따라 성인聖人도 만물을 하나로 보기에 사람도 하나의 추구芻狗라고 밝힌 것이다.

# 신은 골짜기 같아 죽지 않는다

谷神不死 곡신불사라

谷神不死
곡신불사

是謂玄牝
시위현빈

玄牝之門
현빈지문

是謂天地根
시위천지근

골짜기처럼谷 (상도常道가) 변화하게 하는 짓은神 죽지 않는다不死. 이것을 是 신비로운玄 암컷이라牝 한다謂. 신비로운玄 암컷의牝之 문門 이것을是 하늘땅의天地 뿌리라고根 한다謂.

『노자』 6장 참조

곡신谷神이라. 신神은 골짜기谷 같아 죽지 않는다不死고 한다. 곡신의 곡谷은 도道가 어려우니 그것을 쉽도록 비유해주고 신神은 그 도道가 만물을 변화하게 하는 짓을 뜻한다. 말하자면 곡谷은 도道의 '이미지'이고 신神은 도道의 일꾼인 셈이다. 그러니 곡신의 신神은 서양에서 말하는 'God'과는 아무런 관계가 없다. 있는 것이면 무엇이든 도道의 신神이 아닌 것이란 없다. 왜냐하면 모든 것은 다 도道의 짓神으로 살다 가는 것들이기 때문이다. 도道의 짓神으로 있다 가는 온갖 것이 도道의 품에 안겨 있음을 형상形象해주는 골짜기谷는 온갖 것을 다 품어준다. 그래서 곡谷을 상도常道의 유嶮로 친다. 유嶮란 이미지로 말하기이다.

노자께서는 도道를 우주宇宙-만물萬物의 어머니母로 본다. 어머니가 나를 낳아주었듯이 도道가 삼라만상森羅萬象 온갖 것을 모조리 다 낳아준다는 것이다. 그 어머니가 꼭 빈 골짜기谷 같은지라 곡신谷神이라는 술어術語를 노자께서 지어냈다고 여겨도 된다.

아주 높은 산에 올라 마루에 앉아보면 곡신이라는 말씀이 실감난다. 높은 산마루에 오르면 위쪽 하늘 잠깐 치어다보고 곧장 아래쪽으로 훑어내려 빈 골짜기를 죽죽 따라 내려보게 된다. 북한산 마루 같은 데서야 '야호 야호' 부산 떨지라도 지리산 설악산 등 높은 산마루에 올라서는 그런 호들갑 떨 엄두가 나지 않는다. 저절로 엄숙해지고 마는 까닭에 머리 위 허공 잠깐 처다보다 발밑 쪽으로 절로 눈길이 가게 된다. 그러면 장대한 골짜기의 허공이 압도해 오고 온갖 것이 어머니 품안에 안겨 있네 싶어 단박에 황홀해하다가 절로 엄숙해지고 만다. 골짜기의 허공 덕으로 온갖 초목이고 산짐승 산새이고 가릴 것 없이 안겨 숨 쉬고 먹고 마시고 살다 간다는 생각이 문득 떠올라 온갖 오두방정들이 쓸려가고 마음이 신성해진다. 그 순간 〈곡신谷神〉이라는 말씀이 절실해질 수 있다.

곡신을 현빈玄牝이라고 불러서 더욱더 어머니가 신성하다는 생각이 앞선다. 암수를 유식하게 말해서 자웅雌雄이라 하고 더더욱 유식한 말로 빈모牝牡라고 한다. 암컷 빈牝-수컷 모牡라는 게다. 노자께서는 어렵게 들리는 도道를 현빈玄牝 즉 신비로운玄 어머니牝라고 불러 누구나 가까이 가고 싶게 해두었다. 어머니 없이는 태어날 수 없듯이 도道가 없다면 아무것도 태어나지 못함을 깨우치게 하려는 속셈으로 도道를 현빈玄牝이라고 불러두셨지, 이렇게 짐작해봐도 된다. 현빈, 이 말씀은 천지만물의 어머니이면서 동시에 천지만물이 나왔다 들어가는 문門이기도 하다.

어머니가 신비로운 것은 오로지 어머니만 출생의 문을 간직하고 새로운 목숨을 낳을 수 있기 때문이다. 그래서 천지만물이 출생하는 도道의 문門을 현빈지문玄牝之門이라고 한다. 우리 모두 그 어머니의 문으로 나온 목숨들이다. 온갖 목숨이 나오는 문은 다 신비로운 어머니玄牝의 문이다. 도道라는 어머니께서 저 멀리 하늘에 있는 은하수들도 낳고 우리 태양계도 낳고 그 속에 있는 온갖 것을 낳아 품어준다고 상상해보라.

노자께서는 도道의 품안을 허虛라고 한다. 어머니가 열어준 문을 나오면 그 빔虛이 품어주어 살다가 다시 나왔던 문으로 돌아간다고 한다. 현빈지문을 출입문이라 한다. 어느 것이든 딱 한 번 나오고 딱 한 번 들어가는 생사生死의 문이 도문道門이다. 그래서 우리 모두는 도문에서 한 번 나왔다가 딱 한 번 그 문으로 돌아가야 하는 나그네 같다고 한다. 나왔다 돌아가는 거기를 천지天地의 뿌리根라 한다. 천지근天地根이란 현빈 즉 신비로운玄 어머니牝로 불리는 도道를 일컫는 말씀이다. 천지만물이 종種 따라 저마다 달리 보이지만 따지고 보면 하나의 뿌리根에서 돋아난 한 싹이라는 생각이 솟아들면 어느 것 하나 새삼 반갑지 않은 것이란 없게 된다.

# 소사, 무사, 또 무사

後其身而身先 후기신이신선이라

是以聖人後其身而身先
시이성인후기신이신선

外其身而身存
외기신이신존

非以其無私耶
비이기무사야

故能成其私
고능성기사

이是 때문에以 성인은聖人 그其 자신을身 뒤로해도後而 그其 자신은身 앞서고先, 그其 자신을身 제쳐도外而 자신은身 생생하다存. 제 몫이其私 없음으로써以無 생생함이存 아닌 것 非인가耶? 무사無私하기 때문에故 성인聖人은 능히能 제 몫을其私 이룩한다成.

『노자』 7장 참조

　노자는 마음 편히 살고자 한다면 무엇보다도 소사少私하라고 한다. 제일 어려운 일이 제 몫私을 줄이는少 쪽이다. 남의 밥에 있는 콩이 더 커 보인다는 속담을 알 것이다. 저마다 드러내지는 않아도 혹시라도 제 몫이 적어질세라 속앓이를 치르면서 그러지 않은 척 시치미 떼고 살아가려는 세태가 지금 세상이다. 왜 눈 뜨고 코 베이는 세상인지라 살얼음판 건너가듯 산다는 푸념들이 여기저기서 쏟아질까? 제 몫私이 적어질세라少 신선身先하게 해서는 안 된다는 속셈을 저마다 숨겨두고 살아가는 까닭이다.

신선身先이란 남을 앞세운다는 말씀으로 소사少私를 달리 밝힌 것이다. 신선하라는 말씀도 지금 세상에서는 결코 용납될 수 없는 것이다. 자기 PR을 서슴없이 풀어내야 살아남는 세상에서 신선하다간 쪽박도 못 찬다고 잘라버릴 것이다. 그러니 자신을 뒤로 하라는 후기신後其身이라는 말씀은 얼토당토않은 헛소리라고 내동댕이쳐지기 일쑤이다. 후기신하다간 무한경쟁의 세상에서 지는 놈이 되어 알거지 꼴로 인생이 망쳐진다고 다짐하게 마련이다.

하지만 노자께서는 끊임없이 후기신後其身하라고 신신당부한다. 배고프다고 허겁지겁 먹어치웠다간 얹히게 마련이고 목마르다고 벌컥벌컥 들이켰다간 사레들기 십상이라는 것이다. 배고플수록 꼭꼭 씹어 천천히 넘겨야 빈 배 속이 놀라지 않고 목마를수록 잘금잘금 마셔줘야 켕긴 목구멍이 술술 풀릴 수 있다는 것이다. 무턱대고 남보다 앞서야 한다고 발버둥치다가는 세상에 널려 있는 덫에 걸려들기 쉽다는 것이다. 그래서 후기신하라는 것이지 뒤처져 망하라고 후기신하라는 말씀은 결코 아니다.

덫에 걸려드는 산짐승은 늘 앞장서서 뽐내며 달리던 놈이다. 산짐승치고 중간치나 새끼는 덫이나 올무에 걸려들지 않는다. 무리 중에 우두머리가 앞장서서 힘차게 달리다가 덫에 걸려 발이 잘리거나 올무에 묶여 목 졸려 인간의 밥상에 오르게 된다. 이런 꼴이란 앞서다가 당하는 재앙이다. 인간도 남보다 앞서려다 덫에 걸려든 산짐승 꼴이 되어버리는 경우가 허다하다. 눈만 남겨둔 채 얼굴은 가리고 쇠고랑 찬 손목은 헝겊으로 덮이고서 법정으로 끌려가는 자들은 거의 모두가 이놈의 〈사私의 덫〉에 걸려든 때문이다. 이놈의 〈사私〉만 적다면 그런 험한 꼴을 당할 리 없다. 모든 못된 짓의 실마리는 이놈의 〈사私〉에서 비롯된다. 고스톱 판 욕심이 '죽어도 고'라고 외치게 하듯이 이놈의 〈사私〉가 남보다 앞서라고 꼬드기고 거기 놀아나 험한 꼴을 당하고 나서야 땅을 친들 소용없게 된다. 그래서 모든 성인聖人들은 제발 무사無私하라고 누누이 당부한다.

그런데 〈제 몫私〉이라는 놈은 탐貪하지 않으면 무엇 하나 잃지 않게 한다. 고깃덩이 물고 외나무다리 건너던 개가 다른 놈의 입에 물린 물속 고깃덩이가 탐나 컹 하고 짖었다가 제 입에 물린 것마저 물고기 밥으로 빼앗겼다는 이야기를 떠올린다면 〈사私의 탐貪〉이 인생을 망치게 함을 누구나 알 수 있다. 〈남을 앞세워주고身先 자신을 뒤로 하라後其身〉는 노자의 말씀도 〈사私를 탐하지 말라〉는 말씀이다. 쉽게 말해서 함부로 여기저기 들쑤시면서 욕심 부리지 말라는 말씀이다. 게걸스러운 꼴보다 흉한 꼬락서니는 없다. 욕심이 목구멍까지 꽉꽉 차게 되면 이놈의 〈사私〉가 용솟음쳐 숨통을 틀어막는다. 조마조마 할 것 없이 마음 턱 놓고 두 다리 쭉 뻗고 악몽 하나 없이 밤잠을 자고 싶다면 소사少私하여 후기신後其身하면 된다. 물론 이렇게 하기란 참 어렵다. 하지만 내가 후기신하면 남들이 나를 밟고 지나갈 꾀는 내지 않겠지?

# 물은 오로지 낮은 데로만 길을 잡는다

上善若水 상선약수라

---

上善若水
상선약수

水善利萬物而不爭
수선리만물이부쟁

處衆人之所惡
처중인지소오

故 幾於道
고 기어도

상선은上善 물과水 같다若. 물은水 만물을萬物 잘善 이롭게 하면서도利 而 다투지 않고不爭 세상 사람들이衆 人之 싫어하는惡 곳에所 머문다處. 그래서故 물은 도에於道 가깝다幾.

『노자』 8장 참조

상선上善은 물과 같다若水. 이는 무척 유명한 말씀이다. 상선약수上善若 水의 물水은 흐르는 물이다. 쉼 없이 흘러 맑고 깨끗해 어느 목숨이든 그냥 그대로 마실 수 있는 물을 빌어 상선이라고 한다. 그러니 상선上善 그 것은 곧 자연自然을 뜻한다고 여겨도 된다. 자연이라는 말씀이 어렵게 들 린다면 늘 흘러가는 물을 떠올린다면 아아 자연을 왜 〈그냥 그대로〉라고 풀이하는지 나름대로 짐작해볼 수 있다. 물은 오로지 낮은 데로만 길을 잡아서 흘러간다. 움푹한 데나 우뚝한 둑을 만나면 물은 가득 채운 뒤에 오로지 낮은 곳을 얻어내 물길을 잡아 흘러간다. 흘러가는 물길에는 억지는 하나도 없고 온갖 것을 적시고 온갖 목숨을 살린다. 먹을 것 숨 쉴 것 다 있어도 마실 것이 없으면 아무것도 못 산다.

물 없으면 살 수 있는 것은 하나도 없다. 물은 산 것이면 무엇이든 살게 하다가 돌아가게 한다. 그래서 노자께서 상선약수上善若水라고 하신 것이라 여겨진다. 상선上善은 선악善惡이 둘이 아니라 하나라는 말씀도 된다. 선악이 둘로 나뉘면 그것은 곧 하선下善이다. 상선上善은 자연의 선善이고 하선下善은 인간의 선善이다. 요새는 선과 악이 둘로 나누어져 있다고 생각하는 편이니 상선을 잊었거나 밀쳐버리고 하선이 판치는 세상인 셈이다. 본래 우리 선대先代는 선善도 넘쳐 지나치면 악惡이 되고 악惡도 부끄러워하면 선善이 된다고 믿고 여기고 헤아리며 살았다. 무사無私하면 그냥 그대로 자연이고 자연이면 무엇이든 선善이라고 믿고 여겼다. 그래서 상선上善은 상선常善 즉 늘常 선善이라고 말했다. 천명天命이라는 말씀 다들 알 것이다. 이는 상선上善을 상선常善으로 본받아 따라 산다는 말씀이다. 천명天命의 천天은 자연自然을 말하고 천명天命의 명命은 자연의 시킴令과 가르침教을 아울러 뜻해준다. 자연의 교령教令이 곧 천명인 셈이다. 자연自然-천명天命을 담고 있는 말씀이 상선上善이고 그 상선을 잘 풀이해주는 것이 곧 〈물水〉이다.

참으로 자연은 온갖 것을 모조리 다 선善으로 안아줄 뿐이다. 이를 어려운 말씀으로 〈포일抱一〉이라 한다. 열 손가락 깨물어 아프지 않은 놈 없다한다. 이처럼 자연은 모든 것을 자식으로 여긴다. 자식을 귀천貴賤으로 가르는 부모는 없다. 이렇듯 자연에는 귀貴함도 없고 천賤함도 없고 호오好惡 즉 좋다거나好 싫다거나惡 그런 짓도 없다. 금쪽은 귀해서 좋고 모래알은 천해서 싫다는 나누기 따위는 인간의 좁은 생각일 뿐이다. 자연에는 그런 나누기란 하나도 없다. 그래서 모든 것을 하나로 안아주는抱一 자연을 어머니라 부르고 상선上善이라 예찬하면서 그 상선을 물水로써 비유를 들어 성인들께서 노래한다. 상선약수上善若水라. 이는 노자께서 우리에게 전해준 둘도 없는 노래이다. 노래는 삶을 기뻐하고 즐긴다는 뜻을 담고 있다.

"물 한 모금 머금고 하늘 한 번 쳐다보고 또 한 모금 머금고 구름 한 번 쳐다보고." 이 동시童詩 다들 알 것이다. 강소천姜小泉 시인이 남겨준 「닭」이라는 이 시구詩句는 바로 닭마저도 상선약수를 노래할 줄 안다는 깊은 뜻이 담겨 있다. 하물며 사람이 몰라서야 되겠느냐고, 어린것부터 상선약수를 즐기도록 해야지, 이런 깊은 뜻이 담겨 있다고 믿어진다. 병아리한테 한 모금 물은 엄마 품에서 젖꼭지를 물고 쪽쪽 빨아먹는 젖물과 같다. 이 세상천지에 어머니 젖물보다 더 크나큰 상선약수上善若水의 상선上善은 없고 약수若水의 물水도 없다.

009

# 공이 이뤄졌거든 자신을 물려라

功遂身退 공수신퇴라

持而盈之　不如其已
지이영지　불여기이

揣而銳之　不可長保
췌이예지　불가장보

金玉滿堂　莫之能守
금옥만당　막지능수

富貴而驕　自遺其咎
부귀이교　자유기구

功遂身退　天地道
공수신퇴　천지도

쥐되持而 가득히 함은盈之 그만두느니만其已 못하고不如, 미루어 헤아리되揣而 날카롭게 함은銳之 오래長 간직할保 수 없으며不可, 금과金 옥이玉 집안에堂 그득하면滿 그것을之 지킬守 수가能 없고莫, 부유하고富 높다고서貴而 까불면驕 제其 허물을咎 스스로自 남기고遺, 공이功 이뤄졌다면遂 자신을身 물림이退 하늘땅의天地 도이다道.

『노자』 9장 참고

　　말 타면 경마 잡히고 싶다 한다. 공功을 이루어 출세하면 더 출세하고 싶어 한다는 말이다. 공을 이루어 말을 탔으면 말고삐 제 손으로 잡고 조심조심 타다가 갈 만큼 갔다 싶을 때 내려서 걸어가면 결코 낙마落馬할

리 없다. 그러나 공功 하나 이루면 공치사 못 해서 안달하며 제 몫 더 크게 찾아 채우려는 욕심이 생긴다. 출세가 더 높은 출세로 이어져야 출세가도를 달리는 것 아니냐? 그래야 경마 잡히고 발아래 세상 있구나 하지 않겠나! 이렇게 해야 직성이 풀리겠다면 그 누구든 그자는 끝내 낙마해서 상처 입고 만다.

사람 속에서 사람을 망하게 숨어 있는 놈을 일컬어 탐욕貪慾이라 한다. 탐욕을 앞세우기만 하면 강물을 다 들이켜도 목말라 바닷물마저 맹물로 보여 몽땅 삼키려다 소금독이 올라 그만 목구멍이 타들고 만다. 목구멍이 타들어 가면 소방관이 아무리 많이 와도 탐욕이라는 불길을 잡아줄 수가 없다. 탐욕 중에서도 제일 사납고 무서운 불길이 출세욕이다. 되면 더 되고 싶은 놈이 출세욕이다. 말 타면 종 두고 싶고 자리가 높아질수록 냠냠하다가 드디어 양양해 하면서 세상이 돈짝만 해 보이기 시작하면 출세욕 탓으로 그만 두 눈이 멀어 고깃덩이에 독 묻은 줄 모르고 덜컥 물었다가 쇠고랑 차는 출세욕의 주인공들이 어느 세상에서나 많이 등장한다. 어디든 욕심꾸러기는 감옥 근처를 서성이는 셈이다.

출세욕 부리지 말라는 가르침 중에서 정곡을 콕 찔러주는 대침大針이 〈공수신퇴功遂身退〉라는 말씀이다. 공功이 이뤄졌다면遂 자신을身 물려라退. 공을 이루고서도 스스로 물러가는 사람이 간혹이라도 나타나면 그런 이를 두고 세상은 참 멋지다고 박수치며 환호한다. 그러나 거개는 다 말 탔으니 기회 보아 경마 잡혀야지 속셈하며 출세욕이라는 그물로 몰리몰리 투망질을 시작한다. 이런 탐욕의 투망질을 어려운 말로 득롱망촉得隴望蜀이라 한다. 옛날 한漢나라 광무제光武帝가 농隴나라를 쳐서 얻었는데도 모자라 촉蜀나라마저 노렸고 탐욕은 탐욕을 낳아 제 숨통을 막았다. 싸움질

일삼다가 제명대로 살다간 경우란 거의 없다. 제명에 못 죽게 하는 큰놈이 바로 출세욕이라는 탐욕이다.

물론 요새는 출세욕이라는 말보다 인기라는 말로 대신한다. 인기를 끌어야 대박을 터뜨려 출세할 수 있다면서 인기몰이 아이디어 없는지 '헌팅하느라' 늘 밤잠 설친다고 자랑하는 세상이다. 이제는 오히려 출세욕의 투망질을 잘할수록 능력 있다는 세상이 되고 보니 공功을 이뤄놓고 물러가면 천하에 바보라고 하는 편이다. 그러니 공을 이루고 스스로 물러가는 사람이 나타나기를 아예 기대하지 말아야 한다. 그래서인지 우리 세상이 마치 족제비가 쳐들어온 닭장 같다는 착각으로 시달릴 때가 참 많아졌다.

짐승은 제 배만 채우면 살생하지 않는다고 하는데 다 그렇지 않음을 족제비라는 놈이 보여준다. 닭장에 족제비가 들이치면 그 속의 닭들은 모두 생죽음을 당하고 만다. 좀처럼 화라곤 내지 않는 촌로村老일지라도 족제비 살육殺戮 앞에서는 분노가 하늘을 찌른다. 그래서 옛날 산중에서는 덫 놓아 멧돼지 잡을 생각 말아도 족제비 덫은 잊어선 안 된다고 하였다. 그 놈을 꼭 잡아 필장筆匠한테 넘겨야 한다면서 닭장을 털린 촌로는 반드시 족제비 잡을 덫을 놓았던 것이 옛날 산중 풍속이었다. 족제비가 침입했던 닭장에 다시 닭을 사다 넣어두면 반드시 그놈이 옛날 들어왔던 그 구멍으로 또 들어오다 바로 그 구멍 밑에 놓아둔 덫에 앞발이 물려 꼼짝 못하고 발버둥친다. 그러면 그 소리에 촌로가 부리나케 달려가 지게 작대기로 후려쳐 족제비를 단숨에 족쳐버린다. 출세의 탐욕도 이 족제비 끝처럼 되니 공치사만큼은 꼭 멀리하라 했다.

## 010

# 낳아주되 갖지 않는다
生而不有 생이불유라

生而不有
생이불유

爲而不恃
위이불시

長而不宰
장이부재

是謂玄德
시위현덕

낳아주되生而 갖지 않고不有 도와주되
爲而 바라지 않으며不恃 길러주되長而
이래저래 않는다不宰. 이를是 현덕이라
玄德 한다謂.

『노자』 10장 참조

　온갖 목숨은 똑같다는 노자의 말씀을 조금만 생각해보면 금방 알아챌
수 있다고 본다. 복잡하게 생각할 것 없이 땅과 물과 바람 이 세 가지만
가지고서도 온갖 생명生命은 하나라는 말씀을 누구나 새겨볼 수 있다. 사
람이 마시는 물과 바람이 새가 마시는 것과 서로 다르다면 사람과 새는
서로 다른 목숨이라고 할 수 있겠다. 그러나 새가 마셔야 하는 바람과 물

을 사람도 마셔야 살고 새가 마시면 죽는 물과 바람을 사람도 마시면 죽으니 새나 사람이나 다를 바 없이 모두 하나임을 깨우칠 수 있다.

그러나 천지天地에서 사람한테만 유별난 점이 없지 않다. 그것을 일컬어 소유所有라고 한다. 2004년엔가 법정法定 스님이 『무소유』라는 수필집을 냈을 때 무소유無所有라는 말이 사람들 입에 줄줄이 오르내렸었다. 무소유라! 가진有 것所 없다無는 말씀이다. 그러나 무소유라 해서 무조건 갖지 말라는 말씀은 아니다. 따로 챙겨 내 것이라고 감추거나 숨기거나 훔치지 말라는 말씀을 무소유라 한 것이다. 딱 맞게 갖되 넘치게 갖지 말라 함이 불가佛家의 무소유인 셈이니 노자의 무위無爲와 똑같은 말이다. 무위나 무소유나 다 탐貪하지 마라는 말씀이다.

사람을 빼고 나면 탐하는 목숨이라곤 이 천지에 하나도 없다. 사람 말고는 자연을 어기는 생물은 없다. 참으로 사람은 유별나게 괘씸하다고 상도常道가 점쩍었을 터이다. 이 우주 온통을 낳아준 어머니를 상도常道라고 한다. 오로지 사람만 온갖 호주머니를 달고 산다. 캥거루의 주머니는 호주머니가 아니다. 그것은 새끼를 길러내는 요람이다. 오로지 인간만 호주머니가 크니 적니 아웅다웅 겨루고 다투며 시샘하다 심하면 살인도 마다 않는다. 인간은 정말로 전쟁하는 동물이다. 인간이 왜 이럴까? 인간의 욕欲이 유별나서이다.

욕欲이란 허虛가 모자란다는 뜻이다. 곡谷은 텅 빔虛을 뜻해주는 이미지이고 홈欠은 부족하다는 뜻이다. 허虛가 부족하다欠는 글자가 욕欲이다. 빈 곳이 부족하다는 말은 꽉 채워져 빈틈이 없음이다. 그러니 내 몫을 꽉 채운 속心이 곧 욕欲이다. 배 터지게 먹었다고 하듯이 속이 터져난들 더욱더 차지하라는 욕欲을 일컬어 물욕物欲이라고 한다. 세상살이 하면서 물욕

없다고 주장하는 자가 있다면 그자는 뻘건 거짓말쟁이고 큰 도둑질할 가능성이 오히려 큰 쪽이다. 그 물욕을 실현하면 부자가 되고 그러지 못하면 가난뱅이가 될 것이다. 그러니 정직한 부자는 자신의 물욕을 실현한 능력자일 뿐이니 부러워할망정 욕辱하거나 시샘해서는 안 된다. 물론 졸부猝富라면 그 자를 흉보며 욕해도 안 될 것 없다. 하여튼 빈부貧富로 갈리게 하는 욕欲이 물욕物欲이다.

물욕이 인간에게 제일 질긴 애착愛着은 아니다. 자녀에 대한 애착에 비하면 물욕이란 가벼운 쪽이다. 사람은 제 자식을 영영 제 것이라고 확신한다. 모든 금수禽獸는 제 새끼가 먹이를 찾아 먹을 만큼 크면 내치고 물고기는 알만 낳아주면 그만이다. 이처럼 사람을 뺀 모든 생물은 〈낳아주되 갖지 않는다生而不有〉는 도법道法을 따른다. 오로지 인간만 〈낳아서生而 갖는다有〉고 믿어 의심치 않는다. 인간은 이 착각을 영원히 버리지 못할 것이다. 인간은 뜻대로 안 되는 것이 자식농사라면서도 요람에서 무덤까지 뒷바라지를 마다 않으니 따지고 보면 인간은 참으로 애달픈 목숨이다. 고부姑婦 사이가 좋을 리 없다고들 한다. 시어미가 제 것을 며느리한테 빼앗겼다는 생각 때문이다. 내가 낳아 키운 내 것이라는 믿음을 버리지 못해 자식을 잃게 된다는 시어미 속앓이가 며느리한테 미운 살로 날아가는 것이다. 인간의 자녀 사랑이야 도법道法이지만 내가 낳았으니 내 것이라는 인간의 욕欲은 인간의 목숨과 같아 인간이 살아 있는 한 〈낳아주되 갖지 않는다生而不有〉는 도법을 인간은 줄곧 어기고 말 것이다.

# 바퀴 구멍이 있어야 수레가 구른다

### 三十輻共一轂 삼십복공일곡이라

三十輻共一轂
삼십복공일곡

當其無
당기무

有車之用
유거지용

서른 개의三十 바퀴살이輻 하나의 구멍
을轂 함께하고共 그其 빔과無 순응하여
當 수레의車之 쓰임새가用 생긴다有.

『노자』 11장 참조

인간이 아무리 알려 해도 알 수 없다는 것을 이야기하려고 한다. 알 수
없다는 그것을 변죽이라도 울려보자는 것이다. 노자께서도 도道를 알 수
없어 〈허虛〉라는 말씀으로 이리저리 에둘러 밝히곤 한다. 무공無孔은 오
직 하나밖에 없다는 그 말을 들어본 적이 있는지? 무공無孔은 구멍孔이 없
다無는 말이다. 빈 구멍이 없다는 그 하나란 무엇일까? 그 하나를 〈허虛〉
라고 한다. 무엇 하나 없는 빈방을 허실虛室이라 한다. 빈방도 사실 빈 것

이 아니다. 바람도 들어가 있고 빛도 들어가 있으니 따지고 보면 빔虛이 아니다. 그야말로 허虛라는 이것은 아무리 알려 해도 알 수 없다고 한다.

손가락으로 우주를 집어보니 좁쌀만 하다는데 그 말을 들어본 적이 있는지? 이런 말은 허황된 말장난이라며 팽개치시지 말기를 바란다. 우주를 담고 있는 그 무엇을 믿고 생각해보라는 놀라운 말씀이니 말이다. 요새는 과학의 시대인지라 무엇이든 증명되어야 믿지 증명되지 않거나 못 하면 믿으려 들지 않는다. 이런 불신不信 탓으로 과학의 시대에 사는 사람은 늘 쫓기며 사는 애달픈 목숨이다. 온 세상 사람들이 이제는 마치 무지개를 쫓는 아이처럼 되어가고 있는 중이다. 이러니 요새 사람들은 〈허虛〉를 생각조차 않고 사는 셈이다. 물론 인간이 〈허虛〉를 잊었다고 해도 아무 상관없다. 어떻든 인간이야 이 지구라는 여인숙에 얼마쯤 머물다 떠나갈 나그네이니 마치 바람에 날려가는 티끌 같은 한 무리에 불과하다. 하물며 이 우주 모두를 담아주고 있는 이 〈허虛〉를 인간이 무시한들 꽃잎 하나 떨어지는 사건보다 더 하찮은 짓이다.

다이아몬드도 구멍투성이라 말해도 되는 세상이다. 원자현미경으로 금강석을 들여다보면 바람도 들고 빛도 들고 물도 들어가는 구멍이 숭숭 나 있다는 것이다. 이처럼 눈에 보이는 것이라면 그 무엇이든 빈 구멍이 없으면 있을 수 없고 있을 수 없으니 쓸모도 없다는 말씀이 〈삼십복공일곡三十輻共一轂〉이다. 〈복輻〉은 바퀴살을 말하고 〈곡轂〉은 빈 구멍을 말한다. 자전거 바퀴를 생각하면 된다. 자전거 바퀴살輻이 한가운데에 있는 한 구멍轂을 다 같이 쓰는共 덕으로 자전거가 굴러가는 것이다.

어느 목숨이든 구멍이 있어야 살고 물건에도 구멍이 있어야 쓸모가 생긴다. 콧구멍 입구멍 눈구멍 귓구멍 등등 구멍 덕으로 사람이라는 목숨이 숨질하며 산다. 물론 다른 동물들도 같다. 사람이 지닌 구멍이 소나 참새가 지닌 구멍과 모양새야 다를지언정 그것들로 산다는 사실만큼은 똑같다. 사람이 쓰는 것치고 구멍 없이 쓸모 있는 물건은 없다. 구슬도 꿰어야 보배라 하지 않는가. 꿰자면 구슬에 구멍을 뚫어야 한다. 금고에는 개미새끼 들고날 구멍 하나 없다지만 열고 닫는 문을 달아야 제구실을 한다. 이처럼 다들 빈 구멍 덕으로 살 수도 있고 쓸모도 생겨난다.

빈 구멍은 아무것도 없다는 말이다. 그래서 빈 구멍으로 바람과 빛이 들고난다. 빈 구멍을 어려운 말로 〈허虛〉라 하고 무엇 하나 없으니 〈무無〉라고도 한다. 허무虛無란 우주宇宙를 싸고 있는 보자기라고 상상하면 참 재미가 있다. 오로지 한없는 것은 허虛밖에 없다. 생사生死가 없으니 시간도 없고 사방四方도 없는 허虛 덕으로 우리가 숨을 쉬며 살다가 간다는 사실을 깨우쳐보라고 바퀴살輻과 바퀴구멍轂 덕으로 수레가 굴러간다고 말한 것이다.

새겨듣기가 좀 어려운 말이다. 그래도 우주가 하나의 빈 구멍 안에 있다는 말보다는 쉬운 말이다. 그러니 허실虛實이라고 할 때 빈 것虛이 근본이고 찬 것實이 말단이라는 말씀을 믿을수록 숨통이 트인다. 숨통이 막히면 몇조 원 재산이 있다 한들 아무 소용없다. 수레바퀴에 바퀴구멍이 있어야 수레가 가듯이 인간도 숨통이 터져 있어야 살아가며 이러고저러고 하는 것이다. 온갖 목숨이 저마다 삶을 누리다가 나온 곳으로 되돌아가는 것도 모두가 다 빈 구멍虛 덕德임을 새기면 새길수록 새 맛이 난다.

# 012

# 귀근은 죽음이니 고요라 한다

### 各歸其根 각귀기근이라

各歸其根
각귀기근

歸根曰靜
귀근왈정

靜曰復命
정왈복명

復命曰常
복명왈상

知常曰明
지상왈명

저마다各 제其 뿌리로根 돌아간다歸.
뿌리로根 돌아감을歸 고요라靜 한다曰.
고요를靜 받았던 명령을 다하고命 돌아
와 알림이라復 한다曰. 받았던 명령을
다하고命 돌아와 알림을復 한결같음이
라常 한다曰. 한결같음을常 앎을知 밝
음이라明 한다曰.

『노자』 16장 참조

　　태어난 것이라면 그것이 무엇이든 죽는다. 이보다 더 명백한 사실은 없
다. 그 사실을 출생입사出生入死라 한다. 나옴出이 삶生이고 들어감入이 죽
음死이라는 말씀을 비웃지 말았으면 한다. 생사生死 앞에선 누구나 고개를

숙이고 옷깃을 여며야 한다. 생사란 한 목숨이 돌아가는 소중한 걸음걸음이니까. 그래서 "가시는 걸음걸음 놓인 그 꽃을 사뿐히 즈려밟고 가시옵소서." 소월素月이 애달프게 읊어놓은 것이다.

생사生死의 길은 직선도 곡선도 아니고 원둘레 길이다. 그 원둘레 길을 딱 한 번만 돌고 오라는 명命이 목숨이다. 짧든 길든 원둘레 길 한 바퀴만 도는 목숨인지라 밟아온 원둘레 길을 되밟아볼 수는 없지만 되돌아보면 볼수록 저도 몰리 "산에는 꽃 지네 꽃이 지네 갈 봄 여름 없이 꽃이 지네" 「산유화山有花」 끝자락이 속절없이 읊어지기도 한다. 이처럼 나왔던 곳으로 되돌아가는 길인지라 인생도 피고 지는 꽃이라고 여기면 세상이 그래도 멋져 보인다. 물론 돌아가면 다시 올 수 없다니 애달프기는 어쩔 수 없다.

저마다各 제其 뿌리로根 돌아간다歸고 밝힌 노자께서도 모든 것은 반드시 죽는다고 딱 잘라 말하기가 딱했던 모양이다. 귀근歸根은 죽음死을 에둘러 멋있게 말한 셈이다. 출생出生하면 반드시 입사入死한다는 것이다. 한 송이 꽃이 피면 울긋불긋 색깔이 요란스럽고 이런저런 향기가 허공을 채워 벌 나비가 찾아들어 요란스럽다. 이를 생동生動이라 한다. 그러나 꽃이 이울어 한 잎 두 잎 뚝뚝 떨어지면 그 곱던 색깔도 없어지고 그 짙던 향기도 사라져 온종일 찾아오던 벌 나비도 떠나가 조용하다. 이를 정적靜寂이라 한다. 삶生은 움직임動이고 고요靜는 죽음寂이라 하여 동정動靜은 생사生死의 다른 말씀이다. 물론 지금 사람들은 이런 속뜻을 잊은 채로 살자 하지만.

귀근歸根은 죽음이니 고요靜라 한다. 동분서주하던 인생이 뿌리로 돌아가면 곧장 바람 한 점 없듯 고요하다. 삶이 나를 피로케 하더니 죽음이

나를 쉬게 하는구나! 그래서 성인聖人께서 고요靜를 복명復命이라 한 것이다. 살라던 명命을 다하고 돌아와 알림을 복명復命이라 한다. 복명復命은 순명順命이다. 갖은 보약 먹고 한 십 년 더 살아본들 복명을 피할 수 없다. 그래서 〈상常〉 즉 한결같음常이다. 누구나 빈손으로 왔다 빈손으로 돌아갈 뿐 죽음에는 차별이란 없으니 한결같다는 것이다. 죽음에 차별 없이 뿌리로 돌아가니 얼마나 다행인지 모른다. 황금을 입혔든 거적을 둘렀든 어느 어떤 주검이든 한결같이 자연으로 돌아가니 〈상常〉이라 말한 것이다. 이처럼 귀근歸根이 한결같음常을 알수록 그만큼 밝아져明 삶이 낭랑하다.

광명光明은 두 갈래의 밝음이다. 광光은 겉밝기이고 명明은 속밝기이다. 밝은 마음속을 명심明心이라 한다. 죽음의 상常을 알면 알수록 밝아져서 오두방정 떠는 일이 사라진다. 그래서 마음속이 밝은 사람은 소리 없이 아무데나 떨어져 흙으로 돌아가는 낙엽 한 잎에서도 생사生死를 읽고 숙연肅然해도 자연스럽다. 그러나 요즘 세상은 마치 죽음이란 없고 생生만 있다는 듯이 '나는 죽지 않아, 살기만 할 거야' 외치는 너울이 거창하게 소용돌이친다. 하지만 따지고 보면 한강물에서 물알갱이$H_2O$ 하나가 나라는 한 목숨이듯 그렇게 과시할 것 없다. 그러니 한 번 가면 다시 오기 어려우니 쉬어간들 어떠리. 이처럼 황진이가 아무리 절규해도 돌아올 수 없는 원둘레 길이 인생人生이란 귀근歸根이다. 이왕에 한 번 가면 못 온다니 왕창왕창 어영구영 얄리얄리얄랑성 굴리며 질러대고 무턱대며 살겠노라 호기豪氣치는 세상일수록 저만치 물러나 마음속에다 자명등自明燈을 켜보시라. 그러면 헉헉대 숨차던 하루하루가 어머니의 손길처럼 부드러워 뿌리로 돌아가는 원둘레 길이 자명종自鳴鐘이 되어준다고 한다.

# 013

# 끊을 수 있어 새로 취하지 않는다

能弊不新成 능폐불신성이라

---

保此道者
보차도자

不欲盈
불욕영

未唯不盈
미유불영

故能弊不新成
고능폐불신성

이此 이치를道 지키는保 분은者 채움을盈 바라지 않는다不欲. 결코未唯 채우지 않는다不盈. 그러므로故 끊을敝 수 있어能 새로新 취하지成 않는다不.

『노자』 15장 참조

달도 차면 기울고 오르막이 있으면 내리막이 있으며 이랑이 고랑 되고 고랑이 이랑 된다. 물레방아가 왜 도는가? 물방아 통에 물이 차면 넘쳐나기 때문이다. 차면 비워지고 비워지면 차오른다. 이것이 허영虛盈 즉 비움虛이 채움盈이 되고 채움이 비움이 되는 자연自然이다. 꽃밭에 핀 장미의 빛깔은 열흘 가지 못한다. 화가가 그린 붉은 장미는 인간의 욕심이지 자연이 아니다. 장미야 영영 붉기만 해라. 이것이 사람의 욕심이다.

사람의 욕심은 오대양의 물을 다 마셔도 목말라 한다. 사람의 욕심은 좋은 것이면 많아야 한다며 아우성치고 나쁜 것이면 없어야 한다고 손사래 친다. 길吉만 있고 흉凶은 없어야 한다는 사람의 욕심은 혹을 떼려다 혹 하나 더 붙인다. 자연에는 긁어 부스럼 내는 꼴은 없다. 새것은 헌것이 되고 헌것은 새것이 되고 이것이 자연의 왕래往來이다. 봄에 새잎이 돋아나면 가지에 달리고 가을에 헌 잎이 되면 가지에서 떨어지는 것이 나무의 잎사귀들이 누리는 자연의 왕래이다. 왔으면 가고 갔으면 오고 이것이 자연의 왕래이다. 이렇게 모든 것들이 왕래하므로 서로 통하면서 한 세상 누린다.

사람의 욕심에는 이런 왕래가 없다. 사나운 욕심은 사람을 외곬으로 몰아간다. 본래 욕심이란 저밖에 몰라 불통不通해 오갈 줄 모른다. 코뚜레에 끌리는 벽창우를 흉보지 말라. 벽창우의 코뚜레는 인간이 끼웠지만 사람은 제 욕심으로 제 마음을 뚫어 코뚜레를 스스로 끼워서 질질 끌려다니는 꼴이니 따지고 보면 인간보다 더 고집불통固執不通 거리는 없다. 욕망으로 질주하는 인간을 향해 욕심 부리는 고집통으로 안달하지 말라는 말씀이 〈능폐불신성能幣不新成〉이다.

정말이지 지금 우리는 〈신성新成〉을 쟁취爭取해야 선두주자가 될 수 있다는 가위눌림에서 벗어나기 어렵다. 새것新을 취해야成 살맛이 난다고 아우성치는 난장들이 우리에게 마치 부나비를 끌어들이듯 불꽃놀이를 밤낮으로 펼쳐대는 까닭이다. 신성新成이라면 어렵게 들릴 터이다. 신성이란 다름 아닌 다음과 같은 목 조르기라고 여기면 된다. "New model을 취하라. New version을 취하라. Up-grade해라. 그래서 New fashion에 뒤지지 마라." 이처럼 〈신성新成〉은 새것新을 취해成 욕망을 채우라는 아우성이다. 그 아우성이란 욕망을 부풀리고 부풀리고자 요동치는 몸부림으로 이어진다.

　마치 부나비가 불꽃을 좇다가 제 몸을 태우고 죽임을 당하듯이 새것을 취하려는 욕심이 내 숨통을 조인다고 자신을 향해 돌아볼 수 없을까? 새것에만 쫓기면서 아등바등 발버둥치는 삶이란 팔랑개비 꼴이 아닌지 한 번쯤 되짚어볼 수는 없을까? 그리고 새것만 좇다가 허수아비가 되어가는 자신을 한 번만이라도 되돌아볼 수는 없는가? 신성新成만 좇다 보면 허수아비 꼴이거나 바람 따라 이리저리 돌다가 중심꼬지가 빠져버려 내동댕이쳐지는 팔랑개비 날개 꼴이 된다는 끝을 되돌아볼 수는 없는가? 날마다 자고自顧하는 사람은 제 본바탕을 외면하지 않는다. 욕망을 부추기는 〈신성新成〉에 매달리지 않고 저 자신의 바탕에 꿋꿋이 서 있는 마음은 헌것弊으로 말미암아 새것新이 저절로 돋아남을 안다. 이를 어려운 말로 〈능폐能弊〉라 한다.

　〈능폐能弊〉란 잘能 막아냄弊이다. 무엇을 잘 막아냄일까? 채우기盈를 폐弊함이다. 무엇을 채움盈인가? 새것新으로 채움盈이다. 헌것을 버리고 새것을 채움이 곧 욕欲으로 드러난다. 헌 옷을 깨끗이 빨아서 입으면 몸에 익숙해 편하다. 헌 옷이라고 버려두지 않고 잘 빨아서 새 옷같이 입는 마음이라면 그런 마음 씀씀이가 곧 〈능폐〉이다. 헌 모델은 버리고 새 모델로 갈아야 하는 마음은 헌것弊이라면 구닥다리라 하여 팽개치지만 능폐의 마음은 헌것도 고쳐 쓰면 새것 같음을 안다. 여기서 마음은 검소해진다. 검소한 마음은 헌것弊을 고쳐 새것新으로 다시 누릴 줄 알아 늘 만족하여 편하다.

# 014

# 감꽃이 훨훨 떨어지듯

少私寡欲 소사과욕한다면

令有所屬
영유소속

見素抱樸
견소포박

少私寡欲
소사과욕

맡은屬 바를所 간직하기를有 가르쳐 훈계하라令. 검소함을素 살피고見 질박함을樸 포용하게 하고抱, 제 몫을私 적게 하고少 욕망을欲 적게 하라寡.

『노자』 19장 참조

왜 세상이 갈수록 거칠어지고 사나워질까? 따지고 보면 그 해답은 매우 간명하다. 모든 사람들이 제 것을 남보다 더 많이 차지하고자 아우성치고 발버둥치는 까닭이다. 날로 치열하게 상쟁相爭해서 이겨야 제 몫을 더 많이 챙길 수 있는 세상으로 치닫다 보니 이 세상이 온통 격투기장처럼 보이게 된다. 그래서 이제는 바야흐로 경쟁의 시대라고 선언하면서 서로 겨루어 이길 수 있도록 상대보다 강한 힘을 길러내라 독려하는 세상이다. 마치

이 지구 땅덩이가 온통 로마의 콜로세움 같다는 가위눌림을 당하게 한다.

정치, 경제, 사회, 문화 등등 온갖 분야의 전문가들이 나와 험한 세상을 고쳐보자고 이런저런 처방들을 늘어놓지만 그 처방전이란 장님 코끼리 만지는 꼴을 면하기 어렵다. 코끼리 발을 만져본 사람은 발만 가지고 코끼리라 하고, 코끼리 귀를 만져본 사람은 귀만 가지고 코끼리라 하고, 꼬리를 만져본 사람은 꼬리만 가지고 코끼리라 하고, 주둥이를 만져본 사람은 주둥이만 가지고 코끼리라 하고, 다리를 만져본 사람은 다리만 가지고 코끼리라며 서로 다투듯 사나운 이 세상 진단서들이 요란하지만 코끼리 오장육부를 만져보지 못한 탓으로 손써볼 수 없듯이 이 세상 속이 병들어 있음을 젖혀두고서 세상 몸뚱이만 가지고서 이러쿵저러쿵 콩팔칠팔 해보는 꼴이다. 이 세상이 거칠고 사나운 탓은 사람의 몸뚱이가 아니라 오로지 사람 속이란 불멸不滅의 진단서는 이미 2500년 이전부터 딱 넉 자字로 마련돼 있다. 그 사자四字의 진단서가 바로 〈소사과욕少私寡欲〉이다.

소사少私는 사私를 적게 한다少는 말이다. 사私란 여기선 내 몫이라는 뜻이다. 내 몫을 적게 한다는 것이 곧 소사少私이다. 과욕寡欲은 욕欲을 적게 한다寡는 말이다. 욕欲이란 내 몫이 남의 것보다 크고 많아 내가 좋아야 한다는 속셈이다. 그런 속셈을 적게 한다는 것이 곧 과욕寡欲이다. 사람들이 저마다 스스로 소사少私하여 과욕寡欲한다면 바로 그 순간부터 세상은 밝고 맑아져 사람들은 서로 오순도순 마음 편히 살 수 있을 것이다. 지금 우리가 날마다 정신없이 빨리빨리 숨차게 사는 것은 따지고 보면 다사多私하고자 과욕過欲을 부리는 탓임은 숨길 수 없는 사실이다. 이놈의 다사多私를 소사少私로 바꾸고 이놈의 과욕過欲을 과욕寡欲으로만 바꿀 수 있다면 우리가 살고 있는 이 세상이 '넘치는 욕심의 아수라장'이 될 리가 없을 터이다.

 내 몫을 크고 많게 하여 욕심을 넘치게 하자니 사람들이 서로 겨루고 다투어 세상이 거칠고 사납고 시끄럽다는 진단은 인간의 마음속을 완벽하게 진맥한 결과이다. 이 천하에서 사람만 빼면 온갖 다른 목숨들은 소유所有하지 않는다. 오로지 사람만 소유를 욕欲으로 삼는다. 그래서 사람한테만 소유욕所有欲이라는 것이 있다. 물론 온갖 목숨들은 저마다 나름대로 먹이 다툼을 치열하게 한다. 산짐승이 바위나 나뭇등걸에다 영역 표시를 하기도 하고 다람쥐나 여우는 훗날 먹이로 감춰둘 줄도 안다. 그러나 숨겨두되 자물쇠까지 채울 줄은 모른다. 배부르면 그것으로 다 만족하니 게걸스럽지가 않다. 오로지 게걸스러운 탐욕은 인간한테만 있는 불행의 늪이다.

 탐욕의 늪에서 허우적대며 애달프게 살지 말라고 가르쳐주는 선생님은 감나무라는 말이 이젠 없어졌지만 옛날에는 있었다. 초여름 무렵이면 감나무마다 감꽃을 흐드러지게 피워 눈 내린 듯이 하얗다. 그러면 바람이 세차지 않아도 감꽃은 한 사흘에 걸쳐 절반 넘게 훨훨 떨어진다. 감나무 밑은 마치 여름에 눈서리가 내린 듯하고, 떨어진 감꽃을 보고 감 열매들이 잘 맺어 영글겠다며 고마워들 했다. 감꽃마다 감을 맺으면 감나무가 힘이 모자라 열매를 다 영글게 못 하니 서슴없이 절반쯤을 미리 땅에 버린다. 그래서 감골 노인들께서 시역소사柿亦少私라고 칭찬했다. 감나무柿는 역시亦 제 몫私을 적게 하여少 가을이 되면 감을 주먹만 하게 키워내니 소사과욕少私寡欲할 줄 안다고 감나무를 칭송했었다.

# 015

# 새끼 딸린 노루는 사냥하지 않는다

貴食母 귀식모라네

我獨頑且鄙
아독완차비

我獨異於人
아독이어인

而貴食母
이귀식모

(사람들한테는衆人 모두皆 할 일이以 있다지만有而) 나만我獨 오직獨 고집스럽고頑 또且 비루하다鄙. 나만我獨 중인衆人과於 달라서異而 모기母氣를 먹음을食 귀히 한다貴.

『노자』 20장 참조

이제 보릿고개를 아는 사람들은 70대를 훌쩍 넘겼는지라 배고픈 설움을 겪어본 사람들은 얼마 남지 않았다. 그래서 배고팠던 그 시절을 이야기하면 무슨 청승떠는 소리냐며 손사래 치는 세상이 되었다. 보릿고개 시절까지만 해도 우리는 자연에 안겨 살았다. 자연은 우리를 먹여 살리는 어머니라고 믿고 여기며 따랐다. 자연이라는 어머니를 받들어 모시는 것을 일러 〈귀식모貴食母〉라고 한다. 그러나 이제는 사람을 뺀 다른 목숨들만이 변함없이 먹고 자며 제 새끼 치는 짓을 하면서 자연의 품에 안겨 살다가 간다. 아이스크림도 골라 먹는 세상이 되면서 우리는 이제 모기母氣를 받들어 모시기貴를 잊어버리고 만 셈이다. 모기母氣란 모유母乳라는 말과 같다. 따지고 보면 산천초목에 널려 있는 모든 먹을거리는 자연의 어머니가 주는 젖이다. 그런데 인간만 인간의 먹을거리는 인간 스스로 만들어 먹는 듯이 오두방정을 떨다 보니 요리인생이라는 말이 실감나게 들리는 것이다. 오죽하면 TV 등에 나 자연식한다고 떠들어대는 프로까지 나오겠는가? 요새처럼 흥청망청 먹어치우면서 살아도 되는 것인지 겁날 때가 잦아진다.

1950년대 말에는 못난 애비어미한테 태어난 죄로 어린 딸년이 식모살이하러 도시로 떠났다는 한숨소리를 시골 어느 고을에서나 들을 수 있었다. 그런 뒤로 식모食母라는 말은 업신여기는 호칭이 되고 말았다. 이만큼 인간이 오만불손해지다 보니 귀식모貴食母의 〈식모食母〉라는 낱말을 귀담아달라고 하기가 오히려 거북살스럽기도 하다. 젖 먹여주는 어머니를 받들어라貴食母. 이런 말을 어린이한테 말해주기도 민망하다. 왜냐하면 요즈음 갓난애는 대부분 모유가 아니라 소젖 먹고 자라지 않느냐는 삿대질을 받을 수도 있기 때문이다. 이런지라 초유初乳를 입에 물렸고 거의 반년이나 모유母乳를 먹였노라 큰소리치는 엄마가 훌륭해 보이는 세상이 되었다. 엄마가 갓난애한테 젖먹이는 일이 자랑거리가 되어버린 셈이다.

핏덩이를 젖가슴에 꼭 껴안고 산고産苦를 함께 나누는 산모産母의 모습을 떠올린다면 귀식모貴食母의 깊은 속뜻이 절로 드러난다. 그러면 천지만물天地萬物을 낳아준 자연을 왜 어머니로 모시고 받들어야 하는지 나름대로 터득할 수 있는 일이다. 그런데 핏덩이를 손수 닦아내는 산모를 이제는 생각조차 할 수 없으니 여전히 귀식모貴食母라는 말씀은 어렵게 들리겠다.

말끔하게 씻기고 강보에 싸서 간호사가 들고 오면 그제야 산모가 자신이 낳은 애와 상면相面하는 세상이다. 이런 세상에서 귀식모라는 말씀이 뚱딴지처럼 들릴 수도 있겠다. 그렇다 하더라도 새끼 딸린 노루는 사냥하지 않는다는 옛날 포수들의 생각을 귀담아둘 수는 있을 것이다. 새끼 딸린 노루는 사냥감이 아니라 그 새끼의 어머니라는 것이다. 아무리 사냥꾼일지라도 그 새끼의 어미를 향해 불질할 수 없다는 생각 바로 이것이 귀식모에 담긴 깊은 뜻이라고 여겨도 된다.

　자연을 물건으로 믿는 사람과 자연을 어머니로 믿는 사람 중에서 누가 바보냐고 묻는다면 어떻게 될까? 분명 애꾸 원숭이 마을의 투표결과처럼 될 것이다. 옛날 원숭이 백 마리가 모여 사는 마을이 있었단다. 그런데 딱 한 마리가 두눈박이였다는 거다. 그래서 어느 놈이 바보병신인지 투표로 결정하기로 했단다. 개표 결과는 99대 1로 두눈박이 원숭이가 바보병신이 되고 말았다는 것이다. 오늘날 귀식모貴食母하자고 하면 아마도 두눈박이 원숭이 꼴이 되기 쉬울 것이다. 그런데 똑똑한 쪽보다 바보등신이 되어주는 쪽이 훨씬 더 마음 편할 때도 있다. 때로는 바보가 되어주는 편이 마음속이 밝고 맑아 가벼워져 홀가분할 수 있다. 아등바등하다 보면 생채기만 남고 지붕 위의 닭 좇던 개꼴 되기 쉽다. 바보 되는 셈 치고 자연自然은 낳아 먹이고 길러주는 어머니라는 깊은 뜻을 담고 있는 〈귀식모貴食母〉를 귀담아둔다면 그만큼 마음이 편해 개운해질 수도 있다.

016

# 제멋대로 보지 않으면 밝다

不自見故明 부자현고명이라

不自見故明
부자현고명

不自是故彰
부자시고창

不自伐故有功
부자벌고유공

不自矜故長
부자긍고장

멋대로自 보지 않기不見 때문에故 밝고明, 스스로自 옳다 하지 않기不是 때문에故 드러나며彰, 자신을自 자랑하지 않기不伐 때문에故 보람을功 갖고有, 스스로自 뽐내지 않기不矜 때문에故 장구하다長.

『노자』 22장 참조

뱀눈 같다고 흉보지 말라는 것이다. 뱀눈이 좁쌀만 해도 제 볼 것은 다 보면서 기어다닌다. 그 작은 눈깔로 두꺼비를 만나면 숨거나 피해 가고 개구리를 만나면 잽싸게 물어 밥으로 삼는 뱀눈을 어찌 흉보겠는가. 황금에 눈이 어두워 그만 덜컥 물고 마는 청맹과니 눈길은 사람에게만 있다. 그래서 옛날 어른들께서는 집안의 목매기 같은 젊은이들한테 "청맹과니

안 되고 싶다면 부디 자견自見해서 자현自見하지 말거라" 쩌렁쩌렁했었다. 물론 요즈음 그런 늙은이는 집안에서 왕따 당하고 말 게다. 두 눈 멀쩡해도 뱀눈보다 못한 사람이 엄청 많다는 것이다. 뱀은 두꺼비는 두꺼비로 보고 개구리는 개구리로 보기 때문에 두꺼비 독으로 제 목숨 앗기는 험한 꼴이란 없다. 그러나 사람은 미끼를 미끼로 보지 못해 덥석 물기도 하고 덫을 덫으로 못 보고서 덤벙 밟아 치도고니 당한다.

무엇을 제멋대로 보는 짓을 자견自見이라 한다. 말하자면 미끼를 먹이구나 제멋대로自 보고見 범하는 짓 따위가 자견自見이다. 자견自見하면 누구나 졸지에 눈뜬 봉사가 되고 만다. 그런데 자견自見은 그것으로만 그치질 않고 반드시 자현自見으로 이어진다. 그래서 미끼를 쳐들고선 먹이를 구했노라 자신自을 드러낸다見. 〈볼 견見〉이라는 자字가 〈드러낼 현見〉으로 이어지면 등신 되고 만다는 우스갯소리가 생겼고, 사물事物을 제멋대로 보고서自見 제 능력을 헤아리지 못하고 우쭐대는 사람 탓으로 〈당랑지부螳螂之斧〉라는 말씀도 생겼다. 버마재비螳螂의 도끼斧란 자기를 과시하는 극치를 말한다. 버마재비가 여치를 먹잇감으로 노리고 있는데 저만치서 수레가 달려와 그 소리에 여치가 휙 날아가버리자 버마재비는 수레 탓이니 수레를 혼내주겠다며 한길로 나가 앞 두 발을 쳐들고 맞섰단다. 수레는 휙 지나갔고 그 바퀴자국에 버마재비 몸뚱이만 다림질당해 남았다는 얘기다. 이보다 더 어리석은 짓은 없겠다. 자견自見하면 이런 꼴 면하기 어렵다.

그러므로 제멋대로 보지 않는 사람不自見者은 밝다고明 한다. 눈이 밝은 사람은 마음이 밝고 마음이 밝은 사람은 헤아림도 밝다고 한다. 본래 명안明眼이란 육안肉眼이 밝은 마음과 이어져 있는 눈길을 말한다. 제멋대로 보는 눈이란 밝지 못한 마음 때문이지 얼굴에 있는 두 눈 탓은 아니다.

본래 명안明眼이란 안경집에 가서 검안檢眼한다고 알 수는 없다. 사물을 보는 눈길이 마음먹기 따라 서로들 자견自見하기에 백인백색百人百色이 벌어지는 것이다. 서로들 자견自見하므로 꽃빛깔 하나를 두고서도 붉으니 푸르니 아옹다옹하는 것이다. 이렇게 사람의 두 눈은 사물을 제대로 보질 않고 저마다 욕심대로 바라보다 보니 불명不明해진다.

왜 까마귀 싸우는 골에 백로야 가지 마라 할까? 이는 저마다 자견自見하면서 이거다 저거다 겨루려는 아우성 때문이다. 물가에 있는 돌덩이가 부처님 꼴을 닮았다면 부처님 같다고 말한들 말거리 될 것은 없다. 그러나 저 돌 모양이 너무 좋으니 정원에 갖다놓으면 좋겠다고 하면 문제가 생기는 것이다. 돌이 돌로 보이지 않고 돈 될 물건으로 보이게 되면 그 돌덩이를 제멋대로 저울질해 값을 매기고 탐욕이 꿈틀대기 시작한다.

무슨 탐욕이든 마음속을 외곬으로 몰아간다. 산들바람도 바람골을 만나면 돌개바람으로 표변하듯 탐욕의 마음은 두 눈에다 돌개바람 대롱을 달아주어서 자견自見은 늘 어디서든 관견管見으로 이어지고 만다는 것이다. 관견管見이란 대롱으로 세상을 보는 짓이다. 대롱을 통해 표범을 보면 점박이만 볼 뿐 표범은 못 보는 꼴이 관견管見이다. 자견自見에서 비롯한 관견管見이 편견偏見을 낳아 세상을 어지럽힌다. 그러니 세상 물정을 제멋대로 보고 우쭐거리지 말라는 말씀이 〈부자현고명不自見故明〉이다. 물론 여기 〈밝은 명明〉은 두 눈의 밝음明이 아니라 마음속이 밝다는 말씀이다.

# 사욕을 버리면 사람도 자연이다

我自然 아자연이라

---

功成事遂

공성사수

百姓皆謂我自然

백성개위아자연

(태상太上이) 보람을功 이루고成 일을事 완수했어도遂 백성은百姓 모두皆 자기들이我 스스로 그냥 그대로라고自然 했다謂.

『노자』 17장 참조

'청산靑山에 살어리랏다'를 '자연自然에 살어리랏다'고 고쳐도 될까? 청산은 곧 자연이니 다를 것 없다. 산과 들, 골짜기를 타고 흐르는 시냇물, 그리고 온갖 나무들과 풀들, 그 산천山川에서 사는 온갖 짐승과 새들을 모두 묶어서 자연의 것이라 하면 될까? 물론 된다. 냇가에 있는 잘생긴 돌은 자연이지만 그 돌을 옮겨서 사람이 꾸며놓은 정원에 가져다놓으면 자연석이던 그 돌은 그만 정원석이 되고 만다. 그 돌이 그 돌인데 사람의 정원에 놓이면 왜 자연석이 안 될까? 사람이 꾸며놓은 정원에 있는 모든 것들은 사람의 바람私을 담고 있는 까닭이다. 밭에서 자라는 상추는 자연이 아니지만 상추 틈새서 살다가 농부의 손에 사정없이 뽑히는 잡초는 자연이다. 이처럼 사람의 사私가 담기지 않은 것이라면 그 무엇이든 자연의 것이 된다.

그런데 왜 사람만 자연의 것이 안 되는 것일까? 자연의 〈역易〉을 따르지 않고 사람은 제 바람私대로 변화易를 끝없이 지어가기 때문이다. 인간이 제 욕심대로 짓는 변화를 문화文化라고 한다. 그래서 인간만을 따로 문화의 동물이라 하게 된 것이다. 이 천지에 문화의 동물로는 인간밖에 없다. 사람은 제 욕심대로 모든 것을 문화의 것으로 둔갑시키고자 한다. 산속에 사는 멧돼지는 자연의 것이지만 양돈장에 있는 돼지는 문화의 것이다. 산비탈에서 자라는 도라지야 자연의 것이지만 밭에서 자란 도라지는 문화의 것이다.

이처럼 인간은 자연대로 살려 하지 않고 자신의 뜻대로 살고자 자연의 것을 무엇이든 인간의 것으로 둔갑시킨다. 인간의 이러한 속셈을 일러 인간의 〈사私〉라고 한다. 인간의 〈사私〉를 〈욕欲〉이라고도 한다. 이를 묶어 〈사욕私欲〉이라 한다. 인간이란 따지고 보면 저마다 사욕私欲의 덩어리를 품고 산다. 그 덩어리로 말미암아 점점 더 인간은 자연의 것들을 쥐락펴락 멋대로 하고자 한다.

이제 자연이란 무엇이냐에 답할 수 있게 되었다. 인간의 사욕私欲이 없는 것이면 그것이 곧 자연이다. 만일 사욕을 진실로 다 버린 사람이 있다면 그 사람은 문화인이 아니라 자연인이다. 노자께서 성인聖人을 본받자는 것은 성인이 무사無私한 까닭이다. 산속에 들어가 산다고 해서 자연인이 되는 것은 아니다. 노들강변에서 춤추며 노래한다고 해서 자연을 즐기는 것은 아니다. 만일 마음속에 사욕私欲이라는 것이 없다면 남대문 시장 속에서도 자연인이 될 수 있다. 이처럼 언제 어디서든 사욕이 없어진다면 사람도 자연이 되는 것이다. 이를 일어 〈아자연我自然〉이라고 한다. 저마다 감추고 있는 사욕을 다 버린다면 그 누구이든 〈나는我 자연이다自然〉라고 외칠 수 있다.

　사람은 마치 부나비 같다는 말이 있다. 불꽃을 보면 돌진하는 부나비는 결국 불타버리고 만다. 문화라는 것이 인간에게 그 불꽃같다고 생각해본 적은 없는지? 문화야말로 인간을 몸부림치게 하는 불구덩이 같다고 두려워해본 적은 없는지? 참으로 문화라는 것은 인간의 사욕私欲을 점점 더 타오르게 하는 탐욕의 불길이라고 놀란 적은 없는지? 따지고 보면 문화인 노릇하느라 내 몸은 좀 멋져 보일지 모르지만 마음속은 타들어가는 심지 같다고 소스라친 적은 없는지? 'IT'니 'IoT'니 환호하면서 기술의 노예가 되어가고 이제는 생로병사生老病死마저 기술이 해결하겠다고 떵떵거리는 세상이지만 그만큼 살기가 행복해졌다고 확신할 수 있는지? 어쨌든 과학-기술의 문화가 우리를 편하게 살도록 해준다고 할 수는 없는 지경이라고 말한다면 뚱딴지같은 생각이라 핀잔 받을 수 있겠지만 〈아자연我自然〉이 마음을 편하게 하는 유일한 길이라는 믿음이 앞선다. 사람이 자연이 되어 마음 편히 살 수 있는 그 길은 〈소사少私〉라는 한마디에 숨어 있음은 분명하다. 먼저 사욕을私 줄이라少는 말씀이다.

# 018

# 치우쳐 말뚝박기 하지 말라

去甚 去奢 去泰 거심 거사 거태라

---

聖人去甚

성인거심

去奢 去泰

거사 거태

성인은聖人 지나침을甚 버리고去 사치
함을奢 버리며去 교만함을泰 버린다去.

『노자』 29장 참조

돌개바람은 한순간 회오리치다 말고 소나기도 한순간 퍼붓다 끝난다.
이것들은 다 극심極甚한 까닭이다. 사람도 무슨 일이 제 뜻대로 안 되면
돌개바람처럼 행패를 부리고 싶은 마음이 울컥해 씩씩거리다 풀 죽는다.
왜 세상이 내 뜻대로 되지 않느냐고 땅을 치는 경우도 허다하다.

그런데 세상을 틀어쥐고자 발버둥치는 경우가 많다. 나아가 이것은 되
고 저것은 안 된다고 편을 갈라 멱살잡이 하려고 벼르고 겨루기도 한다.
그러나 이를 악물고 붙들고 늘어질수록 힘 빠지고 마는 쪽은 치우쳐 죽기

살기 하자는 쪽이다. 이렇게 한쪽에 치우쳐 말뚝 박기 하지 말라는 말씀이 곧 거심去甚이다.

다듬어 꾸밀수록 마음은 게걸스러워진다. 옥을 품고 겉옷으로 갈옷 입는다고 한다. 몸 가꾸기보다 마음을 먼저 가꾸라는 일침이다. 무엇을 다듬고 꾸미는 것은 따지고 보면 눈속임하려는 짓이다. 그냥 두어도 살갗이 부드럽고 빛나는데 왜 화장하는 소녀들이 많은지 딱할 때가 참 흔하다. 입술을 빨갛게 칠하고 다니는 초등생을 보는 경우도 심심찮다. 윤기가 시들어가는 기미를 감추고자 이십대 후반 여인이 얼굴을 곱게 단장하는 경우는 보기 좋을 수도 있다. 하지만 꾸미고 다듬기는 눈속임하는 짓임엔 틀림없다. 그래도 몸치장은 눈속임 짓이니 차라리 괜찮다. 문제는 거짓부렁하는 마음 질이다. 입술 발림이라는 말이 있다. 컴컴해 더러운 마음을 숨겨두고 말을 꾸며대는 경우 말이다. 멋지게 꾸며낸 말이란 빛 좋은 개살구 같고 찬란한 독버섯과 같다. 이런 마음치장은 남을 해치거나 현혹시키려는 심술이다. 마음 안팎을 달리 마음치장 하지 말라는 말씀이 거사去奢이다.

건방떨다간 제 발등 제가 찍는다. 이는 얌전히 살라는 나무람이요 충고이다. 앉을 데 설 데를 알고서 앉거나 서거나 해야 세상의 손가락질을 면할 수 있다. 불손하면 어디서든 으쓱해 제 자랑 떨다가 허풍선이 되고 마는 법이다. 그러면 세상에서 밤송이 밟는 꼴을 면하기 어렵고 심하면 독사를 밟아 물릴 수도 있는 게다. 저 잘났다고 드러내기 좋아하면 건방떨게 마련이다. 그러다 보니 밤송이도 밟아 찔리고 독사도 밟아 물린다. 저 잘났다고 주장하면 세상이 꺾어버리고 제 자랑 늘어놓으면 세상은 돌아서버린다. 저절로 외톨이가 되면서 허풍선이가 되다가 결국 터지고 만다. 세상을 왜 가시밭길이라고 하겠는가? 교만하면 끝내 가시에 찔린 풍선 꼴이 되는지라 하늘을 날기는커녕 추락하는 까닭이다. 그러니 교만하여 방정떨어 세상의 허풍쟁이가 되지 말라는 말씀이 거태去泰이다.

거심去甚-거사去奢-거태去泰를 삼거三去라 하여 마음속에 담아둘수록 세상의 가시밭길을 찔리거나 넘어지지 않고 당당히 밟아 나아갈 수가 있다. 큰 솥鼎일수록 발이 셋 달려 있다. 정鼎은 발이 셋인지라 결코 넘어지지 않는다. 물이나 국을 끓이는 솥이 넘어지면 큰일 날 것이다. 이 삼거三去를 솥鼎에 달린 삼족三足처럼 늘 안전히 설 수 있게 해주는 주춧돌로 삼는다면 넘어질 리는 없을 터이다. 심甚-사奢-태泰 셋을 묶어 〈과過〉라 한다. 과하면 모자람만 못하다는 말이 이 삼거三去에서 나온 셈이라 여겨도 된다. 이 셋을 버려라去. 그러면 절로 누구나 자연스러워진다는 것이다. 그러나 지금 세상은 이 셋을 버리지 않으려는 시류時流가 당돌하다 못해 오히려 도도하다.

〈심甚〉이란 자연스러운 알맞음中을 따르지 않고 한쪽으로 치우쳐버림이고, 〈사奢〉란 자연스러운 검소함儉을 따르지 않고 꾸미기만 일삼음이며, 〈태泰〉란 자연스러운 담백함淡白을 따르지 않고 지나쳐 건방져버리는 짓이다. 말하자면 올라가지 못할 나무를 쳐다보지도 올라가지도 말라는데 오르지 못할 나무 어디 있느냐 사다리 타고 올라가면 된다는 떵떵거림을 마다하지 않는다. 그래서 치우치지 말고 꾸미지 말고 교만하지 말라는 것이다. 몸 둘 바를 함부로 하면 세상의 손가락질이나 삿대질 받기 쉬운 법이다. 왜 지금은 어른이 없느냐고 푸념하기도 하지만 어른 노릇하려다 망신당하는 경우가 허다하다. 어디 가서 함부로 삼거三去라는 낱말을 꺼내기도 어려운 세상이 지금 세태이다.

# 019

# 강약이 걸맞으면 제 소리를 낸다

柔弱勝剛強 유약승강강이라

將欲弱之
장욕약지

必固强之 (…)
필고강지

是謂微明
시위미명

柔弱勝剛强
유약승강강

장차將 그것을之 약하게 하고弱 싶다면 欲 반드시必 진실로固 그것을之 강하게 해주며强, (…) 이를是 미묘함의微 깨우침이라明 한다謂. 부드럽고柔 약함은弱 굳셈과剛 강함에 의해强 이겨낸다勝.

『노자』 36장 참조

서너 아람의 큰 나무도 싹이 자라는 것이다. 싹일 때는 두 손가락으로 비벼 문질러버릴 만큼 연하고 약하다. 어찌 푸나무의 싹만 그렇겠는가? 갓 태어난 목숨이라면 그 무엇이든 조그맣고 가냘프기 짝이 없다. 그래서 생자生者를 유약柔弱이라 한다. 태어난 것生者은 그 무엇이든 부드럽고柔 약하다弱는 말이다. 생자生者를 줄여 그냥 약자弱者라고도 한다. 물론 여기서 약자라 함은 사람이 싫어하는 패자敗者를 뜻하지 않는다. 강자는 이기고 약자면 진다는 생각은 삶을 씨름판같이 여김이며 그런 생각이야말로 아주 못난 짓으로 통할 것이다. 그래서 〈유약승강강柔弱勝剛强〉이란 승패를 따지는 말이 아니고 태어난 한 목숨의 살아감을 타일러주는 깊은 뜻이 담겨 있는 말씀이 되어준다.

왜 살아옴이라 않고 살아감이라 할까? 이는 태어나면 그 무엇이든 한 순간도 멈추지 않고 곧장 가야 하는 까닭이다. 어디로 가야 할까? 생生은 반드시 사死로 가야 하니 살아간다고 하는 것이다. 그러니 살아감은 곧 죽어감이다. 세월이 유수流水 같다고들 한다. 이때 세월이란 살아가는 인생人生 아니 죽어가고 있음을 말한다. 또 냇가에선 발을 같은 물에 두 번 씻을 수 없다고도 한다. 이는 쉬지 않고 물이 흘러가듯 인생도 그렇다는 것이다. 참으로 인생은 유수 같다. 옹달샘 물이 개울물이 되고 개울물이 시냇물이 되고 시냇물이 강물이 되고 강물이 흘러 바다에 이르면 그 강물은 없어지고 만다. 인생도 이런 유수 같은지라 이를 일러 어려운 말로 생로병사生老病死라고 한다. 이렇듯 태어나 늙고 병들어 죽음에 이르기까지 태어난 것이라면 그 무엇이든 유약柔弱함을 강강剛强함으로 버텨내야 한다.

부드럽고 연약한 살갗과 오장육부는 뼈대가 없다면 굳세고 강한 마음을 싣고 갈 수 없는 것이다. 마음心보다 더 묘妙한 것은 없다. 마음이야말로 보이지 않고 만질 수도 없으니 유약柔弱하다 하겠지만 유수流水 같아 굳세고剛 강하다强. 늙어가며 병들어도 끈질기게 살아가는 마음보다 더 강강剛强한 것은 없다. 이런 마음이 없다면 그 순간 삶이란 끝장이다. 죽음이란 무엇인가? 흐르는 마음이 멈추면 그때가 곧 죽음이다. 들숨이 날숨이 되어 나오지 못하면 죽음이라고도 한다. 참으로 마음이야말로 살아가게 하는 굳세고 강한 기운이다. 이러한 기운을 일러 생기生氣라고 한다.

생기生氣란 한 순간도 머물지 않거니와 뒤로 물리거나 되풀이하지도 않는다. 그래서 인생人生에는 재수생이 없다고 우스갯소리를 한다. 이처럼 살아가는生 힘氣은 흐르는 물 같기 때문이다. 유수流水보다 더 유약柔弱한 것은 없고 흐르는 물보다 더 강강剛强한 것은 없듯이 온갖 목숨이 살아가는 생기生氣가 바로 그러하다. 이처럼 살아가는 생기란 바로 〈유약승강강柔弱勝剛强〉 바로 이것이다.

강하기만 해도 부러지고 약하기만 해도 무너지는 것이 세상만사의 순리順理이다. 목숨이 살아감도 예외가 아니다. 약하면서 강하고 강하면서 약하여 약강弱强이 하나가 되고, 굳세면서 부드럽고 부드러우면서 굳세어 유강柔剛이 하나가 되어야 생기生氣가 살아나 살아가는 일들이 풀리는 것이다. 살아감을 두고 싸움판처럼 여겨, 지면 죽고 이겨야 산다고 믿는다면 그런 자는 제명대로 살지 못하고 도중에 하차하고 말 것이다. 거문고 줄이 제 소리를 내자면 너무 조여져도 안 되고 너무 풀어져도 안 되듯 강약强弱이 걸맞아야 제 소리를 낸다. 이렇듯 인생이라는 악기도 유약柔弱이 강강剛强을 밀어주고 강강이 유약을 끌어주어야 생로병사生老病死라는 인생의 한 대목도 낮으면 흘러가고 높으면 채워서 흘러가는 물길 같아진다. 그러니 유약승강강柔弱勝剛强이라는 말씀대로 살다보면 탈 없이 한세상 누리다 가는 하염없는 길손이 된다는 것이다.

# 020

# 하늘 그물은 넓고 넓다

天網恢恢 천망회회라

---

天之道 (…)
천지도

不召而自來
불소이자래

默然而善謀
묵연이선모

天網恢恢
천망회회

疏而不失
소이불실

자연의天之 도는道 (…) 부르지 않아도不召而 저절로自 오고來 잠자코 있어도默然而 잘善 일한다謀. 하늘그물은天網 넓고恢 넓어恢 성글어도疏而 어느 것도 빠져나가지 못한다不失.

『노자』 73장 참조

　

시성詩聖으로 칭송받는 두보杜甫께서 한 벗과 이별을 읊은 시詩 속에 나오는 〈일월롱중조日月籠中鳥〉라는 유명한 시구詩句를 아시는지? 해와 달도日月 조롱 속의籠中 새鳥라. 이렇게 읊조리다 보면 절로 천망회회天網恢恢라

더니, 저 공중에 떠 있는 해와 달도 하늘그물天網에 든 한 마리 새로구나! 이렇게 가고 남는 이별의 정한이 한량없이 마음의 조롱 속에 걸리게 된다. 하기야 하늘그물은天網 넓고恢 넓다恢는 노자의 말씀을 두보께서 몰랐을 리 없을 터인지라 천망天網을 조롱鳥籠으로 살짝 바꾸어 애달픈 이별을 더욱 절절히 읊어두었지 싶어진다. 한 세상 살아가며 이런저런 온갖 이별을 겪지만 우리 역시 저 일월처럼 여전히 한 조롱 속에 든 새들이 아닌가! 어느 것 하나 천망天網을 떠날 수 없듯이 조롱鳥籠을 떠날 수 없는 새인지라 서로 이별한들 한 그물網 속이요 한 조롱籠 속이라는 큰마음이 생겨나 이별의 설움을 헹궈낼 수 있겠다.

우주란 조물주造物主가 쳐놓은 그물 같은 것인지라 우주를 천망天網이라 부름은 안성맞춤이다. 이 땅덩이가 속해 있는 태양계는 물론이고 저 머나먼 수천억 은하들까지 이 천망 안에 들어 있다고 생각해보라. 천망 안의 모든 것들을 크게 말하여 삼라만상森羅萬象이라 말해왔고 작게 말하면 일화一華라고 멋지게 불러왔다. 천망 속의 모든 것을 그냥 〈한 송이 꽃一華〉이라 해도 된다는 것이다. 법신法身을 묻는 승僧에게 화약란花藥欄 한마디로 헛바닥을 얼렸던 운문선사雲門禪師의 그 꽃밭花藥欄도 천망天網을 슬쩍 바꿔친 듯 들리기도 한다. 우주를 불교에서는 법신法身이라 한다. 이것은 무슨 꽃 저것은 무슨 꽃 이런저런 이름 대며 좀 안다고 헛바닥 놀리지 말고 그냥 꽃밭 하면 하나가 되어 꽉 막혀 먹통인 인간도 확 트여 훤해질 수 있음이다.

그런데 사람은 간명한 것을 한사코 이리 꼬고 저리 꼬아 어렵게 몰아가 정답을 찾아내야 직성이 풀린다. 인간에게 모르는 것이란 있을 수 없다고 날마다 다짐한다. 그러다 보니 무엇이 우주를 만들었는지 알아낼 수 있다고 떵떵거린다. 이미 태양계의 수명은 100억 년인데 그 반을 지났으니 앞으로 50억 년 남았다고 답을 내놓기도 한다. 그렇다고 해서 천망天網의 그물코 하나도 어림잡지 못한다고 하면 잠꼬대 말라며 업신여긴다. 인공위성을 태양계 밖까지 보내서 수만 가지 자료를 받아서 따져보고 우주를 좀 알게 됐노라 손뼉 친들 허공에 거미줄 친 거미의 꾀가 훨씬 먼저라고 하면 정말 뚱딴지같은 벽창우일까. 어쩌면 노자께서도 허공에 그물을 치고 먹잇감이 물리기를 숨어서 기다리는 거미를 보고 천망회회天網恢恢라는 말씀을 뽑아냈는지도 모를 일이다.

물론 천망天網은 거미가 쳐놓은 그물과는 다르다. 거미는 먹이를 잡자고 그물을 치지만 조물주의 그물天網은 그냥 조롱 같고 꽃밭 같다 여기면 된다. 조롱 속의 새는 먹잇감이 아니고 꽃밭 속의 꽃들도 꺾일 것이 아니듯 천망 속의 삼라만상은 하나같이 조물주의 자식들이다. 노자께서는 조물주를 상도常道의 조화造化라 하고 그 조화를 현빈玄牝이라 한다. 상도의 조화를 현빈이라 비유했으니 천망은 삼라만상을 실어주고 안아주는 어머니 품안이다. 현빈이란 삼라만상을 낳는 암컷이니 삼라만상의 어머니라는 말씀이다. 천망天網을 사람의 못된 버르장머리를 고쳐주겠다고 마련된 인간의 법망法網 따위와 견주어선 안 된다. 법망의 그물코는 세월이 갈수록 배어져 바늘구멍 같아지는데도 잔챙이만 걸리고 큰놈은 치고 나간다는 욕을 먹지만 천망은 고운 이 미운 이 가리지 않고 열 손가락 깨물어 아프지 않은 것 없듯이 모두를 하나같이 안아주고 실어주는 품안이다. 그러니 사람의 세상이 속상하게 할 때면 〈천망회회天網恢恢〉라 속으로 뇌어볼수록 누구나 멍멍한 마음을 어루만지면서 쉴 자리를 얻을 수 있다.

# 2장 성인께는 정해둔 마음이 없다

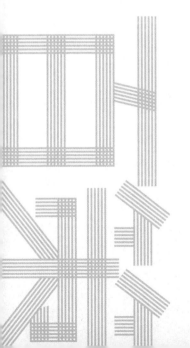

# 021

# 변하면 살고 멈추면 죽는 이치

### 樸散而爲器 박산이위기라

---

樸散而爲器
박산이위기

聖人用之
성인용지

則爲官長
즉위관장

故大制不割
고대제불할

나뭇등걸이樸 쪼개지면散 곧則 기물이 器 된다爲. 성인이聖人 그것을之 이용하면用 곧則 관장으로官長 삼는다爲. 그러므로故 크나큰大 마름질은制 쪼개지 않는다不割.

『노자』 28장 참조

---

"내 벗이 몇이냐 하니 수석水石과 송죽松竹이라 동산에 달 오르니 그 더욱 반갑구나! 두어라 이 다섯밖에 또 더해 무엇하리." 고산孤山의 오우가五友歌를 모르는 사람은 없을 터이다. 고산께서 노래한 다섯 벗을 하나로 묶어 말한다면 〈박樸〉이라 할 수 있다. 〈박樸〉이란 〈본디대로의 것〉이라는 말이다. 물론 삼라만상森羅萬象을 한 글자로 나타낸다면 그 또한 박樸이다.

이처럼 사람의 손을 단 한 번도 타지 않은 것이면 그것이 무엇이든 다 본디대로의 것이다.

1969년 7월엔가 미국이 쏘아올린 아폴로 우주선이 달에 착륙하여 우주인 두 사람이 달 표면 위를 깡충깡충 뛰어다니면서 미국 국기도 꽂고 달의 토양도 채집하는 광경을 텔레비전 화면으로 서울에서도 구경할 수 있었다. 그 다음날엔가 한 친구가 전화를 걸어 "이제 고산 선생의 오우가에서 달을 빼야겠어."라며 세상 사람들과는 다른 생각을 전해주었다. 인간이 달에 내려 발자국을 남겼으니 달은 이제 사람의 손을 탔고 사람의 기물器物이 되어 갈 것이며 본디대로의 달은 이제 금이 가고 쪼개지기 시작했다는 것이다.

그 친구는 참으로 산이 좋아 산에 가고 물이 좋아 물가로 나가 철 따라 산천을 만나 즐거움을 나누며 살고 있다. 산천보다 더 좋은 벗은 없다고 그 친구는 서슴없이 말한다. 그의 말은 한 점 거짓 없는 단언이다. 그 친구가 고산 선생의 오우가를 걸핏하면 중얼거려도 싫증나게 들리지 않는다. 자연을 벗 삼아 노님이 멋이 아니라 몸에 배어서 그런 중얼거림이 절로 나오기 때문이다. 한 번은 충주 근방으로 수석 주우러 갔노라고 그 친구에게 말했다가 치도곤을 당한 적이 있다. 왜 있는 자리에 그냥 그대로 있게 둘 것이지 주워다 씻고 닦고 기름 발라 좌대 위에 얹어놓고 멋대로 명명命名하여 방안에 두느냐고 나를 혼내주었다. 하나도 틀린 말이 아닌지라 나는 꿀 먹은 벙어리가 돼야 했었다. 그냥 그 자리에 그대로 있으면 본디대로의 돌멩이도 사람이 주워다 좌대 위에 앉혀놓고 수석이라 건방 떨면 자연의 돌이 그만 사람의 돌이 되고 만다. 사람의 것이 아닌 것이 자연 즉 박樸이고 그 박樸이 사람 손을 타면 기器가 됨을 잊지 마셨으면 한다.

나뭇등걸은 박樸이다. 그 등걸을 가지고 기둥도 만들고 서까래도 만들고 널빤지도 만들고 함지박도 만들고 의자도 만들고 더는 쓸데없다 싶어지면 등걸을 도끼로 패고 장작개비로 쪼개서 땔감으로 쓴다. 박樸 하나로 인간은 온갖 꾀를 부려 제멋대로 갖가지 기물器物을 만들어 쓴다. 그렇게 인간이 만든 기器는 한 가지로 그 쓰임새가 딱 정해져 변화하지 못한다. 기器는 쓰임새가 바뀔 가능성이 없어져 더는 변화하는 물건이 되지 못하고 만다. 그러나 자연이라는 박樸은 쓰임새가 따로 없어 쉼 없이 변화하는 것이다.

변화하면 그것은 산 것이고 변화가 그치면 그것은 죽은 것이다. 나뭇등걸樸이 사람의 손에 쪼개져 의자가 되면 그 의자는 의자로만 쓰이지 달리는 못 쓰게 돼 더는 변화하지 못한다. 한 가지로밖에 못 쓰는 기器란 죽은 것이고 박樸은 변화해가니 산 것이라는 말이다. 물론 나뭇등걸 박樸이란 삼라만상森羅萬象을 한 마디로 비유해둔 말씀이다.

그러니 박산즉위기樸散則爲器는 온갖 목숨들이 살아감을 말한다. 풀잎은 본래 박樸이지만 사슴이 그 풀잎을 먹이로 삼아 입질하면 그 풀잎은 사슴의 먹잇감이 된다. 이것이 사슴의 입질이 행하는 박산樸散하여 위기爲器함이다. 풀잎을 씹어 새김질함이 본디대로樸를 잘게 씹어散 풀잎을 먹이器로 삼아 사슴은 살아가는 것이다. 성인聖人도 자연의 박樸을 받아 쓰되 자연을 어기는 재주를 부리지는 않는다. 그러나 인간은 그 박樸을 가지고 온갖 재주를 부리고 요리해서 달고 짜고 시게 들볶아 제멋대로 바꿔버린다. 인간의 박산樸散이 빚어내는 위기爲器의 짓들은 마치 시한폭탄을 싣고 달리는 화차火車 같아 겁이 난다.

## 022

# 내가 나를 바로 보고자 밝히는 것

### 自知者明 자지자명이라

---

知人者智

지인자지

自知者明

자지자명

남을人 아는知 것은者 슬기이고智, 자신을自 아는知 것은者 밝음이며明.

『노자』33장 참조

밤에는 두 손으로 등불을 들고 낮에는 마음속에 등불을 켜라. 이제는 이런 말이 어른들의 입에서 사라진 지 오래다. 20세기 초만 해도 광명光明 중에서 광光을 낮추고 명明을 높였다. 어디 가서든 광내지 말고 한 발 물러서서 다투지 말라고 집 나서는 자식에게 애비는 타이르곤 했었다. 옛날 학동學童들은 서당의 하초夏楚는 훈장訓長의 것이고 사랑방 하초는 엄부嚴父의 것이라고 믿었다. 여기서 하초夏楚란 나라 이름이 아니고 회초리를 말한다. 매끈한 싸릿대 회초리를 하夏라 하고 고슴도치 등 같은 엄나무 작대기를 다듬어 울툭불툭 거친 회초리를 초楚라고 한다. 좀 잘못했으면 하夏로 종아리를 맞고 크게 잘못했으면 초楚로 종아리를 맞아 피멍이 들기도 했다. 물론 밖에 나가 버르장머리 없다는 말을 듣는 자식에겐 서슴없이 아버지가 초楚를 들었다. "이놈아, 낮일수록 마음속에 등불을 켜라는 자명自明을 잊었단 말이냐?" 호통 치는 애비는 초楚로 자식을 회초리질하며 울먹였다. 이럴 때는 어미도 제 자식 편을 들어주지 못했다.

마음에 등불을 켜라. 이를 자지自知의 명明이라 한다. 내가 내 마음을 밝힘이 자명自明이다. 속으로 밝힘을 일러 명明이라 하고 밖으로 밝힘을 일러 광光이라 한다. 6.25 전쟁을 겪으면서 광내고 때 뺀다는 말이 유행을 탔다. 하도 살기가 어렵다 보니 기죽기 싫어서였는지 너도 나도 눈부시게 자신을 과시하는 세태가 기승을 부렸다. 그런 세상에서는 자명自明할수록 못난이로 밀리고 만다는 속셈이 바람을 탔다. 그래서 아버지의 손에 하초夏楚가 들려지기는커녕 점점 자식들의 눈치 보는 세상으로 틀어져 급기야 아버지는 자식을 사람답게 길러내는 조련사 구실을 내려놓게 되었다. 비록 하초를 손에서 내려놓았을지언정 자식의 귀에 듣기 싫은 소리마저 그만둔 것은 아니었는지라 자식들은 제 애비를 '꼰대'라 부르고 쇠귀에 경을 읊어보라는 듯 제멋대로 자라는 세상이 되었다.

나는 선한 사람인가, 선하지 못한 사람인가? 이렇게 스스로에게 물어보면 그 즉시 마음에 등불이 켜진다. 이를 어려운 말로 명심明心이라 한다. 마음을 밝힘明心은 남이 대신 해주지 못한다. 오로지 내가 스스로 밝혀야 하므로 자명自明이라 한다. 내가 나를 바라보고자 밝힘이 자명自明인지라 남이 알아줄 리 없다. 본래부터 자광自光이라는 말은 없었지만 이제는 너도 나도 자신을 밖으로 빛나게 하지 않으면 안 되는 세상이 되어버린 꼴인지라 너도나도 서슴없이 자광自光하는 세태이다. 이러다 보니 살아가자면 자가발전기가 되지 않으면 천덕꾸러기로 밀쳐진다고 다짐하는 자광自光의 시대가 활짝 열린 셈이다. 남에게 과시하려니 몸매부터 가꾸는 일인자가 되자고 아우성이다. 이런 탓으로 이제는 사람의 슬기智도 비뚤어져 이지러지고 우그러져 가는지라 자지自知의 명明에 관심이 두어질 리 없는 세상이 되어버린 셈이다.

지인知人이란 바깥 것들을 알고자 함이다. 요즘 세상은 바깥쪽에 촉수를 밝히려다 보니 자기 뽐내는 속셈에만 치우칠 뿐, 지인知人의 참뜻은 밝히고 빛 좋은 개살구마냥 빤빤해지는 쪽으로 쏠리는 처세술이 출렁인다. 남한테 자기를 광내고자 하면서도 남의 시선 아랑곳 않고 쭉쭉 빵빵 거침없이 살아간다고 떵떵거리는 세상이 되어 가고 있는 판이니 지인知人의 슬기도 이제는 맥을 추지 못한다. 이런 지경의 세상에 자명등自明燈을 켜보라고 자식을 채찍질할 애비가 있을 수 있겠는지? 옛날에도 글 읽는 법은 서당에서 배우고 사람 되는 법은 집안에서 배운다고 했다. 그 시절엔 애비가 자식이 자명등을 켜게 하초夏楚를 들었다. 허나 '꼰대' 소리 듣게 되면서부터 애비는 자명自明이라는 낱말을 잊었고 자식은 아버지를 닮지 못해 죄스럽다는 불초不肖라는 낱말을 잊은 지 오래이다.

# 023

# 무거움은 가벼움의 뿌리가 된다

重爲輕根 중위경근이라

重爲輕根
중위경근

靜爲躁君
정위조군

是以聖人終日行
시이성인종일행

不離靜重
불리정중

무거움은重 가벼움의輕 뿌리가根 되고
爲, 고요함은靜 조급함의躁 군주가君
된다爲. 이렇기를 때문에以 성인은聖人
온종일終日 행사해도行 고요함과靜 무
거움을重 떠나지 않는다不離.

『노자』 26장 참조

　가벼운 입은 세 치 혀로 탈을 내고 무거운 입이 낸 한 마디 말로는 천냥
빚을 갚는다 했다. 가벼운 입은 마음이 옅음이고 무거운 입은 마음이 깊음
이다. 뿌리 깊은 나무는 아무리 세찬 바람이 몰아쳐도 넘어지지 않고 샘이
깊은 물은 아무리 가물어도 마르지 않는다고 한다. 마음도 이와 다를 바
없는지 사람에 따라 깊기도 하고 얕기도 하다.

조선시대 윤회尹淮라는 선비가 길을 가다 날이 저물어 하룻밤을 묵어가려다가 도둑으로 몰렸다. 마당에서 놀던 거위가 떨어진 구슬 하나를 삼켰는데 사람들은 선비를 의심했다. 도둑으로 몰려 묶이면서 선비는 여관집 거위의 다리를 묶어 자기 옆에 있게 했다는 이야기를 알 것이다. 밤사이 거위는 똥을 누었고 윤회는 아침에 여관집 주인을 불러내 그 똥 속에서 잃어버린 구슬을 되찾게 했다는 이야기이다. 거위가 구슬을 삼켰다고 왜 말하지 않았느냐고 안절부절못하는 여관집 주인에게 선비는 말했더라면 저 거위의 배를 갈라 확인했을 것이고 구슬이 모이인 줄 알고 삼킨 죄 없는 저 거위가 죽어서야 되겠느냐고 타일러주었다고 한다. 여관집 주인은 윤회 앞에 무릎을 꿇고 절절 빌었다 한다.

바로 이런 이야기가 곧 듬직한 무거움이 얕은 가벼움의 뿌리가 되는 깊은 이치를 터득하게 한다. 그런데 사람의 세상에서 이런 일은 참으로 일어나기 어렵다. 당장 저 거위의 목을 쳐 배를 갈라보라고 으름장을 놓고, 명예훼손이라며 송사부터 펼치는 것이 보통이다.

얕은 물이 요란하지 깊은 물은 소리 없이 흐른다. 얕은 물은 밑바닥을 그대로 드러내지만 깊은 물은 그윽해 그 바닥이 드러나지 않는다. 그런데 열 길 물속은 알아봐도 한 길 사람 속은 알 수 없다고 한다. 속마음일랑 숨겨두고 구렁이 담 넘듯 가벼운 입을 놀려 두루뭉수리로 어물쩍 넘기려는 약삭빠른 사람일수록 도둑놈 제 발소리에 놀라듯이 이러쿵저러쿵 싱겁게 너스레 짓을 편다. 그런지라 얕은 마음은 아무리 감추려 한들 그 속이 얕은 물속처럼 뻔히 드러나 들키게 마련이다. 이렇든 가벼운 사람을 두고 "쏏나락 속 쭉정이 같은 놈"이라고 옛날에는 손가락질했다. '쏏나락'이라는 낱말은 볍씨의 사투리이다. 벼이삭에 쭉정이가 많으면 흉년 들었고 그놈이 적으면 풍년 들었다고 한다. 사람 사는 세상에서도 쭉정이 같은 인간이 많을수록 그만큼 흉년이 들어 살아가기 어렵다.

그런데 무거움은 가벼움의 뿌리가 된다는 말씀은 자연의 이치이지 사람의 세상에서는 듬직한 무거운 마음이 옅은 가벼운 마음의 뿌리가 되어주지 못한다. 마음이 가벼운 사람일수록 독사 같다는 말이 있듯이 얄은 마음은 조금만 건드려도 바르르 떨며 화를 내고 만다. 그러니 가벼운 마음을 가볍다고 했다가는 반드시 변을 당한다. 가벼운 마음을 가볍다고 하면 그 마음속에서 분하다는 불길이 버럭 솟고 만다. 물로도 끌 수 없는 것이 마음이 짓는 성난 불길이다. 그래서 듬직한 마음이 가벼운 마음한테 화상을 입는 경우가 세상에는 허다하다. 마음이 가벼울수록 배려하기를 끔찍이 싫어한다. 배려하는 마음이 깊은지 얕은지 거기서 사람 마음의 무게가 달라진다. 배려하는 마음일수록 속이 깊어 무겁다. 그렇게 깊은 윤회尹喜의 마음이 거위의 목숨을 건져주었던 셈이다.

사람의 세상을 벗어나 자연으로 옮기면 언제나 무거움은 가벼움의 뿌리가 된다. 가을바람에 날리는 깃털이 무겁고 태산이 가볍다는 말이 있다. 작은 것이 큰 것보다 무겁다는 것이다. 세상에 씨앗보다 더 무거운 것은 없다고 한다. 오동나무의 씨앗은 두 눈으로 보기 어려울 만큼 작다. 그것이 땅에 떨어져 싹을 틔워 자라서 아름드리 오동나무가 되는 것이다. 그래서 오동나무보다 그 작은 씨앗이 무겁다는 이치를 헤아리게 하는 말씀이 곧 〈중위경근重爲輕根〉이다.

# 024

# 까치는 까치 소리 내고
### 善言無瑕讁 선언무하적이라

善行無轍迹
선행무철적

善言無瑕讁
선언무하적

善數無用籌策
선수무용주책

善閉無關楗而不可開
선폐무관건이불가개

善結無繩約而不可解
선결무승약이불가해

자연의善 운행에는行 굴러간轍 흔적이迹 없고無, 자연의善 말에는言 잘못이나瑕 꾸지람이讁 없으며無, 자연의善 셈에는數 산가지를籌策 씀이用 없고無, 자연의善 닫음에는閉 빗장이關楗 없어도無而 열開 수 없으며不可, 자연의善 묶음에는結 실끈이繩約 없어도無而 풀解 수 없다不可.

『노자』 27장 참조

　선언善言은 사람의 말이 아니다. 선언善言이란 자연自然의 말씀言 바로 그것이다. 그래서 선언은 귀에 들리는 말보다 눈에 보이는 말이 한없이 더 많다. 바람소리 물소리 우렛소리 그리고 짐승 새 벌레들이 내는 온갖 소리들은 모두 귀에 들리는 선언이다. 귀에 들리는 자연의 소리 말보다 눈에 보이는 자연의 소리 말이 헤아릴 수 없이 많고 많다. 한 그루의 나무만 보더라도 철따라 그 모양새와 색깔을 달리 보여준다. 따지고 보면 자연의 온갖 것들은 눈으로 보게 하는 선언善言 아닌 것이란 하나도 없다. 그래서 선언은 사람의 말이라고 할 수 없는 셈이다.

자연自然을 다른 말로 선善이라 한다. 그래서 사람의 말은 참으로 선善하기 어렵다. 이 천지에서 자연과 달리 말하는 목숨은 사람밖에 없다. 사람의 말은 전혀 자연이 아닌 말이다. 사람의 말에는 저마다 원하는 뜻이 담겨져 있되 그 뜻에는 시비是非가 있고 호오好惡가 있어서 걸림 없이 통할 수 없다. 자연에는 본래부터 기다是 아니다非 좋다好 나쁘다惡 등등의 차별이나 분별이 없어 걸림이란 없는 말이다. 오로지 사람의 말만 이러니 저러니 겨루고 우기고 따지는 줄다리기를 벗어나지 못한다. 선언善言에는 그런 줄다리기란 아예 없다.

말 한 마디로 천냥 빚을 갚는다느니 세 치 혀가 탈을 낸다느니 낮말은 새가 듣고 밤말은 쥐가 듣는다느니 발 없는 말이 천리 간다느니 별의별 말의 속담이 빚어짐은 사람의 말이 어 다르고 아 다른 까닭이다. 사람의 말에는 흠이 많아 아웅다웅 하게 된다. 이처럼 사람의 말은 흠투성인지라 서로 꾸짖기를 마다 않아 사람은 말을 결국 너절하고 하고 더럽히게 된다. 이렇다 보니 언유하적言有瑕謫이라는 말이 생기는 것이다. 말로써 싸움하는 동물은 사람밖에 없다.

까치는 까치 소리 내고 까마귀는 까마귀 소리 내면 그만이다. 여치는 여치대로 뛰고 메뚜기는 메뚜기대로 뛰면 그만이다. 상수리나무는 저대로 그냥 말하고 소나무는 저대로 그냥 말한다. 상수리나무가 소나무에게 네

잎은 왜 바늘 같고 사철 푸르냐고 따져 꼬집지 않는다. 사람을 빼고 온갖 것들은 하늘땅 사이에 살면서 그냥 그대로 저마다 훌륭할 뿐이다. 그래서 어려운 말씀으로 〈선언무하적善言無瑕讁〉이라 한다. 이처럼 자연에는 하적瑕讁이란 하나도 없다. 선언善言이란 흠瑕이 없고無 그러니 꾸짖을 것讁도 없는 말씀이다. 이는 곧 선언善言이란 그 말言이 자연自然이라는 말씀이다. 자연自然이란 그냥 그대로 온전하다는 말로 새기면 된다. 그러니 선언이란 그냥 그대로 온전하여 흠이 없어서 꾸지람 받을 리 없는 말씀이다. 사람도 이러한 선언善言을 본받는다면 절로 그냥 선인善人이 된다. 물론 선인善人이란 자연인自然人이라는 말씀이다. 그 사람 착하다고 세상이 인정한다면 그 사람은 곧 자연自然과 같은 사람이라는 말씀이다.

사람한테는 선악善惡이 있는 사람의 마음 짓들이 선할 때도 있고 악할 때도 있다. 물론 사람은 선한 마음이 악한 마음을 억누를 수 있는 힘을 간직하고 있기 때문에 사람에게는 이理가 있다고 한다. 이 이理를 요새는 이성理性이라 한다. 특히 조선시대 이理를 강조했던 까닭이란 심정心情에서 심성心性으로 돌아가는 이치를 밝히고 있기 때문이었다. 성정性情에서는 온갖 시비是非들이 용트림하지만 심성心性에서는 그런 시비가 말끔히 씻어져 선善해진다. 심성心性이란 자연의 마음을 말한다. 사람도 심성心性을 지키고 말한다면 누구나 자연인自然人이 된다. 그러니 말로써 천냥 빚을 갚을 수 있다는 그 말이란 곧 사람도 언제나 늘 할 수 있는 선언善言 그것이다.

# 025

# 자승에는 이기고 짐이 없다

自勝者强 자승자강이라

勝人者有力
승인자유력

自勝者强
자승자강

남을人 이기는勝 것은者 힘을力 취함이
고有, 자신을自 이기려는勝 것은者 무
릅씀이다强.

『노자』 33장 참조

힘자랑한다. 힘이 세다. 힘이 없다. 이런 등등의 말은 사람은 저마다 힘을 갖고자 함을 드러낸다. 힘이 없으면 못 산다고 단언하기도 한다. 살수 있게 하는 그 힘이란 무엇일까? 그 힘이란 몸뚱이의 근육이 낼 수 있는 것만을 뜻하지 않는다. 사람한테는 여러 가지의 힘이 있다. 근력筋力도 갖고자 하고, 재력財力도 갖고자 하고 나아가 권력權力도 누리고자 한다. 요새는 누구나 재력은 곧 권력이라고 서슴없이 단언하기도 한다. 이런 연유로 요새 사람들은 누구나 재력을 무엇보다 먼저 취하고자 한다. 권력이 되어주는 재력은 자신을 풍족하게 해줄 뿐만 아니라 남에게 군림할 수 있는 힘을 낸다고 지금 세태는 믿어 의심치 않는 꼴을 거침없이 보인다. 그래서 이제 힘이란 강력強力함이 아니라 역력力力함이라는 생각이 압도해 승패勝敗라는 낱말은 잘 알아도 승강勝强이라는 낱말은 거의 잊힌 꼴이다.

힘에는 두 갈래가 있다. 내가 남을 이기려는 힘이 있다. 그런 힘을 일러 역力이라 한다. 또한 내가 나 자신을 이겨내는 힘이 있다. 이런 힘을 일컬어 강强이라 한다. 이 강强이라는 힘은 사람한테만 있는 힘이다. 왜 이 땅덩이에서 인간만 문화-문명을 누리고 사는 목숨이 되었을까? 사람이 여타의 동식물보다 머리가 뛰어나기 때문일 것이다. 더 나아가 말하자면 사람은 다른 목숨들이 낼 수 없는 강强의 힘을 알고 스스로 발휘하여 삶의 온갖 값어치를 높일 수 있기 때문이다. 삶의 변화와 질서를 함께 가져다줄 수 있는 힘이란 강强에서 나온다. 우리는 정신력精神力이니 창조력創造力이니 거치적거림 없이 편하게 쓴다. 그러나 정신력-창조력이라는 낱말에 붙어 있는 역力 자字를 노자老子의 입장에 서서 생각해 본다면 걸맞을 수 없다는 생각을 해보게 된다. 왜냐하면 정신의 힘인 창조란 스스로 제 마음을 남김없이 다 쏟아 쓸 수 있어야 하기 때문이다.

체력으로 말한다면 사람은 참으로 보잘 것 없다. 100미터 달리기에서 10초 벽을 넘겼다고 자랑하지만 치타에 비하면 그 속도란 보잘 것 없다. 그러나 사람의 마음은 초음속기를 만들어낸다. 높이뛰기 기록이 거의 3미터에 근접했다고 자랑하지만 벼룩에 비하면 아무것도 아니다. 하지만 수백 킬로미터를 올라가 우주로 날아가는 인공위성도 띄운다. 60킬로그램 등짐을 지고 갈 수 있다고 사람들은 떵떵거리지만 200킬로그램의 등짐을 지고 사막을 유유히 오고가는 낙타에 비하면 초라할 뿐이다. 이처럼 체력으로 견준다면 사람은 참으로 별 볼 일이 없다.

그러나 마음이 내는 힘을 보면 점점 신神의 경지를 넘보려고 할 만큼 대단하여 오히려 두렵기까지 하다. 이같은 마음의 기운氣運이란 강强이라는 힘에서 나오지 역力이라는 힘에서 나오지 않음을 곰곰이 새겨본다면 왜 자승자강自勝者强이라 하는지 그 깊은 뜻을 헤아려 가늠해볼 수 있게 된다. 노자老子께서는 자승自勝이라 했지만 공자孔子께서는 극기克己라고 했다. 다 같이 스스로를 무릅쓴다는 말씀이다.

자승自勝은 자기를自 이긴다는勝 말씀이다. 그런데 자승自勝의 승勝은 승패勝敗의 승勝이 아니다. 두 사람이 씨름하게 되면 하나는 승자勝者가 되고 하나는 패자敗者가 되어 둘로 나뉜다. 그러나 자승自勝에는 이기고 짐이 없다. 자승은 자신을 무릅씀인지라 승패처럼 둘로 나누어지는 이기고 짐이 아니다. 자승의 승勝은 승강勝强-극강克强의 승인지라 내가 나를 이기는 것밖에 없음이다. 승강은 극강과 같은 말이다. 그래서 자승에는 패자敗者가 없다는 것이다. 언제나 승자만 나옴이 곧 자승이다.

승인勝人은 내가 남을 이김이다. 여기서 이김이란 체력의 많고 적음에 달린다. 체력이 많은 쪽은 이긴 자가 되어 환호하고 체력이 적은 쪽은 진 자가 되어 풀이 죽는다. 씨름판에서 승자는 모래를 한 움큼 쥐어 허공에 뿌리면서 고래고래 호령하며 모래판을 밟지만 패자는 고개를 숙이고 모래판을 떠나니 이기는 쪽과 지는 쪽이 둘로 갈라져 기쁨과 슬픔이 분명하게 드러난다. 그러나 자승自勝이란 내가 바로 내 자신을 이김이니 오로지 승자의 회열喜悅만 넘침인지라 인생을 진정 즐기고자 한다면 자승하라는 것이다.

## 026

# 사랑하고 아끼며 낮추어라

我有三寶 아유삼보라

我有三寶
아유삼보

持而保之
지이보지

一曰慈 二曰儉
일왈자 이왈검

三曰不敢爲天下先
삼왈불감위천하선

나한테는我 세 가지三 보물이寶 있어有 그것을之 간직해서持而 지킨다保. 첫째는一 사랑慈이고曰 둘째는二 검소儉이며曰 셋째는三 세상에서天下 감히敢 앞서려先 하지 않음이다不爲.

『노자』 67장 참조

무엇이 사람을 가장 아름답고 선하고 미덥게 할까? 노자老子께서 밝혀 놓은 삼보三寶를 떠올린다면 사람을 아름답게 하고 선하게 하며 미덥게 하는 것이 무엇인지 알아챌 수 있다. 노자께서 밝혀둔 그 세 가지 보물이란 자慈이고 검儉이며 불감위선不敢爲先이다. 자慈는 사랑하는 마음이고 검儉은 아끼는 행동이며 불감위선不敢爲先은 자신을 뒤로 하고 낮춤이다.

크고 화사한 모란꽃보다 작고 초라한 찔레꽃이 더 아름다운 까닭을 나는 매우 어려서부터 알 수 있었다. 향기 없는 모란꽃이란 사랑할 줄 모르는 꽃이고 향기를 품어 벌떼를 불러들여 씨를 맺게 하는 찔레꽃은 사랑할 줄 아는 꽃인지라 찔레꽃이 아름답고 선하다고 어머니가 어린 나에게 가르쳐주셨다. 꽃이라면 열매를 맺어 씨앗을 안겨주어야지 모란꽃처럼 눈만 홀리는 꽃이란 허울이다. 난초꽃 향이 아무리 일품이로서니 씨앗을 맺지 않는지라 사랑慈이 없는 꽃이니 그 또한 허울이다. 하물며 꽃이 이러할진대 사람에게 사랑慈이 없어서야 어찌 사람이겠는가? 춘삼월 봄바람을 향기로 물들이는 송화松花 가루를 생각해 보면 자연은 사랑慈으로 가득함을 알 수 있는 일이다. 이런저런 자연의 자慈는 어미가 새끼에게 주는 사랑이지 연인끼리 주고받는 그런 사랑이 아니다. 그러니 자연을 본받는 자慈야말로 인간에게 천하에 제일가는 보물이다.

수많은 목숨들이 이 땅덩이에서 살고 있지만 쓰레기를 만들어내는 목숨은 사람밖에 없다. 사람을 제하면 낭비하는 족속이란 없다. 본래 자연은 무엇 하나 낭비하지 않는다. 소가 풀을 먹고 쇠똥구리는 쇠똥을 뭉쳐 그 속에 알을 낳아 제 새끼들의 요깃거리로 삼다가 땅으로 돌아가게 한다. 이처럼 자연은 무엇 하나 낭비하게 않는다. 그러니 사람을 빼버리면 모든 목숨들은 그야말로 검박하다. 뱁새는 꾀꼬리의 황금색 깃털을 탐하지 않고 생쥐는 황소의 몸집을 부러워하지 않는다. 모두 자연이 허락하는 대로 살아갈 뿐이지 사람처럼 이리저리 꾸미고 다듬지 않는다. 이런 연유로 개미는 개미대로 나비는 나비대로 사슴은 사슴대로 다 저마다 만족하면서 산다. 오로지 사람만 만족할 줄 모르고 산다. 왜 사람은 일일이 만족하지 못하는가? 인간이 과욕過欲을 서슴없이 부려서이다. 넘치는 욕심을 줄이기만 하면 그 순간 곧장 만족이라는 행복이 굴러들어온다. 만족이라는 행복은 검소하지 않으면 결코 누릴 수 없는 즐거움이다. 검소하면 삶을 만족할 수 있고 삶을 만족하는 사람이 가장 부유한 사람이다. 그러니 검儉이야말로 인간에게 천하에 제일가는 보물이다.

내로라하는 궁사弓師들이 원숭이 사냥을 하려고 몰려오는 모습을 보고 수풀에서 뛰놀던 원숭이들이 급히 줄행랑을 치는데 유독 한 마리만 나무타기 재주를 뽐내면서 궁사들을 얕보았다. 궁사가 화살을 날리면 날아오는 화살을 피하면서 맞춰보란 듯이 까불었다. 그러자 궁사들이 화가 치밀어 일제히 겁 없이 잘난 척하는 원숭이를 향해 화살들을 날렸다. 비 오듯 쏟아지는 화살을 피하지 못한 건방 떨던 원숭이는 사냥감이 되고 말았다. 날아오는 화살 하나라면 피할 수 있는 재주가 있다손 쳐도 여러 화살이 한꺼번에 날아오면 나무 타는 재주 하나로써는 죽음을 피할 수 없음을 미처 몰랐던 원숭이는 잘난 척하다가 제명대로 못 살고 만 것이다.

이처럼 어리석은 원숭이 같은 인간이 사람의 세상에도 많은 편이다. 어디 가나 모난 돌 같으면 정을 맞아 깨지고 잘났다고 설치면 세상의 눈총을 받고 마는 법이다. 앞서겠다면 물러설 줄 알아야 하고 높이겠다면 낮출 줄 알아야 한다. 높이 되면 추락하게 마련이고 밝으면 어두워지게 마련임을 아는 사람은 선후先後를 가리되 앞서기先를 남에게 돌려주고 뒤서기後를 스스로 택한다면 앞세워준 그 사람이 뒤에 선 나를 즐거이 앞세워주기를 마다하지 않으니 불감위선不敢爲先이야말로 세상살이를 즐겁게 하는 보물이다.

# 027

# 도덕을 하면 날마다 줄고 줄어

爲道日損 위도일손이라

爲學日益
위학일익

爲道日損
위도일손

損之又損
손지우손

以至於無爲
이지어무위

학문을學 하면爲 날마다日 불어나지만
益 도덕을道 하면爲 날마다日 준다損.
줄이고損之 또又 줄여서損 그로써以 무
위에於無爲 이른다至.

『노자』 48장 참조

　　내 바깥 것들事物을 공부하면 그 공부는 나에게 학문學問이 되고 내 자
신을 공부하면 그 공부는 곧 나에게 도덕道德이 된다. 도덕이란 내가 내
자신을 공부하는 것이다. 공부란 살피고 새기고 헤아려 가늠도 하고 깨우
치기도 하는 일이다. 이것은 무엇이냐? 이런 질문을 던지면서 그것의 시是
와 비非를 가려내 옳고 그름이나 맞고 틀림을 알아내면 그것에 관한 정답

正答을 얻어내는 일을 일러 위학爲學이라 한다.

학문學問을 위함이 위학爲學이다. 학문을 열심히 함을 또한 위학이라 한다. 학문이란 하면 할수록 지식은 날로 늘어나 쌓이게 된다. 그래서 학자는 자신의 전공에 관한 넓고 깊은 지식을 갖추게 된다. 학자를 전문인이라하는 까닭은 자기가 전공하는 분야만큼은 남들이 모르는 전문지식을 갖추고 있기 때문이다. 그런 지식이란 세상에서 두루 통하는 앎의 길이 되는것은 아니다. 위학爲學이 날마다 쌓아주는 지식이란 점점 깊어지면서 몇사람만이 알 수 있는 세계를 이룬다. 이런 연유로 학문에 매진하는 사람은세상 물정物情은 잘 모르게 되는 수도 있다. 왜 학자를 두고 꽁생원이라고세상 사람들이 비꼬겠는가? 제가 전공하는 분야만은 잘 알지만 거기서 벗어나면 별로 아는 것이 없는 까닭이다. 유식하되 바보 소리 듣기 쉬운 까닭은 전공분야에 매달려 있는 전문지식이란 세상에 두루 통하지 못해서이다. 이처럼 학문의 지식이 쌓이면 쌓일수록 외딴 섬처럼 되기 쉽다.

도덕道德을 위함이 위도爲道이다. 자명自明을 열심히 함을 또한 위도라한다. 자명이란 내가 나를 밝힘이다. 나는 무엇이며 어디서 나와 어디로가는가? 이렇게 스스로에게 묻는 순간 학문이 바라는 정답을 얻어낼 수없다. 나는 내 부모가 낳아준 목숨이다. 이렇게 스스로 정답을 냈다고 하자. 그렇다면 내 부모는 무엇인가? 이런 질문이 꼬리를 물고 이어질 뿐이다. 나는 무엇인가? 이런 물음에 답을 구해보게 길을 터주는 것이 바로도덕이다. 학문은 실험해서 검증하거나 사물을 통하여 의심할 여지없이증명할 수 있는 지식을 축적하게 한다. 그러나 도덕은 불가사의不可思議한것에서 인간의 생각을 넓혀주고 깊게 해주고자 한다. 나와 너를 우리가되게 하여 인간이라는 우리가 삼라만상과 이어져 있다고 생각해보게 하는 것이 도덕이다.

물이란 무엇인가? 그것은 'H₂O'이다. 이런 대답은 학문이 나로 하여금 간직하게 해준 지식으로 가능한 것이다. 물이란 무엇인가? 그것은 〈상선약수上善若水〉이다. 이런 해답은 도덕이 나로 하여금 깊게 생각해보게 하는 것이다. 학문은 살펴 새기고 생각하여 지식을 얻어내 갖추게 하지만 도덕은 깊은 사색으로 이끌어주어 학문이 더해준 지식들과는 전혀 다른 세계로 이끌어준다. 더없이 착함上善은 물과水 같다若. 이런 말씀 앞에서는 물은 'H₂O'라는 지식은 아무런 쓸모가 없어진다. 물을 두고 더없는上 선善과 같다는 말씀은 왜 물을 가지고 선함을 비유하냐고 자문自問하게 되어 물을 곰곰이 생각하게 된다. 물이 있는 곳이면 온갖 목숨이 살고 물이 없으면 어느 목숨도 살 수 없다는 생각에 이르면 온갖 생명들로 하여금 저마다 목숨을 누리게 함을 일러 상선上善이라 하는구나! 이런 발견에 이르게 된다. 이처럼 스스로 발견하여 터득하게 되는 경우를 일러 〈자명自明〉이라 하는 것이다. 스스로 새로워짐을 일러 자명이라 한다. 말하자면 자기변화自己變化이다.

학문은 온갖 지식으로 유식해져 우리를 유능하게 해주지만 도덕은 저마다의 자신을 슬기로운 길로 이끌어주니 도道라 한다. 꼭 스스로 생각해 가야 하는 길을 도道라 한다. 학문의 길은 여러 가지 도구들을 이용해 헤쳐 갈 수 있지만 도덕의 길은 오로지 저마다의 마음이 스스로 밝아가야 하는 외길이다. 그 걸음걸음을 덕德이라 한다. 덕德은 도道의 드러남이고 그 드러남을 변화라 한다. 도덕道德의 길을 걸어가면 갈수록 학문이 주는 지식에서는 멀어지지만 나를 안온하게 해주는 새로운 변화 즉 덕德을 누리게 하는 것이다.

# 028

# 도가 천지를 낳고 천지가 만물을 낳았다

萬物得一以生 만물득일이생

昔之得一者
석지득일자

天得一以淸
천득일이청

地得一以寧
지득일이령

神得一以靈
신득일이령

谷得一以盈
곡득일이영

萬物得一以生
만물득일이생

태초에昔之 하나를一 얻은得 것들이다
者. 하늘은天 하나를一 얻음으로得 써
以 맑고淸, 땅은地 하나를一 얻음으로
得 써以 안정하고寧, 신은神 하나를一
얻음으로得 써以 영묘하고靈, 골짜기는
谷 하나를一 얻음으로得 써以 가득하며
盈, 온갖 것은萬物 하나를一 얻음으로
得 써以 생성한다生.

『노자』 39장 참조

눈으로 보고 귀로 듣고 손으로 만져지는 것만 있는 것은 아니다. 오히려 만물은 눈에 보이지 않고 귀에 들리지 않고 손에 잡히지 않는 것들이 훨씬 더 많다. 그 작디작은 것들을 어려운 말로 미물微物이라 한다. 미물 중에는 전자현미경으로도 볼 수 없는 것들이 있다. 그냥 뭉뚱그려서 생물이니 무생물이니 하지만 만물을 사람이 다 알 수 없다. 사람이 알고 있다는 만물이란 일부분에 불과하다고 여기는 편이 편하다. 이제는 우주선이 날아가 태양계 밖의 것들까지 사진으로 찍어 보여주는 세상이지만 그 사진 속의 것들이란 인간이 이미 아는 것들이 아니다. 무수한 과학자들도 처음 보고 새로 알아보아야 하는 것들일 뿐이다.

이렇게 많은 것들이 도대체 무엇으로 말미암아 있는 것일까? 이런 질문이 인간으로 하여금 조물주造物主라는 낱말을 만들어냈을 터이다. 만물을 物 만들어낸造 맨 위의 어른主은 무엇일까? 인간은 이런 질문을 아주 옛날부터 던져왔다. 이 질문에 대한 대답 중에서 가장 대표적인 것을 들자면 다음 두 말씀일 것이다. 그 하나는 '신神: God'일 터이고 다른 하나는 '도道: Tao'일 터이다.

신神은 만물의 창조주이다. 태초에 신이 만물을 만들었다는 해답이 인간으로 하여금 일신교一神教를 믿게 하였고 다신교多神教도 믿게 해왔다. 도道는 만물의 조물주이다. 노자老子라는 성인聖人은 조물주로서의 도道를 최초로 밝힌 분이다. 도道에서 만물이 나왔다는 말씀이 인간으로 하여금 생각의 깊이를 더하게 하고 그 폭을 넓히게 해왔다. 그 노자께서 도道를 얻어 만물이 생겼다고 밝힌 말씀이 〈만물득일이생萬物得一以生〉이다.

득일得一이란 하나를 얻음이다. 만물을 생기게 하는 그 하나一는 도道를 말한다. 그 하나를 도기道氣라고 부른다. 도기道氣를 일기一氣니 생기生氣니 원기元氣라고 일컫기도 한다. 만물을 생기게 하는 최초의 기운氣運이라는 말이다. 그러니 득일得一이라는 말씀은 도道의 힘氣을 얻음得을 말한다.

그 힘을 얻어 만물이 생겼다는 것이다. 도가 천지天地를 낳고 천지가 만물을 낳았다 하여 천지를 만물의 부모父母라 일컫는다. 그러므로 만물은 모두 다 도道가 낳은 천지의 자손이다. 사람은 온갖 다른 목숨들과는 다르다고 여기는 것은 사람이 그렇게 생각함이고 도道의 입장에서 보면 인간이나 지렁이나 민들레나 다를 바가 없다. 이를 어려운 말로 귀일歸―하기 때문이라고 한다. 온갖 것萬物은 하나로― 돌아간다歸는 것이다. 그 하나란 곧 도道이니 만물은 모두 도에서 나왔다가 그 도로 되돌아간다고 노자께서 밝혔다.

도道의 슬하에서 만물은 하나인지라 귀할 것도 없고 천할 것도 없으며, 높은 것도 없고 낮은 것도 없으며, 좋은 것도 없고 나쁜 것도 없다. 병균이나 독사나 모기 따위가 없었으면 싶은 것은 오로지 사람의 바람일 뿐이지 도道의 입장에서 본다면 그냥 그대로 있는 것일 뿐이다. 그래서 자연이란 결코 사람의 뜻에 따라 있는 것이 아니다. 도道는 만물을 낳아주되 이래라 저래라 하지 않고 저마다 나름대로 나왔다가 돌아가게 할 뿐이다. 이는 만물이 모조리 득일得―로써 생겨났기 때문이다. 만물이 모두 한 힘―氣으로 태어났으니 본래가 다를 수 없음이다.

그러나 사람은 만물 중 한 종에 불과할 뿐임을 한사코 거부한다. 사람을 뺀 만물은 모두 사람을 위하여 있는 것처럼 착각하고서 사람 뜻대로 만물을 쥐락펴락 하고 있는 중이다. 사람 탓으로 멸종하는 종種이 날이 갈수록 늘어나고 온갖 목숨들이 함께 살아가야 할 이 지구마저 살아가기 어려운 터로 몰아가고 있는 중이다. 그러면서도 두려워할 줄 모르는 인간의 만용은 어디서 비롯할까? 사람이 천지에 있는 만물은 다 하나임을― 외면해서이다.

029

# 아는 사람은 말하지 않는다

知者不言 지자불언이라

知者不言

지자불언

言者不知

언자부지

아는知 사람은者 말하지 않고不言 말하
는言 사람은者 알지 못한다不知. [아는
知 사람한테는者 말이言 없고不 말하는
言 사람한테는者 아는 것이知 없다不.]

『노자』 56장 참조

　　무엇이든 다 알아낼 수 있다고 장담하는 사람이 있다면 바로 그런 사람
이 가장 위험하고 무모하다. 신神이 만물을 창조한다고 하면 그 신은 무엇
이 창조하느냐고 따져 말하는 사람은 신이란 사람이 알 수 없는 것임을
몰라서이다. 도道가 만물을 낳는다고 하면 그 도는 무엇이 낳느냐고 따져
말하는 사람은 도란 사람이 알 수 없는 것임을 몰라서이다. 인간이 알 수
있는 경지란 도道가 낳아준 것만을 알아볼 수 있음이고 신神이 창조해준

것만을 알아낼 수 있을 뿐이다. 도道 그 자체나 신神 그 자체란 인간의 지력知力이 미칠 수 없는 경지임을 아는 사람은 신이나 도를 알려 하지 않고 믿을 수밖에 없음을 안다.

지도知道란 도를 안다는 말이 아니라 도道라는 것은 사람이 이러고저러고 말할 수 없는 것임을 알고 있다는 말이다. 이러한 지도知道를 노자老子께서는 무위자연無爲自然이라 밝혔다. 이 말씀을 줄여서 어려운 말로 사천事天이니 순천順天이라 한다. 하늘天을 섬기고事 하늘天을 따름順이 곧 무위無爲이다. 무위無爲란 짓함이 없음이다. 여기서 짓함이란 사람의 짓을 말한다. 도道의 짓을 일러 무위無爲라 하고 사람의 짓을 일러 인위人爲라 한다. 그러니 무위란 사람의 짓이 없음이고 그 무위를 풀이하여 자연自然이라 한다.

자연이란 그냥 그대로 그러함인지라 인간의 조작造作이 하나도 없음이다. 어시장에서 횟감으로 광어를 살 때 자연산이냐 양식이냐 묻는다. 자연산 광어라면 무위의 횟감이고 양식한 광어라면 인위의 횟감이다. 자연산 광어는 한바다에서 천지가 길러주고 양식한 광어는 가두리에서 인간이 키워준다. 인간이 주는 먹이를 받아먹고 병에 걸릴세라 항생제도 얻어먹고 키워지는 광어는 산 것이지만 하나의 상품에 불과한 물건이지 목숨이라 할 수가 없다. 산목숨을 물건이 되게 하는 짓보다 더한 인위人爲란 없다. 본래 산목숨이란 오로지 자연의 것일 뿐이다. 사자가 사슴을 잡아먹되 배부르면 사슴을 죽이지 않으니 사자가 살생殺生하는 것은 아니다. 그러나 사냥꾼이 놀이삼아 사슴 사냥을 하면 그것은 곧 살생이다. 살생보다 더 자연을 어기는 짓이란 없다. 자연을 어기는 짓을 악惡이라 하고 그 악을 범함을 일러 죄罪라 한다. 물론 살생만이 자연을 어기는 짓은 아니다. 해치는 짓이면 그것이 아무리 사소할지라도 자연을 어기는 짓이다. 자연을 어기는 짓을 어려운 말로 비도非道라고 한다. 도道가 아닌 것非이면 늘 선善할 수도 있고 악惡할 수도 있다. 지자불언知者不言의 지자知者란 누구인가? 순도順道 즉 도道를 따르면順 언제나 선善하고 비도非道면 악惡함을 아는 사람이다.

도道란 사람이 생각해서 알 수 있는 것이 아님을 알기 때문에 도를 무엇이라고 말하지 않지만 도의 짓마저 말하지 않는 것은 아니다. 그래서 지자불언知者不言의 지자知者는 무위無爲-자연自然이 곧 도道의 짓임을 밝히는 것마저 불언不言하는 것은 아니다. 무위-자연을 한마디로 상덕常德이라 한다. 그러니 노자가 밝힌 도덕道德이라는 말씀은 〈상도상덕常道常德〉을 줄인 말씀인 셈이다. 상덕이란 변함없는 덕을 말하고 이를 다른 말로 천덕天德이라 한다. 그러나 인덕人德은 변함없는 덕이 아니다.

사람이 베푸는 덕이란 변덕스럽다. 호오好惡를 따져 덕을 베풀기도 하고 거두기도 하는 것이란 자연의 덕天德이 아니다. 상덕常德에는 시비是非도 없고 호오好惡도 없어 이러니저러니 말하지 않아도 되고 그 베풂은 한결같다. 그래서 도道란 사람이 말할 수 있는 것이 아님을 알면 도道를 말하지 않는다. 그러나 도道가 그러함을 모르는 사람은 도를 이렇고 저렇고 밝혀 아는 척하지만 따지고 보면 도 그 자체를 말함이 아니고 도의 변죽만 울릴 뿐인지라 장님이 코끼리 만지는 꼴을 면하지 못한다. 코끼리를 진실로 아는 장님은 코끼리의 코나 발이나 꼬리를 만져보고 코끼리를 안다고 말해선 아니 됨을 안다.

# 030

# 심덕에는 욕심의 뿌리가 내릴 수 없다

報怨以德 보원이덕이라

爲無爲 事無事
위무위 사무사

味無味 大生於小
미무미 대생어소

多起於少 報怨以德
다기어소 보원이덕

함에는爲 욕심내 함이爲 없고無 일에는事 꾀하는 일이事 없으며無 맛에는味 더한 맛이味 없다無. 큰은大 작음에서於小 생기고生 많음은多 적음에서於少 일어난다起. 원한을怨 덕으로德 써以 갚는다報.

『노자』63장 참조

큰어 부스럼 만들지 말라 한다. 그냥 두면 괜찮을 것을 공연히 건드려서 안 좋은 일이 생긴다. 이러한 짓은 모두 욕심이라는 것이 꼬드겨 일어난다. 잘되리라 믿었다는 말은 욕심을 내서 부렸다는 말인지라 세상에는 제 욕심대로 되는 일이란 없다고 보아야 마음이 밝아지고 따라서 행동거지가 밝아지는 법이다. 그 법을 자연自然이라 한다.

밝은 마음이 행동을 물 흐르듯이 함을 자연이라 한다. 자연이라 함은 사람의 욕심이 끼어들지 않음을 말한다. 자연이란 곧 무사욕無私欲이다. 진실로 제 욕심私欲 없는 마음으로 행하면 세상이 뿌리치지 않는다. 하는 일마다 뜻대로 안 된다고 푸념하는 사람은 제 욕심대로 안 됨을 투정하는 짓일 뿐이다. 이런 투정을 일러 인위人爲라 한다. 인위란 돌부리를 제 발로 차는 짓일 뿐이다. 그래서 욕심 부리지 말고 세상을 마주하라는 것이다. 욕심 없이 세상을 마주하는 방편이 있다. 위무위爲無爲-사무사事無事-미무미味無味 등이 그 방편이다. 이 방편을 따르면 누구나 세상의 벗이 되고 덕德을 누린다.

위무위爲無爲는 위무인위爲無人爲의 줄임이다. 행함에爲 인위人爲가 없다無. 인위人爲란 제 욕심대로 함이다. 그러니 위무위爲無爲라는 말씀은 제 욕심 부리지 않고 뜻을 행하라 함이다. 제 욕심을 부리지 않는 뜻이라면 세상이 서슴없이 받아준다. 그러면 원통하다고 땅을 쳐야 할 리 없다. 제 욕심대로 행하다가 안 되면 세상 탓으로 돌린다면 저에게 쌓이는 것은 원한怨恨밖에 없는 것이다. 제 욕심만 챙기고 행하면 어떤 행위이든지 반드시 저에게 원한이 생긴다.

사무사事無事는 사무사사事無私事의 줄임이다. 일함에事 사사가私事 없다無. 사사私事란 나의 쪽에만 이롭게 하는 일을 말한다. 나의 쪽만 이롭다면 남의 쪽은 해롭게 된다. 콩 한 쪽도 나누어 먹어야 성사成事되는 법이다. 그러니 사무사事無事라는 말씀은 제 욕심 부리지 않고 일해 가라 함이다. 제 욕심을 부리지 않는 일이라면 세상이 서슴없이 받아준다. 그러면 일을 망쳤다고 땅을 쳐야 할 리 없다. 제 욕심대로 일하다가 안 되면 세상 탓으로 돌릴수록 저에게 쌓이는 것은 원한怨恨밖에 없는 것이다. 제 욕심만 챙기고 일하면 반드시 저에게 원한이 생긴다.

미무미味無味는 미무사미味無私味의 줄임이다. 맛냄에味 사미가私味 없다無. 사미私味란 나만 낼 수 있는 맛을 말한다. 오미五味를 적당히 섞어 자연에 없는 맛을 만들어내 혀를 홀리게 하는 맛을 사미私味라 한다. 물맛을 천하일미天下一味라 한다. 물맛보다 더 좋은 맛은 없다는 게다. 평생 마셔도 물리지 않는 맛이 곧 물맛이다. 물맛은 왜 물리지 않는가? 물맛에는 무미無味 즉 맛이 없는 까닭이다. 물에 단맛을 더해 단물을 만들면 한두 번 마시면 그만 물리고 만다. 물에 짠맛을 더해 짠물을 만들면 그 역시 한두 번 마시면 물린다. 그래서 사미私味는 사미邪味로 그친다는 것이다. 삿된邪 맛味이란 혀를 홀리고 거기 놀아난 혀는 참맛을 잊어버린다. 맹물의 맛을 내치고 사람의 욕심이 만들어낸 사미私味에 홀리다 보면 제 몸을 제가 병들게 하고 만다. 그러니 미무미味無味라는 말씀 또한 양념 치듯 욕심 부리지 말라 함이다.

욕심 사납게 세상을 마주하지 않으면 원망하거나 원한을 품을 일이란 없다. 원한을 사는 일이란 제 탓이지 세상 탓이 아니다. 세상이 원한을 파는 것이 아니라 내 욕심이 나로 하여금 원한을 사게 할 뿐인지라 스스로 산 원한을 갚는 일은 사욕私欲을 버림으로써 이뤄져야 한다. 사욕私欲을 버리면 곧장 그 마음에 덕德이 자리 잡는다. 이를 심덕心德이라 한다. 심덕에는 욕심의 뿌리가 내릴 수 없으니 그 뿌리에서 돋아나는 원한이 돋아날 수가 없어지므로 보원이덕報怨以德 즉 덕으로以德 원한을怨 갚아라報 하는 것이다.

# 031

# 성인께는 정해둔 마음이 없다

### 聖人無常心 성인무상심이라

聖人無常心
성인무상심

以百姓心爲心
이백성심위심

성인께는聖人 변함없이 정해둔常 마음이心 없고無 백성의百姓 마음으로心 써以 당신의 마음을心 삼는다爲.

『노자』 49장 참조

군자君子의 덕德은 바람과 같고 소인의 덕은 풀과 같아 풀은 바람이 더해지면 반드시 그 바람 따라 쏠리어 따르게 마련이라고 공자孔子는 밝혔다. 그러나 노자老子는 성인聖人은 백성심百姓心 즉 백성百姓의 마음心을 따라 당신의 마음을 정한다고 밝혔다. 공자는 군자가 백성을 다스려야 한다고 밝혔고 노자는 성인이 백성을 따른다고 했다. 성인마저도 백성을 따르는데 하물며 군자가 어찌 백성을 따르지 않을 것인가. 그러니 노자의 말씀을 따르면 백성이 바람風이 되고 군자는 그 바람을 따르는 풀草이 된다.

샛바람이 불면 풀은 서쪽으로 굽히고 하늬바람이 불면 풀은 동쪽으로 굽힌다. 그래서 백성이 동쪽으로 눕고 싶어 하는 마음이 있으면 성인은 하늬바람 같은 마음을 내고, 백성이 서쪽으로 눕고 싶어 하는 마음이 있으면 성인은 샛바람 같은 마음을 냄이 곧 성인의 무상심無常心이다. 백성이 바라는 대로 뜻을 세우지 자신의 뜻을 내서 백성을 이끌어가려고 꾀하지 않는다. 그래서 노자가 밝히는 성인聖人은 선한 사람은 더욱 선하게 하고 선하지 못한 사람은 선하게 돌려놓으며 믿음직한 사람은 더욱 믿음직하게 하고 그렇지 못한 사람은 믿음직하게 돌려놓는다. 성인이 이렇게 할 수 있는 것은 사람들이 할 수 없는 마음가짐을 능히 간직하고 있는 까닭이다. 성인은 백성을 흠흠欽欽하다고 한다. 무엇을 받들어 모시는 마음을 흠흠이라 한다.

흠흠은 공경하는 마음이다. 무심無心하게 받드는 마음이 공경이다. 무심은 무욕無欲이라는 말씀이다. 무욕은 무엇을 바라거나 주장함이 없음이다. 자신이 땀 흘린 대로 돌아오는 보람을 만족함이 무욕이라는 무심이다. 한 되의 땀을 흘렸다면 한 되의 보람으로 만족하고 한 말의 땀을 흘렸다면 한 말의 보람으로 만족함이 무욕이다. 만약에 한 되의 땀을 흘려놓고 한 말의 땀을 흘려 한 말의 보람을 거두는 남을 시샘한다면 그것은 스스로 불행하게 하는 탐욕일 뿐이다. 성인聖人이 흠흠欽欽하는 까닭은 조금만큼의 탐욕이라도 물리치기 위함이다. 그래서 성인께는 바라는 바가 따로 없는지라 백성에게 무엇을 내세워 이래라저래라 하지 않고 무심히 백성을 어루만질 뿐이다. 성인이 흠흠하므로 마치 초목이 햇빛 쪽으로 잎들을 돌리듯이 절로 백성이 성인을 본받게 되는 것이다.

가두리 속에서 때가 되면 뿌려주는 먹이를 받아먹고 사는 양어養魚는 인공의 해산물이지 산목숨이라 할 것이 못 된다. 드넓은 바다를 헤매면서 어렵사리 먹이를 스스로 찾아 먹지만 자유롭게 제명대로 살다 갈 수 있어야 자연의 바닷고기로서 산목숨이다. 모든 가축家畜이란 본래는 드넓은 산하에서 먹고 마시고 뒹굴면서 자유로웠던 자연의 산목숨들이었다. 그러다가 사람의 손에 잡혀서 먹이는 배불리 얻어먹지만 개는 목줄에 묶여야 하고 소는 코뚜레를 끼고 수천 년 동안 밭갈이에 시달리다가 이제는 울타리 안에 갇혀 한두 해 편안히 사료를 얻어먹던 끝에 육우 꼴이 되어 인간의 식탁에 오르는 살코기가 되고 만다. 이런 참상은 모두 인위人爲 즉 사람의 짓이 빚어내는 참상이다. 그런데 이러한 사람의 짓이 사람 아닌 것에만 미치는 것이 아니다. 그 인위라는 것이 사람의 코뚜레도 되고 올가미도 되다가 이제는 '스트레스' 맷돌이 되어 쉼 없이 돌아간다. 제 손에 든 도끼로 제 발등을 찍는 짓이 곧 인위人爲라는 사람의 짓이다.

성인은 왜 무상심無常心하는가? 무상심은 요샛말로 무이념無理念이다. 제 주장이념이라는 것은 언제나 인위人爲의 숙주宿主가 되어 사람을 독하게 몰아간다. 이리하여 결국 사람의 짓은 제 발등 찍는 도끼가 되기도 하고 누워 침 뱉는 꼴이 되기도 하며 제 손으로 제 몸뚱이를 묶는 꼴이 되어 버린다. 백성을 배불리 살게 한다면서 백성을 굶주리게 하고 백성을 편안하게 한다면서 백성을 후리치고 백성을 평화롭게 보호한다면서 백성을 전쟁의 구렁텅이로 몰아넣고 마는 치세治世라는 것을 돌이켜본다면 왜 노자께서 성인한테는 이념理念이라는 것이 없다는 〈성인무상심聖人無常心〉이라는 말씀을 하셨는지 충분히 살펴 새겨들을 수 있다.

# 032

# 당산나무도 작디작은 씨앗에서 생겨나니
### 合抱之木 합포지목이라

合抱之木
합포지목

生於毫末
생어호말

한아름의合抱之 나무도木 털끝처럼 작은 것에毫末 의해서於 생긴다生.

『노자』64장 참조

옛날 삼남지역 어디를 가나 어지간히 오래된 마을이면 마을 어디엔가 긴긴 세월 홀로 우뚝 살아온 당산나무가 있었다. 정월 대보름이나 늦가을 가을걷이가 끝나면 그 나무를 찾아가 마을 사람들이 당산제堂山祭를 올리고 그 둥걸에 풍지風紙를 꽂은 새끼줄을 둘러 영등바람에 휘날리게 하고, 한여름 삼복 무더위가 찾아오면 그 느티나무가 시원한 그늘을 드리워주어 마을 어른들이 마을의 이런저런 이야기를 나누는 모임자리를 마련해주기도 했다. 때때로 서당 훈장께서 학동學童들을 데리고 나와 당산나무 그늘을 학당學堂으로 삼기도 했다. 마을 어른들은 당산나무를 신목神木으로 모셨고 서당 훈장님은 당산나무의 생生을 풀이하여 학동들의 마음을 앞당겨 깊게 해주기도 했다.

옛날 서당에서는 요새처럼 교실 안에서 책으로 자연을 공부하지 않았었다. 철따라 산천에 나가 산천의 온갖 것들을 눈으로 보고 듣고 만지면서 자연을 만났다. 여름이 다가와 무더워져서 당산나무 아래가 학당이 되는 맨 첫날이면 어린 학동 몇 명을 불러내 당산나무 둘레를 얼싸안게 한다. 셋이 안아도 안 되면 넷이 안게 하고서는 당산나무가 얼마나 큰지를 아이들이 가늠하게 한다. 그리고 훈장께서 "이 당산나무처럼 크나큰 나무를 〈합포지목合抱之木〉이라 하느니 합포란 양 손으로 안아서 한 아름이 넘으면 두 사람 세 사람이 끌어안음을 말한다"고 가르쳐 어려운 낱말인 〈합포合抱〉의 뜻을 눈으로 보고 익히게 했었다. 그리고 훈장께서는 "당산나무처럼 큰 나무일지라도 눈으로 볼 수 없을 만큼 아주 작은 것에서 생겨나는데 그 작디작은 것을 〈씨앗 자子〉라 하느니 작은 것은 늘 작고 큰 것은 늘 크다고 생각하지 말라"고 가르쳐주면서 "작은 것이 큰 것이고 큰 것은 작은 것이라는 이치를 언제나 생각하면서 살아가야 하느니, 알겠느냐?" 당부하셨다. 이렇게 옛날에는 여름철 당산나무 아래가 어린것들의 공부방도 되고 놀이터도 되곤 했었다.

큰 것은 작은 것에서 생긴다. 그래서 크고 작음이 둘이 아니라 하나라는 것을 깨우치기란 오랜 세월이 걸려서도 어려운 일이다. 물론 자연의 이치란 하나―에서 시작한다는 이 말씀을 평생 생각해본 적 없어 모르고 살다가 죽는 편이 일반이다. 이런지라 하나―라는 자연의 이치를 터득하고자 하는 쪽이 오히려 괴짜로 보이게 마련이다. 따라서 자연의 이치를 깨우치게 하려는 말씀마저도 괴상한 말로 들리게 되는 것이다. 〈합포지목 생어호말合抱之木生於毫末〉 같은 말은 골치 아픈 소리라며 손사래 치는 것이 보통이다. 아름드리나무合抱之木도 아주 작은 것毫末에서於 생긴다生고 말하면 살기도 힘든데 왜 그런 말로 머리를 썩이겠느냐고 핀잔 받을 수도 있는 일이다. 그런 말 몰라도 아무런 탈 없이 그럭저럭 한 세상 살다 가는 것 아니냐고 비아냥대면 더는 할 말이 없을 수도 있다.

그러나 사람이라면 그 누구든 밤하늘에서 저 멀리 총총히 빛나는 별들을 보고 호기심을 내본 적이 있을 터이다. 밤하늘에 떠 있는 저 별들처럼 우리가 사는 이 땅덩이도 하늘이란 허공에 떠 있다고 생각해보는 순간, 저 많은 별들이 이 우주라는 한 마을에 옹기종기 모여 살다가 사라지기도 하고 새로 생겨나기도 하는 것이라고 한번 생각해보는 순간 덤덤하던 마음이 진정 묘하게 '업그레이드' 되게 마련이다. 당산나무 등걸을 안아보고 큰 것을 알고 그 당산나무의 씨앗이란 깨알보다 작다는 것을 되새기는 순간 어린 개구쟁이의 마음마저도 당산나무를 생기게 한 씨앗은 작은 것이니 저 큰 당산나무도 호말毫末 즉 그 작은 씨앗에서 생겼구나! 놀라워 감동하게 되는 것이다. 호말이란 털 오라기이다. 아주 작은 것을 호말이라 한다. 천하에 가을바람에 휘날리는 짐승의 털끝보다 더 큰 것은 없고 큰 산은 작다고 말한다면 터무니없는 소리라고 일소에 부칠 수도 있고, 스무 살도 못 넘기고 죽은 자가 장수한 것이고 700갑자를 살다간 팽조彭祖가 요절한 것이라고 말한다면 숫자 하나 모르는 멍청이라고 핀잔 줄 것이다. 이처럼 크니 작니 짧니 기니 둘로 잡아 시비 거는 짓을 벗어나 대소가大小 하나고 장단長短이 하나라는 깊은 뜻을 곰곰이 새겨볼 일이다.

# 033

# 볍씨 대하는 모습에서 상일꾼 알아본다

見小曰明 견소왈명이라

---

見小曰明

견소왈명

守柔曰强

수유왈강

작은 것을小 살핌을見 밝음이라明 하고
曰, 부드러움을柔 지킴을守 강함이라强
한다曰.

『노자』 52장 참조

코끼리는 사자나 악어나 하마 따위야 아랑곳 않지만 생쥐를 만나면 무
서워 움찔한다. 왜 덩치 큰 코끼리가 조막만 한 생쥐한테 겁먹는 것일까?
힘으로 맞설 것이면 무엇이든 상대해 물리칠 수 있지만 작은 생쥐가 몸뚱
이를 타고 올라와 귓속 같은 데 들어가 갉아대면 어찌 해볼 수 없음을 알
기에 생쥐를 만나면 피할 줄을 안다니 코끼리는 작은 것을 살필 줄 알 만
큼 영리하다. 코끼리는 작은 생쥐를 알아보니 현명하다.

농사를 잘 짓는 농부라면 무엇보다 먼저 씨앗을 소중히 알고 살필 줄 안다. 아무리 논밭 땅이 걸어도 부실한 씨앗을 뿌려서는 바라는 대로 거둘 수 없음을 현명한 농부는 알고서 농사를 시작한다. 그래서 볍씨 대하는 모습을 보면 상일꾼 알아본다는 게다. 볍씨를 신주 모시듯이 받들어 살펴야 볍씨 한 낱이 영근 이삭을 팬다고 속삭이면서 볍씨를 물에 담가두고서 위로 뜨는 놈들은 걷어내고 아래로 가라앉는 볍씨들을 조심조심 건져 가려두었다가 정성스럽게 모판에 뿌리는 농부는 작은 것을 살필 줄 알아 되는 대로 농사짓지 않는다. 그 농부는 작은 씨앗을 받들 줄 아니 그렇지 않은 농부보다 현명하다.

고기를 잘 잡는 어부라면 무엇보다 먼저 그물을 소중히 여기고 살필 줄 안다. 사람들은 〈벼리 강綱〉이라며 그물을 버텨주는 줄이 제일 중한 줄 알지만 현명한 어부는 그물코 하나하나에 눈을 돌려 살핀다. 그물의 벼리가 아무리 튼튼한들 그물코 몇 개가 터지고 나면 그물 속의 물고기가 다 빠져나간다. 그러고 나면 벼리를 끌어당긴들 빈 그물만 올라오고 마니 그물코 하나하나를 살펴두지 않고서는 아무리 그물질해도 헛고생임을 현명한 어부는 안다. 어부는 작은 그물코를 받들 줄 아니 그렇지 않은 어부보다 현명하다.

호미로 막을 것을 왜 가래로 막는가? 견소見小하지 아니해서이다. 기와 한 장 아끼려다 왜 대들보가 썩게 되는가? 이 또한 작은 것을 살피지 아니해서이다. 눈에 보이고 귀에 들리고 손으로 만져볼 수 있는 것들만 알아보고 보이지 않고 들리지 않으며 만져지지 않는 것을 업신여긴다면 큰 것만 탐하다가 무너지고 만다. 인간의 어리석음이란 큰 것들만 탐하다가 마음이 청맹과니처럼 되고 맒이다. 그러나 천리 길도 한 걸음부터임을 터득한 사람은 큰 것을 보면 먼저 그 큰 것의 작은 것을 살피고자 한다. 여기서 마음이 밝아져 어리석음이 걷어지는 법이다. 늠름히 흘러가는 강물을 보고 저 큰 강물도 작은 옹달샘에서 시작함을 헤아리는 사람의 마음은 어리석을 리 없다. 어리석지 않는 마음은 언제나 밝다.

밝은 마음을 일러 한 마디로 〈명明〉이라 한다. 밝은 마음은 늘 자기를 스스로 살핀다. 그래서 이 밝음明을 일러 자지自知라 한다. 자신自을 아는知 사람은 자신을 스스로 천하게 하지 않는다. 자신의 능력을 늘 살펴 한 걸음 한 걸음 착착 밟아 나갈 줄 알기 때문에 세상이란 가시밭길을 찔리지 않고 헤쳐가면서도 구김살 없이 가야 할 길을 넓혀간다. 자신을 스스로 살펴 아는 사람의 마음은 자신을 가야 할 길로만 이끌어주는 자명등自明燈 같다. 자기를 밝혀주는 등불보다 더 좋은 길잡이는 없다.

마음이 밝을수록 어려움에 부딪쳐도 헤쳐 나갈 새것을 찾아낸다. 새것은 큰 것이 아니다. 찾아내는 새것이란 세상만사의 수풀에 가려 잘 드러나지 않게 숨어 있게 마련이다. 모래바닥에서 모래알보다 작은 먹이일지라도 그 먹이를 찾아내 부리로 콕 찍어 먹는 비둘기의 두 눈같이 총명한 마음이라야 새것을 찾아낸다. 그 새것이란 언제나 작고 작은 것이지 큼직한 것이 아니다. 대박을 쫓다간 빈손으로 돌아오는 노름꾼 되기 쉽다. 그러나 작은 것을 살피는 사람은 공든 탑이 무너지지 않는 연유를 안다. 하나의 돌탑은 크지만 그 돌탑을 이루고 있는 돌 조각들은 작다. 작은 돌 조각들이 요모조모 딱 맞아들어 하나의 큰 탑을 쌓자면 작은 돌조각이 놓일 자리를 찾아 제자리에 놓아야 한다. 작은 것들이 모여 큰 것을 이룬다는 이치를 살펴 아는 마음은 언제나 늘 밝고 밝아 온갖 것의 근원은 작은 것임을 헤아려 가늠해서 스스로 깨우친다. 그 어떤 깨우침이든 늘 밝고 밝다.

# 034

# 판정은 백성이 내린다

太上下知有之 태상하지유지라

太上 下知有之

태상 하지유지

其次 親之譽之

기차 친지예지

其次 畏之侮之

기차 외지모지

백성은下 태상太上 그것이之 있는 줄만
有 알고不知, 그다음 임금은其次 백성
이 그 임금과之 친하면서親 그 임금을
之 예찬하고譽, 그다음다음 것은其次
백성이 그 임금을之 두려워하면서도畏
그 임금을之 업신여긴다侮.

『노자』17장 참조

　　모든 권력은 국민으로부터 나온다. 이렇게 법치法治의 세상은 선언하고
있다. 지금 세계에서 민주국가가 아니라고 하는 나라는 없다. 그러나 백성
이 주권을 제대로 행사하지 못하는 나라들은 여전히 지구상에 많다. 물론
독재국가는 하나씩 소멸해가고 백성이 치자治者를 선출하는 나라들이 늘
어나고 있는 것은 사실이다. 그렇다고 모든 치자들이 백성을 위해서 진실
로 정성껏 다스리는 세상이라고 말할 수는 없을 터이다.

임금이 다스리는 세상이 아닌지라 임금이 다스리던 짓을 이제는 법法이 맡았지만 그 법法이 허락하는 권력을 행사할 통치자統治者를 백성이 선택할 수 있는 세상이 되었다. 그래서 옛날 임금같이 죽어야 끝나는 권력의 자리는 아니지만 사람 사는 세상에는 여전히 권력의 칼자루를 쥔 자리는 있게 마련이다. 나라마다 그 자리를 부르는 호칭은 다르지만 대통령이니 주석이니 수상이니 수령이니 등등 불리는 통치자가 있다. 옛날 임금처럼 백성을 소유할 수는 없지만 여전히 통치자들은 허락받은 기간 동안만은 백성의 삶을 쥐락펴락할 수 있기는 옛날 임금 부럽지 않은 편이다. 임금에도 성군聖君이 있었고 현군賢君이 있었으며 패자覇者가 있었고 심하게는 폭군暴君도 많았다. 물론 오늘날 통치자도 여전히 성군을 닮거나, 현군을 닮거나, 패자覇者나 심하게는 폭군을 뺨치는 독재자도 있다.

임금의 시대와 다름없는 점은 통치자가 성군이냐 현군이냐 폭군의 독재자냐 하는 판정은 여전히 백성이 한다는 것이다. 물론 지금은 수시로 여론조사라는 것을 해서 국민이 얼마나 통치자를 좋아하는지 싫어하는지 수치數値로 내놓지만 그런 것들은 백성이라는 강물에 흘러가는 가랑잎같이 오늘 다르고 내일 달라 변덕스럽다. 그러나 이제 어느 나라든 국민투표로 뽑은 통치자를 정말로 백성의 강물에 띄워두고 성군聖君 같으면 소리 없이 흘러가고, 현군賢君 같으면 그저 그냥 찰랑거리며 흘러가지만 폭군暴君 같은 독재자라면 성난 물결을 산더미처럼 일으켜 통치자를 내동이칠 수도 있는 힘이 백성으로부터 나올 수 있는 세상이다.

통치자가 태상太上이 되기는 어렵다. 태상의 통치자란 백성이 바라는 하나의 꿈 같기도 하다. 태상이란 성인聖人이면서 치자治者 노릇하는 분이니 그렇다. 만약 태상太上이 통치자로 있다면 그 나라 백성은 통치자라는 것이 있는 줄도 모르고 태평성대를 누리게 마련이다. 그러니 태상太上 다음 가는 현자賢者의 통치자만 있어도 백성은 참으로 다행스럽다. 공자孔子는 요순堯舜을 성군聖君으로 칭송하지만 노자老子는 요순을 현군賢君 정도로 치는 편이니 예부터 지금까지 태상의 치자治者는 없었다고 치는 편이 마음 편하다.

태상 다음가는 통치자가 될 수 있는 현자賢者의 치자가 복권에 당첨되는 비율보다도 더 낮게 정말 천재일우千載一遇로 세상 어디엔가 나타나기도 한다. 현자의 치자를 모시는 백성은 하늘에 별 따기보다 더 어려운 복을 누리게 된다. 백성이 제일로 바라는 것은 예나 지금이나 태평한 세상이다. 현자로서 통치자를 일러 〈백성이 친지예지親之譽之하는 치자治者〉라고 일컫는다.

밤새 안녕하셨냐? 이런 인사를 주고받으면서 살아온 우리는 현자의 치자를 모시는 행운을 거의 누리지 못했던 모양이다. 이는 패자霸者의 치자들이 많았음을 짐작케 한다. 현자의 치자를 힘으로 눌러버리고 튀어나와 치자라고 외치는 패거리 두목이 곧 패자霸者이다. 패자는 폭군의 독재자로 돌변하기 쉬운, 백성의 재앙덩이다. 입으로는 덕德 덕德 하면서 손에는 권력의 칼을 쥐고 나를 따르지 않으면 목을 칠세라 법을 힘으로 돌변시켜 백성을 움켜잡는 패자는 백성 얕보기를 물 마시듯 한다. 이런 패자 앞에서 백성은 그자가 든 칼이 두려워 굽실거리지만 돌아서면 곧장 죽일 놈이라고 업신여긴다. 이런 치자治者를 일러 〈백성이 외지모지畏之侮之할 놈〉이라고 쌍욕을 퍼붓는다.

# 성인은 베옷 입고 옥을 품는다

聖人被褐懷玉 성인피갈회옥이라

知我者希
지아자희

則我者貴
즉아자귀

是以聖人被褐懷玉
시이성인피갈회옥

나를我 알아주는知 사람이者 적으면
希 곧장則 나라는我 것은者 귀해진
다貴. 이래서是以 성인은聖人 베옷
을褐 입고被 옥을玉 품는다懷.

『노자』 70장 참조

20세기 전에는 세상 나갈 아들에게 아버지가 주는 말씀 가운데 가장 흔했던 것이 아마도 '늘 자명自明하되 자광自光하지 말거라' 이 말이었지 싶다. 물론 지금은 아버지의 입에서 이런 말이 나올 리가 없다. 자명自明이라는 낱말 속의 깊은 뜻을 저버린 지 오랜 세월이 흘러버린 탓도 있겠지만 요즘 세상에서는 자명했다간 겁쟁이 등신이라는 쉰밥덩이가 되고 말 터이다. 자식이 쉰밥덩이 되기를 바라는 부모가 어디 있겠는가. 된 사람보다 난사람이 돼야 세상에 나가 앞서고 힘을 쓸 수 있다고 믿어 의심치 않는 세상 판이다. 정말 지금은 아버지의 입에서 자식에게 '세상에 나가 지지 말라'는 말이 쉽게 튀어나올 지경이다.

자명自明은 자신을 살펴 잘난 척하지 말라 함이니 자신을 살펴 낮추고 겸손하라는 말씀이다. 이를 어려운 말씀으로 〈피갈회옥被褐懷玉〉이라 한다. 몸에 옥玉을 품고懷 있을수록 베옷褐을 입고 그 옥이 드러나지 않게 하라 함이니 〈피갈회옥〉은 곧 자명自明하라는 말씀과 같다. 옥은 빛을 안으로 스며들게 하여 그 밝음이 은은해 밝음明을 비유한다. 요샛말로 하자면 옥은 명明의 이미지이다. 자명自明은 곧 회옥懷玉이라는 말씀과 같다. 그리고 또 안으로 밝히되 겉으로 드러나지 않아야 자명自明인지라 피갈被褐과도 같다. 베옷褐을 입음被 또한 검소하여 겸허함이다.

전봇대에 풀을 덕지덕지 발라서 붙여진 광고딱지에서 날 좀 보소 웃고 있는 얼굴들이 참 많다. 그러다 며칠만 지나면 바람에 펄럭이다 이리저리 찢겨 길 위로 내동댕이쳐져 오고가는 이들의 발길에 밟히는 수모를 당한다. 그런 꼴을 당사자가 본다면 심정이 어떨지 생각해볼 일이다. 수억 원 광고료 받았으니 얼굴사진 찢겨져 짓밟힌들 어쩌랴 한다면 물론 더 할 말은 없다. 그래도 얼굴사진이 찢겨져 쓰레기가 되어 바람에 날리게 되는 일은 자광自光의 동티임에는 틀림없다. 자광이란 스스로를 빛나게 하여 눈부시게 함이다. 황금목걸이를 걸고 비단옷 위에 여기저기 박힌 다이아몬드가 번쩍번쩍 빛을 발하게 함은 재력을 과시함인지라 눈 감고 지나치면 된다. 그러나 오만스러운 마음이 교만해져 사람들을 깔보고 늘 앞장서서 과시욕을 서슴지 않는 패들이 언제나 세상을 시끄럽게 한다. 이런 패거리가 자광自光의 무리들이다. 이들은 스스로 눈부시게 하려다 과전압이 흘러

터져버린 전구電球 꼴이 되어 자신을 재앙의 구렁텅이로 밀어넣고 마는 경우가 허다하다.

네 명의 젊은 몰이꾼과 두 마리의 사냥개를 이끌고 사냥 나갔던 포수가 있었다. 여기저기서 몰이하던 네 젊은이가 산천을 처렁처렁 울리는 두 발의 불질 소리를 듣고서는 환성을 터뜨리며 포수가 불러대는 곳으로 줄달음쳐 갔다. 송아지보다 큰 멧돼지가 정수리를 맞아 쓰러져 있었고 서너 걸음 떨어진 자리에서 포수는 가슴통을 명중당한 사냥개를 물끄러미 바라보면서 다른 사냥개 한 마리를 등에 업은 채로 몰이꾼들을 기다리고 있었다. 몰이꾼들을 향해 "여보게들 저 개부터 땅을 깊이 파서 묻어주고 저 멧돼지를 가져오게나." 그리고 포수는 사냥개를 업은 채로 부리나케 하산하여 마을 첫 집으로 들어가 된장을 얻어 호박잎에 발라 사냥개의 상처에 붙여준 채로 껴안고 전신을 쓰다듬어주며 몰이꾼들을 기다렸다.

멧돼지를 불질해서 잡은 것은 당연하지만 사냥개한테 왜 불질했는지 모르겠다며 몰이꾼 하나가 웬일인지 물었다. 이에 포수가 입을 열었다. "평소에 그놈은 늘 저 다친 놈을 얕보기만 했지. 노루나 여우 따위를 만나면 잽싸게 달려가 애목을 물고 늘어졌지만 큼직한 멧돼지를 만나면 그놈은 한 발 물러서서 짖기만 했지. 그런데 오늘은 저놈이 멧돼지가 휘두르는 앞 송곳니에 앞다리에 상처를 입고서도 숨통을 물고 늘어졌는데 그놈은 한 발 물러서서 컹컹 짖어대기만 했어. 멧돼지 정수리에 불질을 한 다음 그놈의 가슴통에 불질을 하고 말았어. 저 다친 놈은 평소에는 순해서 짖는 법도 없지만 사냥감을 만나기만 하면 맹호猛虎 같아. 저놈은 사람으로 치면 베옷 입고 옥을 품은 덕장德將 같아 저를 귀하게 하는 놈이야."

# 036

# 인간도 본래는 청정한 목숨이었다

清靜爲天下正 청정위천하정

---

大直若屈
대직약굴

大巧若拙
대교약졸

大辯若訥
대변약눌

靜勝躁 寒勝熱
정승조 한승열

清靜爲天下正
청정위천하정

크나큰大 곧음은直 굽은屈 듯하고若,
크나큰大 기교는巧 처진拙 듯하며若,
크나큰大 말은辯 어눌한訥 듯하고若,
고요함은靜 조급함을躁 이기고勝, 차가
움은寒 뜨거움을熱 이기며勝, 깨끗함과
清 고요함은靜 천하의天下 바른길正이
다爲.

『노자』 45장 참조

홍수가 져 산사태가 나서 강물이 흙탕물로 변했다고 더러운 것은 아니
다. 인간들이 버린 쓰레기들이 둥둥 떠내려가니 강물의 흙탕이 더러워진
것이다. 밥상 위에 있는 밥은 깨끗하고 화장실의 똥은 더럽다는 생각은

사람의 짓이지, 사람 빼고 먹고 싸야 사는 모든 목숨들에게는 그 어느 것 하나 청정清淨하지 않은 것이란 없다. 말하자면 사람이 없는 곳이면 언제 어디나 오로지 맑고 고요할 뿐이어서 본래 천지자연은 청정할 뿐이다.

천지자연에는 참으로 더러움이란 없다. 그냥 그대로 있는 것이면 그 무엇이든 청정清靜할 뿐이다. 맑고 깨끗할 청清에다 고요할 정靜을 더한 청정이라는 말이 어렵게 들릴 수도 있겠다. 그렇다면 길거리에 끌려와 가로수 노릇 해야 하는 탓으로 이른 봄마다 인간에게 수모를 당하는 은행나무를 떠올리면 청정이라는 말씀을 저마다 나름대로 새겨볼 수 있을 성싶다. 사다리차를 질러대 놓고 전기톱을 들고 올라가 사정없이 가지들을 잘라내 까까중머리처럼 해놓아도 한여름이 되면 어느새 잘려진 가지들 끝에 새 가지들을 무성하게 이어내 잎사귀들을 주렁주렁 달고 가로수 은행나무들은 덥다고 투덜대며 오고가는 인간들에게 그늘을 제공해준다. 모진 수모를 당하고서도 변함없이 가지를 뻗고 잎을 내는 그런 가로수 은행나무의 모습이 바로 곧 청정清淨한 모습이다. 어찌 가로수 은행나무만 그렇겠는가. 사람을 빼고 나면 청정하지 않은 것이란 천지에는 없다. 개똥 위에 앉아 밥 찾는 쇠파리도 청정한 목숨이다. 그래서 자연은 항상 청정하여 더러움이 없다 하는 것이다.

땅에다 한 자리를 잡고 사는 초목 덕으로 금수禽獸니 곤충이니 인간 등등이 산다. 땅하고 물하고 바람만 있다고 온갖 목숨이 사는 것만은 아니다. 푸나무가 없으면 먹고살 길이 없어진다. 만일 초목이 변덕을 부린다면 그 어느 하나 살아갈 길이 없다. 새벽이슬로 흠뻑 젖은 싱싱한 풀잎을 유심히 본 일이 있는가? 있었다면 그 순간 바로 청정함을 두 눈으로 목격한 게다. 사람이 그 청정함을 한 순간만이라도 되찾는다면 그 순간만은 싱싱

한 풀잎처럼 마음속이 천하에 두루 통하는 정도正道를 밝아볼 수 있는 일이다. 청정하기만 하면 정正한 길道이 절로 열리니 말이다. 정도正道를 바른 길이라고만 되뇌어서는 그 깊은 뜻을 새기기 어렵지 싶다.

어찌하면 바르다는 것正일까? 헷갈림에 휩쓸리지 않으면 올바름正을 누릴 수 있고, 뒤바뀜에 휩쓸리지 않으면 바름正을 누릴 수 있고, 치우침에 휩쓸리지 않으면 바름正을 누릴 수 있다. 정도正道의 정正이란 미혹迷惑을 뿌리치고 전도顚倒를 뿌리치고 극단極端을 뿌리치면 어느 마음속이든 지남철 같아 정正하게 마련이다. 그러면 동서남북을 제대로 찾아 헤맴 없이 인생이라는 강물에 띄워진 뗏목을 타고 청정한 유람을 누릴 수 있을 터이다. 인간이 사도邪道 즉 그릇된 길로 꼬여듦이란 세상 탓이 아니라 오로지 제 탓일 뿐이다. 청정한 마음을 버렸으니 그 마음은 바름正을 잃었고 그 바름正을 잃었으니 하는 짓마다 헷갈리고迷惑 뒤바뀌고顚倒 치우쳐極端 그릇된 길邪道로 저 스스로 찾아들고 만다. 인간도 본래는 청정한 목숨인데 그놈의 욕심덩어리 탓으로 더럽게 탈바꿈해, 정도正道가 어디 있어? 세상을 향해 삿대질하는 어리석음을 범하는 불쌍한 인간으로 드러나게 된다.

청정한 마음은 겨루기가 아니라 어울림을 좇아 둘이 따로따로가 아니라 하나가 되는 길을 찾는다. 그 하나 되는 길이 곧 정도正道라는 길이다. 그 정도를 어렵사리 직굴直屈-교졸巧拙-변눌辯訥-상하上下-장단長短-대소大小-다소多少-귀천貴賤-호오好惡 등등을 둘로 나누어 상대 지어 겨루어 시비 걸기를 벗어난 길이라 한다. 정말이지 푸성귀의 싱싱한 잎사귀를 부러워하는 마음이라면 그 마음은 정도正道를 따라 청정淸靜하게 숨질하고자 욕심의 비계덩이를 남보다 먼저 잘라내야 함을 안다.

# 037

# 작은 생선 삶는 어머니처럼

若烹小鮮 약팽소선이라

治大國
치대국

若烹小鮮
약팽소선

以道莅天下
이도리천하

其鬼不神
기귀불신

큰大 나라를國 다스림은治 작은小 생선을鮮 삶음과烹 같고若 대도로道 써以 세상을天下 마주하면莅 그其 귀신도鬼 신풀이하지 않는다不神.

『노자』 60장 참조

세상을 다스리는 사람은 가족을 먹이려고 부엌에 들어가 작은 생선을 삶는 어머니 같아야 한다. 밥 짓는 어머니의 마음가짐으로 나라를 다스리라 함을 일러둔 말씀이 〈약팽소선若烹小鮮〉이다. 큰 나라를 다스릴수록 작은小 생선을鮮 삶듯이若烹 하라는 것이다. 치자治者가 흥청망청하면 백성은 그만큼 배고픈 설움을 당해야 하기에 큰 생선을 삶듯 다스리지 말고 작은 생선을 삶듯 다스리라 한다. 나라 살림을 정성껏 아끼고 아껴서 집안 살림을 꾸려가는 어머니같이 한다면 어느 나라가 백성을 배고프게 하겠는가.

나라 살림살이는 그 무엇이든 세금으로 꾸려가게 된다. 세금이란 것은 백성으로부터 나온다. 그러므로 모든 권력은 백성으로부터 나온다고 한다. 백성이 낸 세금을 작은 생선처럼 여길수록 그 나라 백성은 편안히 살아간다. 백성이 낸 세금을 고래처럼 여기고 턱턱 잘라내 퍽퍽 축내는 나라일수록 백성을 불안하게 하고 굶주리게 한다. 왜 우리는 아침 인사를 밤새 안녕하셨느냐니 진지 드셨느냐니 나누면서 살았겠는가? 「춘향전」에서 고약한 원님 변학도가 펼치는 잔치에 끼어들어 '금잔에 넘치는 맛있는 술은 만백성의 피요 옥쟁반에 그득한 진수성찬은 만백성의 고혈이라' 시를 남기고 '어사출도' 불호령을 내리는 대목을 만나면 누구나 왜 통쾌하다 하는가? 작은 생선 삶듯이 나라를 다스리란 말씀을 팽개쳐 버리고 '지화자 놀자' 질펀하게 나라살림 거덜 내는 무리를 혼찌검내주는 꼴인지라 어느 백성인들 후련해 하지 않을 것인가!

참으로 다스림이란 팽소선烹小鮮 하듯 해야 한다. 삼가 조심조심 살펴 언제나 치우침이 없이 물이 흘러가듯 세상을 마주해야 한다. 백성이 가려워하고 아파하는 곳이 어딘지 살펴 이지러지지 않도록 고쳐가야 하기에 작은 생선 삶듯 나라를 다스리라고 하는 것이다. 그러자면 어려운 살림살이를 이겨내는 어머니가 작은 생선이라도 삶아 식구들의 허기를 달래주려 하는 간절한 마음을 본받기보다 더 좋은 가르침이란 없다. 이런 어머니 마음이 아니면 작은 생선을 오롯이 삶아낼 수는 없는 일이다.

무슨 먹을거리든 솥에 넣고 삶자면 물과 불을 잘 다스려야 한다. 쇠고기나 고래고기를 삶자면 살점이 질긴지라 펄펄 끓는 물에 맡겨두고 때때로 주걱으로 휘휘 내저어주기만 하면 된다. 그러나 작은 생선을 삶자면 펄펄 끓는 물에 마냥 맡겨둘 수가 없다. 작은 생선을 너무 세차게 끓는 물에 맡겨두면 살집이 너무나 연약한 까닭에 뭉개지고 만다. 끓는 물이 너무 지나치면 불기를 조금 죽이고, 너무 약하면 불기를 조금 올리고 신경을 써서 삶아내야 작은 생선은 먹을거리가 된다. 이는 곧 정성을 다하라 함이다. 정성스러운 미더움이 없어서는 팽소선烹小鮮할 수 없다.

잘 삶아보겠다는 욕심이 앞설수록 작은 생선은 그냥 그대로 삶아낼 수 없다. 물을 끓이는 불과 불을 따라 끓는 물을 따라 작은 생선이 삶아지도록 맡겨두고 불이 넘쳐나 끓는 물이 넘치지 않게 정성을 들이는 미더움이란 무욕無欲이 아니면 비롯되지 않는다. 이렇게 무욕無欲으로 세상을 마주하려면 대도大道를 본받아야 한다. 미운 놈에게 떡 하나 더 준다고 하지 않는가! 나라를 다스리는 사람은 팔이 안으로 굽지 않느냐고 어느 경우든 너스레를 떨지 말아야 한다. 구렁이 담 넘듯 이러구러 핑계대면서 빠져나가려 하지 말라 함이 곧 팽소선烹小鮮이다. 이렇듯 정성으로 미더움을 사면 귀신도 빌미를 부리지 않는다. 귀신鬼神이란 다름 아닌 자연의 변화가 지어가는 기운氣運이다. 그 기운은 곧 민심으로 드러난다. 민심이 편안하면 귀신도 해코지 않으니 불신不神이라 한다. 치자治者가 팽소선烹小鮮하듯 세상을 다스린다면 백성의 마음속이 흉흉할 리 없다. 본래 민심이란 부드럽고 연약하지만 세차면 사나운 불길보다 더 무서운 너울 같아진다.

# 038

# 십리 밖 도적 잡자고 포졸이 나간 사이에

法令滋彰 법령자창이라

法令滋彰
법령자창

盜賊多有
도적다유

법령이法令 더해져滋 드러날수록彰 도적은盜賊 많아진다多有.

『노자』 57장 참조

　육법전서六法全書의 두께가 불어날수록 세상은 그만큼 옥조여지고 백성은 법망法網의 가두리 안을 벗어나 살지 못한다. 태초에는 법 없이도 살았지만 지금은 눈 뜨고도 코 베일 지경인지라 법 없이는 하루도 마음 놓고 편히 살 수 없는 세상이다. 하기야 촘촘하게 법망이 마련돼 있어도 사람이 영악해지고 독해져서 저마다 문단속 잘하고 살아야 하는 세상이다. 그러다 보니 세상은 온통 '스트레스' 아수라장 같다는 생각을 떨칠 수 없을 지경이고 덩달아 감옥은 넓어지고 담장은 더욱더 높아져야 한다.

옛날에는 새나 짐승이 많고 사람이 적었다. 그래서 사람은 나무 위에다 집을 짓고 살면서 짐승의 해를 피했고 낮에는 도토리나 밤을 줍고 밤에는 나무 위에서 쉬었다. 그래서 이들을 유소씨有巢氏의 백성이라 하는 게다. 옛날 사람은 옷이라는 것을 몰랐고 여름에 땔나무를 모아두었다가 겨울에 땠다. 그래서 이들을 지생知生의 백성이라 했다. 신농씨神農氏 때는 누우면 편안히 잠들었고 깨면 한가한 생활을 누렸고 제 어머니는 알면서도 제 애비는 누구인지 몰랐으며 스스로 논밭을 갈아 곡식을 거두어 먹으며 옷감을 짜서 옷을 지어 입고 살면서 남을 해칠 줄 몰랐다. 그때는 감옥 따위는 없었다.

한마을에 못된 짓을 범한 자가 있으면 어른들이 그자를 불러다가 땅 위에 동그라미를 그려놓고 하루 동안 그 안에 서 있게 하는 것이 형벌이었다는 게다. 금 밖으로 나오는지 감시하는 간수가 없어도 그 동그라미 안에 동그마니 서 있다가 "이제 나와라" 하면 잘못을 뉘우치고 나오던 시절, 한마을 사람들끼리는 서로 의지거지하면서 살았던 그런 시절이 인간에게 있었다. 이런 옛날에 무슨 법망法網이 필요했겠는가? 하루가 멀다 하고 끔찍한 사건들이 터질 때마다 "아아 그 옛날이여" 탄식이 절로 나온다. 이제는 "저 사람 법 없어도 살 사람이야" 이런 말을 듣기 어렵다. 한 백 년만 거슬러 올라가도 한마을 사람들끼리 요새처럼 산해진미를 못 먹었을망정 서로 등 기대고 오순도순 법 없어도 마음 편히 살았다. 그래서 이웃사촌이라는 말이 생겨났다.

인간의 성질머리가 영악해져 이른바 원시인으로부터 문명인이 되면서 법망의 그물코가 촘촘해져 온 셈이다. 그러나 법이라는 그물로 못된 인간을 다 그물질할 수 없는 노릇이다. 설령 법망에 걸려들고서도 치고 채고 빠져나가는 일들이 생긴다. 왜 유전무죄有錢無罪 무전유죄無錢有罪라는 말이 세상에 떠돌겠는가? "어디 법망法網이 고래심줄로 만들어졌나? 거미줄로 만들어졌지. 참새는 거미줄을 치고 나가지. 걸리는 놈은 잔챙이 하루살이 같은 게지." 이런 자조 섞인 군말들이 법망을 두고 입방아를 찧고 빻기도 한다. 그러나 이런 군말이 법망을 뒤흔들어버릴 수는 없다. 그래도 법망의 울타리 덕으로 살벌한 세상에서 선한 사람들이 살아갈 수 있으니 말이다.

그렇지만 법망이 아무리 촘촘해진들 법을 어기는 무리들은 잡초처럼 돋아난다. 밀림에 치타도 살고 하이에나도 살듯이 사람 사는 세상에도 땀 흘려 거두어놓으면 공으로 낚아채 가려는 하이에나 같은 무리가 사라지지 않는다. 법망의 그물코가 밸수록 낚아채는 기술도 교묘해진다. 좀도둑은 담장을 넘어가 장롱을 뒤지지만 큰 도둑은 문을 따고 들어가 금고를 들고 가버린다. 언제나 좀도둑盜보다 큰 도둑賊 탓으로 세상이 어지러워진다. 왜냐하면 큰 도둑은 백성의 것을 빼앗아가는 도적盜賊을 혼내주겠다고 깃발을 쳐든 또 다른 의적義賊이랍시고 등장하기 때문이다.

만약 세상에 탐관오리貪官汚吏가 없다면 임꺽정 같은 도적 아닌 도적이 나올 리 없을 터이다. 백성한테 빼앗은 것을 다시 백성한테 돌려준다고 한들 마음 편한 세상이 되는 것은 아니다. 뺏고 빼앗기는 험악한 짓거리가 법망 뒤에서 독버섯처럼 컴컴하게 피어난다면 법망이 아무리 튼튼해본들 거미줄 같은 꼴을 면하기 어렵다. 그래서 십 리 밖에 있는 도적을 잡자고 포졸이 나간 사이에 포도청 기둥을 뽑아가려는 도적들이 우글거린다는 게다.

# 039

# 생즉사 사즉생

益生曰祥 익생왈상이라

致和曰常
치화왈상

益生曰祥
익생왈상

心使氣曰强
심사기왈강

어울림을和 지극히 함을致 상도라常 하
고曰, 살자고만 함을益生 제명대로 살
지 못할 흉이라祥 하며曰, 마음으로心
하여금使 힘내게 함을氣 강함이라强 한
다曰.

『노자』 55장 참조

　열두 척밖에 남지 않았던 배로써 수백 척의 적선敵船을 마주해야 할 수
군水軍을 모아놓고 이순신장군께서 "생즉사生卽死 사즉생死卽生"이라고 부
르짖었던 사실史實을 누구나 다 알고 있을 터이다. 저리도 절규해야 했던
충무공의 마음을 지금 우리가 되살려보면 어느 누구의 가슴인들 뭉클하지
않겠는가? 거센 바람 앞에 촛불 같았던 나라를 구해냈던 충무공의 저 외
침은 온 천하 어느 백성인들 받아들이지 않겠는가?

목숨을 걸어야 하는 싸움터에서 살려고 꽁무니를 빼고 겁먹으면 기가 살아난 적군에게 제 목을 쉽사리 내주는 셈이니 살아날 리 없다. "이번 수전水戰에서 살아남고 싶다면 죽음을 무릅쓰라. 그러면 적군이 죽고 너희는 살아남는다. 살자고 하면生 곧卽 죽을 것이고死 죽고자 하면死 곧卽 살 것이다生." 이런 절절한 부르짖음이 온 수군의 가슴에 사무쳐 충무공의 전술을 죽음으로써 따르가 열두 척의 배로 수백 척의 왜선倭船을 무찔러 명량-노량 바다 속에 묻어줄 수 있었다.

막다르면 쥐도 고양이를 문다. 이런 속담은 거짓말 아니다. 속담에는 거짓말이란 없다. 가장 진실하고 절실한 말을 무엇이냐? 속담이다. 서른도 넘기지 못하고 더러움 없이 맑고 깨끗이 살다가 목관木棺 속에 든 주검을 장수長壽했다 하고 700갑자를 돌아 더럽고 추하게 살다가 금관金棺 속에 든 주검을 요절夭折했다 한다. 살다 가는 햇수로 요절이냐 장수냐 따지는 것이 아니라는 말이다. 삶을 의젓하게 하다 젊은 나이에 병들어 살지 못해 죽으면 그 죽음을 장수했다며 아까워하고, 삶을 구겨지게 하다 죽으면 오래 살았다 한들 요절했다면서 세상은 쑤군거린다. 그러니 태어나자마자 죽은 애가 장수한 것이고 700갑자를 살다간 팽조彭祖가 요절했다고 장자莊子가 대질러둔 까닭을 되새겨볼 일이다.

사내 녀석이 열서너 살이 되면 대개는 아버지를 저만치 두려고 한다. 아버지 입에서 자꾸 귀에 거슬리는 말들이 나오는 까닭이다. 어머니야 한결같이 어루만져주고자 하지만 아버지는 못마땅하지 싶으면 서슴없이 하초夏楚로 다질러두는 까닭이리라. 세상이 변한다 한들 부자父子 사이가 모자母子 사이처럼 되기 어렵다. 요새 아이들은 "선생님은 쌤이고 애비를 꼰대"라 쑤군댄다지만 옛날 학동學童들은 "훈장은 하초수夏楚手이고 애비는 하초설夏楚舌"이라 입방아를 찧었으니 말이다. 싸릿대 회초리를 하夏라 하고 가시나무 회초리를 초楚라 한다. 하夏로써 장딴지를 맞으면 시커멓게 멍들고 초楚로써 장딴지를 맞으면 시뻘겋게 피멍이 들어서 붓고 만다. 아버지의 입에서 하초의 말씀이 나올수록 자식농사 망치지 않을 확률은 높을 터이다. 아버지가 회초리를 잡으면 어머니는 장독대로 올라가 멀리서 남편을 흉보던 풍속은 없어졌다. 사람은 집에서 나고 문자는 서당에서 배운다. 이런 말도 이미 사라졌다. 그러나 지식은 학교에서 얻고 사람은 집안에서 난다는 이치는 변치 않으니 악역은 여전히 아버지 몫인데 아버지가 종이호랑이 꼴인지라 싱거울 뿐이다.

『노자老子』를 멀리하라던 조선에서도 아버지들은 그 서책에 들어 있는 〈치화왈상致和日常 익생왈상益生日祥〉이라는 말씀만큼은 마음에 담아두기를 주저하지 않았다. 자식한테 물려줄 금언金言 중에 으뜸가서이다. 요새야 서른 넘어도 부모한테 껴붙는 자식들이 우글대지만 50년 전만 해도 사내 녀석 스물이면 부모 부양 생각하고 세파를 마주했다. 세상이란 언제 어디서든 살얼음판 같은지라 세상에 나가려는 자식에게 아버지가 "늘 치화致和하되 익생益生하지 마라"는 이 말씀을 당부했었다. 서로 어울리도록 극진히 해라致和. 그러면 서로 밀어주고 끌어주는 변함없는常 길이 열린다. 반면 저만 살아남자고 두루뭉수리로 꾀부리는 짓거리를 익생益生이라 한다. 그러면 천길 낭떠러지로 떨어지고 만다. 그래서 추락하는 인생보다 더 흉측함은 없다. 상祥이란 길흉吉凶을 함께하니 선善하면 복을 뜻하고 악惡하면 흉을 뜻한다. 그러니 익생益生의 상祥은 요절夭折로 통한다.

# 040

# 만물마다 도가 깃들어 있다

道者萬物之奧 도자만물지오라

道者萬物之奧

도자만물지오

善人之寶

선인지보

不善人之保

불선인지보

도라는道 것은者 만물마다에萬物之 가
려져 있는 근원의 것인지라奧 좋은 사
람은善人之 보물로 여기고寶 나쁜 사람
도不善人之 간직한 것이다保.

『노자』62장 참조

 

 

주머니가 작으면 큰 것을 담을 수 없고 두레박줄이 짧으면 깊고 깊어서
보이지 않는 우물의 물을 퍼 올리지 못한다. 사람의 마음도 주머니나 두레
박줄 같다고 여겨도 된다. 요새는 '아이큐IQ'니 '이큐EQ'니 등등으로 마음
속의 넓이나 깊이를 재서 숫자로 나타내 마음의 주머니 속이 넓은지 좁은
지 두레박줄이 긴지 짧은지 매겨서 상하上下 선후先後 좌우左右에 서거나
앉을 자리를 정해두고 사람값을 따져 진열대에 전시하려는 물건처럼 취급

하려는 세상 같아 보이기도 한다. 이렇듯 사람값을 따지니 마치 사람마다 이마에 정가가 들어있는 '바코드'라는 딱지를 붙이고 산다는 기분을 벗겨 내기 어렵다. 이런 세태에서도 사람의 존엄성을 앞세우자는 이런저런 말들이 여전히 쏟아져 나오니까 다행스럽기는 하다.

물론 사람은 저마다 마음 주머니의 부피가 다르고 두레박줄의 길이가 다르기도 하다. 다양한 문제들로 시험을 쳐서 같은 점수를 얻은 자가 다섯이 나왔다 해서 그 다섯 사람 마음의 부피와 깊이가 같다고 할 수는 없을 터이다. 이처럼 사람의 마음은 천태만상인지라 변덕이 죽 끓듯 해 살맛이 나는 것도 사실이다. 이런 올망졸망 알록달록 맛내고 멋 부리는 바람을 타고 사람은 신바람난다고 으쓱으쓱 뽐내기도 한다. 하여 사람 마음은 저마다 다르다고 판정내릴 수도 있다.

그런데 사람 마음은 저마다 오로지 서로 다를 뿐일까? 피는 꽃을 반기고 지는 꽃을 아쉽다고 말하면 누구나 다 그 말을 맞는다 할까, 틀렸다 할까? 다들 맞는다고 할 터이다. 피는 꽃은 아쉽고 지는 꽃이 반갑다고 말하면 누구나 다 그 말을 맞는다 할까, 틀렸다 할까? 다들 틀렸다고 할 터이다. 이렇게 본다면 사람의 마음은 저마다 다르다고만 할 수는 없고 다 같을 수도 있음이다. 그러나 왜 꽃은 피고 지는 것일까? 이런 질문 앞에 먹고사는 문제 풀기도 정신없는데 그런 질문으로 골머리 썩힐 까닭 없다고 팽개칠 수도 있을 터이고 그 까닭을 알고자 몸부림칠 수도 있는 것이다. 눈에 보이고 귀로 들리고 손으로 만져볼 수 있는 것만 살피는 마음도 있고 만물은 모두 있다가 없어지니 그 까닭을 알고자 하는 마음도 있을 수 있다.

인간이 태어나면서부터 보이는 것만 생각하고 보이지 않는 것은 생각하지 않는 마음만을 갖추었더라면 도道 같은 낱말이 인간한테서 생겨나지 않았을 터이다. 아무리 현대과학이 증명되는 것만 사실이요 진리라고 주장하지만 인간은 증명될 수 없는 것을 깨닫고자 하는 마음을 버리지 못하는 동물이다. 그래서 인간한테는 눈에 보이지 않는 것을 깨달아 알고 싶음이 깊고 깊은 우물 속 물같이 아니 지하수같이 마음속에 잠겨 숨어 있다.

앞으로 인간이 별의별 현미경을 만들어내 저 멀리 있는 은하계 어느 한 별에 있는 털끝만 한 것을 볼 수 있게 된다 할지라도 인간이 결코 두 눈으로 그 자체를 볼 수 없는 것이 도道라는 것이다. 도道라는 것은 무엇을 통해서만 이러구러 말해볼 수 있을 뿐인지라 우주 삼라만상이 곧 도道를 나타낸다는 말이 생겼다. 그 말씀이 바로 〈도자만물지오道者萬物之奧〉이다. 도道가 만물을 내주면서도 그 도는 만물을 떠나지 않고 그 만물에 머물러 있다는 말씀이 〈도자만물지오〉이다. 도道가 만물에 머물러 있음을 일러 〈오奧〉라 한 것이다. 이 〈오奧〉란 도道라는 것이 만물마다에 머물러 있음을 비유해주고 있다.

방의 네 모서리 중에서 서남쪽 모서리를 〈오奧〉라 한다. 이렇듯 가장 후미진 구석이 〈오奧〉이니 가장 깊숙한 곳이라는 말이다. 방에는 후미진 구석이 있게 마련이지만 사람은 방만 알지 방에 구석이 있음을 모르고 산다. 그 구석을 비유譬喩로 들어 만물마다에 도道가 깃들어 있음을 깨우쳐보라는 말씀이 이 〈오奧〉 한 자字에 실려 있다. 이는 쉽게만 마음 쓰지 말고 만물이 있고 없게 하는 근원根源이라는 것을 생각하며 살라 함이다.

# 3장 경솔하면 곧장 뿌리를 잃는다

# 041

# 사람을 잘 쓰는 사람은 그의 아래가 된다

善用人者爲之下 선용인자위지하라

善用人者爲之下
선용인자위지하

是謂不爭之德
시위부쟁지덕

是謂用人之力
시위용인지력

是謂配天之極
시위배천지극

사람을人 잘善 쓰는用 사람은者 그의之 아래가下 된다爲. 이를是 겨루지 않는 不爭之 덕이라德 하고謂, 이를是 사람을人 쓰는用之 힘이라力 하며謂, 이를是 자연과天 단짝이 되는配之 극치라極 한다謂.

『노자』 68장 참조

　개도 주인이 쓰다듬어주면 꼬리를 치고 쥐어박으면 송곳니를 드러낸다. 사람 사는 세상에서도 위아래의 관계는 위가 아래가 되어줄수록 아래가 위쪽에 마음을 열어준다. 이런 이치를 황희黃喜 정승도 길 가다 한 농부한 테서 배운 이야기가 잊히지 않고 전해온다. 황희가 길을 가다 두 마리 소가 밭 가는 모습을 보고 농부에게 묻기를 "어느 소가 밭을 더 잘 가는가?"

하니 농부는 밭갈이를 멈추고 황희한테로 다가와서 귓속말로 "왼쪽 소가 더 잘 간다"고 하였다. 황희가 "어찌하여 그것을 귓속말로 하오?" 하니, 농부는 "비록 소일지라도 그 마음은 사람과 다를 바 없으니 오른쪽이 들으면 싫지 않겠느냐"고 귓속말로 타일러주었다 한다. 황희는 밭가는 농부한테 서 선용인善用人의 덕德을 배웠던 셈이다.

임실군 오수면에는 온몸에 물을 묻혀 불길을 막아 술꾼 주인의 생명을 구하고 죽은 개의 무덤이 있고, 상주시 낙동면에는 호랑이와 격투하여 농부의 생명을 구하고 죽은 소의 무덤이 있다. 오수면 개 주인은 개를 늘 아껴주었을 터이고 낙동면 소 주인도 늘 소를 아껴주었을 터이다. 개나 소마저도 은혜를 입으면 그보다 더 큰 은혜로 갚아준다는 가르침이 개 무덤 소 무덤 민담民譚이다.

춘추시대 진晉나라 군주 위무자가 병석에 눕자 아들 위과에게 자신이 죽으면 애첩을 재가시켜주도록 당부했다가 죽음이 임박해 혼미해지자 애첩과 함께 묻어달라고 유언을 남기고 숨을 거두었다. 전혀 다른 두 유언 사이에서 고민하던 위과는 부왕父王께서 맑은 정신에 남긴 유언을 따르겠다며 부왕의 애첩을 재가시켜주었다. 세월이 흘러 이웃 진秦나라가 진晉나라를 침략했다. 전쟁에서 위과가 진秦나라 군사를 무찌르고 적장 두회의 뒤를 쫓는데 갑자기 한 무덤 앞의 풀줄기가 올가미로 둔갑하여 두회의 발목을 걸어 거꾸러지게 해주어 위과가 적장을 잡았다. 그날 밤 한 노인이 위과의 꿈에 나타나 이렇게 말해주었다. "나는 네가 시집보내준 여아의 아버지이다. 오늘 결초보은結草報恩한 것이다." 풀을草 묶어結 네가 베푼 은혜를恩 갚았다報. 이처럼 살면서 은혜를 베풀면 저세상 혼령도 갚아주니 세상살이 하면서 산사람들하고 척지지 말고 살아가라는 게다.

어느 조직이든 여러 사람들이 끌어가는 수레 같다. 그 수레가 오르막길이든 내리막길이든, 포장길이든 자갈길이든 굳건히 나아갈 수 있자면 윗사람長 하나가 아랫사람들의 마음을 얻어야 한다. 윗사람 이름 밑에 붙는 '장長'이란 어른 노릇 덕德으로 하라는 명령이다. 한 조직의 장長이 후덕厚德하면 아랫사람들이 뒤돌아서서도 머리 숙이고 마음속으로 즐겁게 일해 준다. 이러면 장長 노릇 제대로 하는 것이다. 장長이 박덕薄德하면 아랫사람들이 앞에선 굽실거리되 뒤돌아서면 꽁해져 어긋나기만 한다. 이러면 장長 노릇 제대로 못하는 것이다. 장長 노릇 잘하나 못하나, 이는 선용인善用人 여하에 달려있는 것이다.

선용인善用人이라. 사람을人 잘善 써라用. 그러면 후덕厚德은 절로 따라 온다. 선용善用은 덕용德用이라는 말과 같다. 선하게 씀善用은 곧 덕으로 씀德用이다. 선은 덕의 다른 이름인지라 덕선德善이든 선덕善德이든 같은 낱말이다. 선하게 용인用人하는 윗사람長은 누구한테든 결코 갑甲질 하지 않는다. 오히려 선용인하는 장長은 아랫사람들을 높여주고上 자신을 진정으로 낮춘다下. 그래서 윗사람으로서 아랫사람의 마음을 얻고 따라서 절로 후덕한 장長이 된다. 선용인善用人의 장長은 한 되枡짜리한테는 승枡질 하는 일을 맡기고 한 말斗짜리한테는 두斗질하는 일을 맡긴다. 그래서 후덕한 장長 아래 사람들은 즐겁게 일하는 것이다. 서로 즐겁게 밀어주고 끌어주어 하나로 어우러짐을 일러 다툼이 없는 덕不爭之德이라 한다. 이런 부쟁不爭의 덕이 사람을 부리는用人 힘이라 하고 이런 힘力을 불러 자연과 짝이 되는 묘수配天之極라 한다.

# 042

# 족제비는 제 탐욕 탓으로 굴욕을 당한다

知足不辱 지족불욕이라

知足不辱
지족불욕

知止不殆
지지불태

可以長久
가이장구

만족할 줄足 알면知 굴욕당하지 않고不
辱 멈출 줄止 알면知 위태롭지 않다不
殆. 이로써以 장구할長久 수 있다可.

『노자』 68장 참조

"족제비는 아낙네 목도리나 늙은이 토시가 되거나 서생의 붓털이 되어
도 싸다." 덫에 걸린 족제비가 덫을 빠져나오고자 발버둥치는 꼴을 보고
덫 놓은 사람의 입에서 나오는 저주이다. 족제비나 오소리가 닭장에 들면
닭을 한 마리만 물고 가지 않는다. 살기殺氣가 넘치는 놈들인지라 닭장 안
의 닭들을 모두 죽이고 닭 한 마리 물고 도망친다. 이런 살기 탓으로 오소
리나 족제비는 제명대로 못 살고 만다. 소리 없이 들어와 닭 애목을 물어

끽소리 못하게 조용히 물고 가면 그놈들을 잡아낼 수 없을 터이다.

그러나 닭장에 든 족제비나 오소리는 살기殺氣를 쏟아 이 닭 저 닭 다 죽이려 든다. 그런 탓으로 닭들이 비명을 질러대 화들짝 뛰쳐나온 주인한테 들켜 몽둥이질을 당하고 줄행랑을 치는 놈이 오소리이거나 족제비이다. 그놈들이 한 번 눈독들인 닭장은 절대로 포기하지 않는다. 그놈들은 다시 한밤이 돌아오면 그 닭장으로 들어갔던 바로 그 구멍으로 반드시 들어가 닭을 물고 가려고 한다. 족제비나 오소리의 이런 습성을 아는지라 대나무로 엮어 만든 용수를 덫으로 변조變造하여 그 구멍 안쪽에다 용수 덫 전후좌우에 막대를 박고 단단히 덫을 묶어 설치하고 그 덫 안에 북어대가리 여러 개를 미끼로 달아둔다.

북어대가리 냄새는 바람을 타고 멀리 산발치 바위틈에서 밤이 오기를 기다리는 오소리나 족제비의 코를 자극하게 마련이다. 한밤중이 지나면 발버둥치는 소리가 들린다. 미끼를 채려다 용수 속에 갇히고 만 놈이 도망치려고 사나운 이빨로 용수 댓살을 물어뜯으면서 발광하는 것이다. 그놈을 용수에 든 채로 가마니 속에 집어넣고선 질끈질끈 밟아준 다음 새끼로 둘둘 묶어 즉시 개울가로 들고 가 물속에 담가 질식하게 묵직한 돌로 눌러둔다. 날이 밝아 개울가로 가 가마니 속에 든 놈의 주검을 마주하고 족제비면 "필모筆毛 중에 필모는 족제비 황모黃毛 꼬리지" 중얼거리고, 오소리면 "가죽은 가죽대로 비싸고 고기는 고기대로 맛나 오소리 기름으로 등잔불을 밝히면 그을음도 냄새도 없노라" 좋아한다.

그러나 족제비나 오소리 입장에서 본다면 생죽음을 당했으니 제명대로 못 살고 만 것이다. 그 생죽음을 스스로 자초한 셈이다. 닭장 안에 들어가 살기를 품어 살생을 즐기다 생죽음을 당한 오소리나 족제비는 사자나 호랑이처럼 만족할 줄 몰라서이다. 육식하는 짐승이 먹이 사냥을 먹을 만큼만 하면 그것은 살생이라 할 것이 없다. 호랑이가 사슴을 사냥해 먹을거리로 삼음은 천리天理이지 살생殺生은 아니다.

탐욕이 목까지 찬 인간을 흉보는 경우 "족제비 같은 놈"이라 한다. 족제비한테 탐욕의 살기殺氣가 없다면 아낙네의 목도리가 되거나 늙은이의 토시가 되거나 꼬리는 필장筆匠의 손에 들어가 붓털이 되지는 않을 터이다. 오소리는 하도 잽싸서 덫이 아니고선 잡히지 않을 터인지라 산하에서 제 목숨대로 자유롭게 살다가 갈 놈이다. 족제비는 제 탐욕 탓으로 굴욕을 당한다. 어찌 족제비만 그렇겠는가? 탐욕을 부리면 인간 역시 굴욕을 면하지 못한다. 탐욕이란 자연이 허락하지 않는 욕심이다. 자연이 허락하지 않는 짓을 하면 천벌을 받는다고 함을 비웃거나 얕보거나 업신여기면 그 끝은 재앙災殃으로 드러나고 만다.

한 승升의 땀을 흘렸으면 한 되升의 보람으로 만족하고 한 두斗의 땀을 흘렸으면 한 말斗의 보람으로 만족을 누린다. 과욕寡欲을 만족의 즐거움이라 하고 쉽게 누릴 수 있는 행복이라 한다. 왜냐하면 행복이란 마음이 만족하는 즐거움인 까닭이다. 그러나 과욕過欲하면 마음에서 사나운 갈증이 끊이지 않아 한강물을 다 마신들 지나친 욕심過欲이 빚어내는 갈증을 어이할 수 없다. 탐욕이란 아무리 들이켜도 점점 더 갈증만 심해져 가 자신을 스스로 더럽게 하고 만다. 이는 만족할 줄 몰라 만나는 굴욕이라는 소용돌이다. 굴욕의 소용돌이에서 벗어날 수 있는 것은 오로지 만족밖에 없다. 그래서 만족할 줄 알면 굴욕을 멀리 할 수 있다 하여 〈지족불욕知足不辱〉이라 하는 것이다.

# 자웅의 천리 알면
### 知其雄 守其雌 지기웅 수기자라

知其雄
지기웅

守其雌
수기자

爲天下谿
위천하계

그其 수컷을雄 알고知 그其 암컷을雌
지키면守 천하가 흘러드는 시내가谿 된
다爲.

『노자』 28장 참조

　우주 삼라만상은 상도常道의 원기元氣로써以 생기고 그 으뜸의元 힘氣으
로써 상도로 되돌아간다고 하면 요새 사람들은 이 빅데이터 시대에 무슨
옛날 잠꼬대 넋두리냐고 손사래 쳐 멀리하려고 한다. 상도니 원기니 이런
술어述語는 이제 관심을 끌지도 못한다. 따라서 원기가 음양陰陽을 내고
모든 것들은 바로 그 음양의 덩이라고 하면 옛날에 뭘 몰라서 통했지만
슈퍼컴퓨터-인터넷-인공지능-사물인터넷IoT 등이 쏟아내는 수없는 데이

터들로 온갖 정보를 얻어내 세상만사를 과학적으로 분석하여 진단해 결정하는 세상에 무슨 음양이라는 옛말로 세상을 점치려 하다니 멍청한 짓이 아니냐고 핀잔받을 수도 있다. 하기야 이제는 플러스-마이너스 전류가 온-오프하여 세상이 과학적으로 돌아가고 있다. 음양이라는 낱말은 늦은 봄 아지랑이처럼 입에서 사라진 셈이다.

그러나 아무리 세상이 과학화된다 한들 자연自然을 과학화시킬 수는 없다. 우주선이 태양계를 떠나 은하수로 향하고 있다 하지만 자연이 허락하는 대로 인간이 과학놀이를 하는 편이다. 말하자면 아무리 과학이라 한들 수탉을 암탉으로 바꾸고 암탉을 수탉으로 바꾸어 달걀을 얻어먹게 할 수는 없다. 과학이 천리天理를 비웃을 정도로 발달해간들 천리가 정해놓은 자웅雌雄 즉 암수의 제 구실을 바꿀 수는 없다. 천리라고 말하면 무슨 말이냐고 갸우뚱할 터인지라 자연법칙the natural law이라고 해야겠다. 인간의 과학이란 그 법칙을 알아내 순응하고 응용해 활용하고 때로는 좀 가공해갈 뿐이다. 지엠오GMO, 즉 유전자조작 콩이라 하여 자연산 콩과 완전히 다른 콩이 아니다. 자연산 콩의 유전자를 좀 바꾸어 콩의 질을 인간이 바라는 대로 조금 바꾸어 생산할 뿐이다. 자연이 콩에게 부여한 디엔에이 조각을 떠나 인간이 통째로 콩의 디엔에이 사슬을 만들어낼 수 없다. 만일 과학이 인간이라는 남녀를 만들어낸다면 인간은 공산품으로 전락하여 멸종하고 말 터이다. 인간을 끝없이 오만하게 하는 과학이 오히려 인간에게 치명타를 가할 부메랑으로 돌아올 수 있는 일이다.

그러니 자웅雌雄의 천리天理를 알면 천하만사를 끌어안는 시내가 된다는 말씀을 손사래 쳐 내쳐서는 안 된다. 들판을 유유히 흐르는 냇물을 계溪라 한다. 그런데 높은 산은 수많은 잔 골짜기를 모아 몇 개의 깊고 큰 골짜기를 만들고 그 큰 골짜기 맨 밑에서 콸콸 흐르는 냇물을 계谿라고 한다. 그래서 계溪라는 글자를 보면 들판의 시내인 줄 알게 되고 계谿를 보면 깊은 산곡山谷의 시내인 줄 알게 된다. 여기저기 온갖 골짝의 물줄기들이 모두 시내谿로 모여들어 하나가 되어 흘러 바다에 이른다. 이처럼 온갖 목숨들은 저마다 암수雌雄로 저마다의 종자를 내서 목숨을 이어가는 것이다. 그래서 자웅雌雄의 본성 즉 본래대로를 알고 지키면 걸림 없이 통하는 길이 열리는 것이다.

암컷雌한테는 암컷대로 본성本性이 있고 수컷雄한테는 수컷대로 본래대로本性가 있다. 인간이 짐승을 피해 오늘날 원숭이들처럼 나무 위에서 밤잠을 잤을 때는 부모가 함께 자식을 키웠던 것은 아니었다. 그래서 자식들이 제 어머니는 알아도 제 아버지가 누구인지 몰랐었다. 지금도 어머니를 안사람이라 하고 아버지를 바깥사람이라 부른다. 옛날 아버지는 수풀이나 강가에 나가 먹을거리를 찾아 자식새끼를 기르고 있는 어머니를 찾아왔었다. 아버지는 움직이고 어머니는 한자리에 멈춰 있었다. 따라서 아버지는 동動으로서 그 본래가 드러나고 어머니는 정靜으로서 그 본래가 드러난다. 이리저리 움직이는動 수컷의 본래는 강하면서 굳세고剛强, 한자리에 가만히 있는靜 암컷의 본래는 약하면서 부드럽다柔弱. 이것이 자웅雌雄 즉 암수의 천리天理라는 것이다. 모든 목숨에는 자웅이 있고 그 어떤 수컷雄이든 강강剛强하며 어떤 암컷雌이든 유약柔弱하다. 그런데 어떤 수컷이든 나갔다가 반드시 암컷을 찾아온다. 산속의 모든 개울이 제일 밑에 있는 시내谿로 모여들듯이 수컷은 암컷을 찾아오고 암컷은 제 새끼를 낳아 키우는 것이 천리天理 즉 자연의 법칙이다. 이 법칙을 알고知 지키면守 세상만사가 두루 통해 걸림 없이 풀린다.

# 044

# 씨앗이 씨앗으로 이어지는 변화

常無欲以觀其妙 상무욕이관기묘라

---

常無欲以觀其妙
상무욕이관기묘

常有欲以觀其徼
상유욕이관기요

항상常 욕심欲 없음으로無 써以 그其 미묘함을妙 살피고觀, 항상常 욕심欲 있음으로有 써以 그其 끝맺음으로 돌아감을徼 살핀다觀.

『노자』 1장 참조

사람의 바람欲이 없음을 일러 무욕無欲이니 무심無心이니 무위無爲니 한다. 사람의 바람欲이 있음을 일러 유욕有欲이니 유심有心이니 유위有爲니 한다. 무위無爲를 일러 자연自然이라 하고 유위有爲를 일러 인위人爲라 한다. 만물 중에 사람을 빼면 모든 것들은 무위의 것들이다. 그래서 무위자연無爲自然이라 하는 것이다. 자연이란 그냥 그대로를 말한다. 그러니 무위란 하는 짓마다 그냥 그대로 함이다. 사자가 먹잇감을 사냥할 때 제 몸의 힘으로 하지 막대나 칼이나 활이나 총을 쓰지 않는다. 사람만 온갖 도구를 써서 바라는 대로 하고자 한다. 사람만 이것저것 욕심낼 뿐이다. 땅굴로 집을 삼는 두더지는 나뭇가지에 둥지를 짓고 사는 새를 부러워 않는다. 오로지 사람만 제가 바라는 대로 살고 싶어서 여름이 오면 선풍기를 돌리고 겨울이 오면 보일러를 돌린다.

사람이 만든 것들은 그 무엇이든 그대로 있다가 고물이 되면 폐물이 된다. 그러나 자연의 모든 것들은 스스로 변화해갈 뿐 그대로 있지 않는다. 멈추지 않고 변화해감을 일러 묘妙라 한다. 묘妙란 소녀少女를 말한다. 소녀의 변화는 미리 정해서 단정할 수 없으니 묘하다는 것이다. 심청은 용왕에게 바칠 희생물犧牲物로 팔려갔지만 황제의 비가 되어 아버지 봉사의 눈을 뜨게 한다. 이 얼마나 묘한 팔자란 말인가! 이처럼 만물은 저마다 나름대로 변화해간다. 들리지도 않고 보이지도 않고 잡히지도 않게 속절없이 쉬지 않고 변화해가는 그 묘妙를 살피는 마음의 눈은 온갖 욕심을 버린 무심無心의 눈이다. 무심의 눈 그것은 무욕이고 무위이다. 욕심 없는 마음이라야 자연의 변화를 살펴볼 수 있다는 것이다. 이를 어려운 말씀으로 〈상무욕이관기묘常無欲以觀其妙〉라 한다.

씨앗에서 싹이 올라와 줄기를 뻗고 줄기에서 가지를 뻗고 가지에서 잎이 나오고 꽃봉오리가 맺히고 그 봉오리가 열려서 꽃을 피워내는 슬로모션이라는 사진술이 보여주는 장면을 보았을 터이다. 이제는 무욕의 심안心眼으로써만 변화하는 묘妙를 살필 수 있다는 말씀을 넘어 기술의 힘으로 육안肉眼으로도 볼 수 있는 세상이 된 셈이다.

한 씨앗을 그냥 씨앗으로 보고 마는 마음이 있다. 하나의 씨앗을 보고 그 작은 씨앗에서 싹이 틀 것이고 그 싹은 이미 뿌리와 줄기와 가지와 잎사귀가 꽃봉오리를 맺어 꽃을 피우고 열매를 맺어 그 속에 다시 씨앗을 두어 다음의 생生을 마련하리라 살필 줄 아는 마음도 있다. 씨앗을 그냥 보고 마는 마음은 관기묘觀其妙를 모르는 마음이고 씨앗이 씨앗으로 이어지는 변화를 살피는 마음은 관기묘觀其妙를 터득한 마음이다.

자연이 짓는 그침 없는 변화其妙를 살피는觀 마음이라야 자연이 짓는 끝맺음으로 돌아감其徼을 살피는觀 마음이 된다. 꽃씨의 묘妙를 살피는 마음은 그 꽃씨의 〈요徼〉를 바람慾을 지니고 살필 수 있다. 한 꽃씨의 변화를 살피는 마음은 슬로모션의 장면을 육안으로 보지 않고서도 그 꽃씨에 숨어 있는 그 꽃씨의 요徼를 슬로모션과 같은 장면처럼 이미 살펴서 안다. 꽃씨는 싹이 되고 뿌리와 줄기, 가지, 잎, 봉오리, 꽃, 열매로 이어져 열매 속에 새 씨앗을 담아두고 끝맺음할 것임을 알 수 있음을 일러 〈상유욕이 관기요常有欲以觀其徼〉라 한다. 여기 관기요觀其徼의 요徼는 귀종歸終을 뜻한다.

끝맺음으로 돌아감歸終이란 생生이 사死로 그치되 그 죽음死은 또 새로운 생生으로 이어짐이다. 자연이 짓는 변화인 〈묘妙〉는 새로운 〈묘妙〉로 이어지는 끝맺음으로 돌아간다徼. 고갱의 그림 중에 '우리는 어디서 와서 어디로 가는가?'라는 그림이 있다. 유언 삼아 그렸다는 말도 있다. 어디서 왔음을 〈기묘其妙〉라고, 어디로 돌아감을 〈기요其徼〉라 답해준다. 기묘其妙-기요其徼의 기其는 상도常道를 나타낸다. 그러니 기묘其妙의 묘妙는 상도에서 나옴이고 기요其徼의 요徼는 상도로 돌아감이다. 나옴妙 즉 생生도 자연의 짓이고 돌아감徼 즉 사死 역시 자연의 짓임을 항상 살펴보라 한다.

# 045

# 천지만물을 낳아주되 주재하지 않는다

衣養萬物而不爲主 의양만물이불위주라

衣養萬物而不爲主
의양만물이불위주

常無欲
상무욕

可名於小
가명어소

만물을萬物 입혀衣 길러주면서도養 而 주재를主 하지 않아不爲 늘常 주재할 욕심이欲 없으니無 작다고於小 말할名 수 있다可.

『노자』 34장 참조

우주 삼라만상은 무엇이 만들었을까? 신神이 창조했다는 쪽이 있다. 그렇다면 그 신神은 무엇이 만들었느냐고 하면 답할 길이 없다. 또 도道가 낳았다는 쪽이 있다. 그렇다면 그 도道는 무엇이 낳았느냐고 하면 역시 답할 길이 없다. 그리고 또 우주 삼라만상은 이것저것이 인연因緣 따라 만났다가 없어지는 덩이蘊라고 하는 쪽도 있다. 목숨덩어리라고 할 때는 그 덩어리가 스스로 인연 따라 엉겼음이니 무엇이 만들었느냐고 묻지 않아도 되는 셈이다. 그러나 이것저것은 도대체 무엇이 생겨서 있느냐고 하면 그 또한 대답할 길이 없다. 하기야 현대과학은 이 땅덩이에 있는 생명체는 우주의 먼지였다고 밝힌다. 이 역시 그 먼지라는 티끌을 무엇이 만들었느냐고 하면 대답할 길이 없다. 그러니 사람이 말할 수 있는 길이란 크게 세 갈래가 오랜 세월에 걸쳐 믿음걸이로 되어 온 셈이나 못 갈 데가 있다.

천지만물은 도道라는 것이 낳았고 그 천지만물은 다시 그 도道로 되돌아간다고 주장한 분이 바로 노자老子이다. 물론 노자뿐만은 아니다. 『시경詩經』에서 부모생아父母生我라 했다. 나我를 낳아준 부모父母란 곧 천지天地를 일컬음이니 노자 이전부터 이미 있었던 생각이다. 『명심보감明心寶鑑』에서는 부생모육父生母育이라 밝혀주고 이를 받아 정철鄭澈의 훈민가訓民歌와 주세붕周世鵬의 시조가 "아버지 날 낳으시고 어머니 날 기르시어"로 읊어지기도 한다. 어찌 천지가 나만 낳아주겠는가? 만물을 다 천지가 낳았으니 『장자莊子』에 천지란 만물의 어버이라는 말이 나오기도 한다. 천지는 만물을 낳고 천지는 도道가 낳는다고 하는 것이니 천지는 도道의 자식이고 만물은 도道의 손자인 셈이다.

사람은 내 자식 내 자식 하면서 제 새끼 감싸기를 요람에서 무덤까지 책임진다는 식으로 입혀주고 길러주면서 제 자식의 주재자主宰者 노릇을 다한다. 그래서 주세붕은 "진자리 마른자리 가려가면서" 키워주셨다고 효도하기를 강조한다. 그래서 사람만 세상천지에서 자녀가 부모에게 효도해야 하는 것이다. 그러나 도道는 천지만물을 낳아주되 주재하지 않는다. 그렇다고 도道가 그 천지만물을 버려두고 떠나버린다는 것은 아니다. 아무리 사소한 것일지라도, 제아무리 극미極微한 것일지라도 도道는 저버리지 않고 그 속에 간직돼 있다는 것이다. 그래서 내 몸뚱이도 곧 하나의 우주이고 하루살이도 하나의 우주이며 가을 하늘에 날리는 털끝도 하나의 우주라는 것이다. 그러니 세상천지에 도道 아닌 것이란 없음이니 가짓수로 따지면 헤아릴 수 없이 많고 많지만 그 많은 것들의 소생所生은 바로 도道이니 만물은 하나─라는 것이다.

만약 도道가 만물을 편애한다면 우주는 질서를 잃고 하루가 멀다고 이런저런 변덕을 부릴 터이니 강가에 모래알 하나도 편히 있을 자리가 나지 않을 것이다. 그러나 도道는 만물에 깃들어 있되 이래라저래라 하지 않으니 천지만물은 걸침 없이 있다가 없어져 가는 것이다. 이렇기 때문에 도道는 욕심 부리지 않는다는 게다. 이를 밝혀 어려운 말씀으로 〈상무욕常無欲〉이라 한다. 무욕無欲 이는 욕심欲이 없음無이다. 한때 한 스님 덕으로 '무소유無所有'라는 말이 유행을 탔었다. 이는 가진 게 없다는 말이다.

가진 게 없음을 일러 〈소小〉라고 한다. 온갖 동물은 동물대로 식물은 식물대로 곤충은 곤충대로 물고기는 물고기대로 온갖 무생물은 무생물대로 저마다 가진 것들이 있어서 몸집을 갖는다. 크면 클수록 크게 갖는다. 코끼리의 심장은 크고 하루살이의 심장은 현미경으로 보아야 할 만큼 작다. 큰 심장은 그만큼 살점을 많이 갖고 작은 심장은 그만큼 적게 갖는다. 적게 가지니 작다. 무엇이든 갖고 싶어 함을 욕欲이라 한다. 욕欲이 없음無은 곧 없음虛이다. 그래서 무욕無欲하면 허虛라 한다. 허虛보다 더 작은 것이란 없다. 아무것도 없으니 작고 작아 빔虛이다. 제일 작은 것을 두고 원자라지만 허虛에 비하면 크고 큰 덩어리이다. 작고 작다는 원자들도 저마다 욕欲을 지닌 그 어떤 것들이다. 세상천지에 욕欲 없는 것이란 없다. 오로지 도道만이 욕欲이 없는지라 유일하게 작다小고 한다.

# 046

# 장인이 활을 메우듯

其猶張弓與 기유장궁여라

---

天之道
천지도

其猶張弓與
기유장궁여

자연의天之 도道 그것은其 활을弓 메움
과張 같도다猶與.

『노자』77장 참조

장궁張弓하는가? 그러면 곧 도道를 따름이라는 게다. 넘치지도 않고 처지지도 않아 그냥 그저 알맞음을 이루어냄을 일러 장궁張弓이라 한다. 그러니 장궁張弓이란 수중守中이라는 말씀과 같다. 가운데를中 지켜라守. 여기서 가운데中란 산술적인 중간을 말함이 아니다. 길이 10센티미터의 중간은 5센티미터의 점일 터이다. 이런 뜻으로 수중守中이라 하는 것은 아니다. 마을 개구쟁이들은 골목에서 함께 놀다가 걸핏하면 싸움질하면서 코피도 흘린다. 코피를 흘리게 한 개구쟁이를 향해 앞으로는 싸우지 마라 부드러운 소리로 타일러주고 코피를 흘리는 제 아들을 집으로 데려가 싸우지 말라고 타이르면서 코피를 닦아주는 어머니는 장궁張弓하는 궁장弓匠과 같은 어머니이다.

어린애 싸움이 어른 싸움된다는 속담이 있다. 제 어린것을 두둔하고 남의 어린것을 헤집으면 두 어른끼리 실랑이가 벌어져 콩팔칠팔 험한 악다구니가 쏟아지는 경우가 허다하다. 이런 불상사는 궁장弓匠의 마음가짐을 안다면 생기지 않을 일이다. 활을 메우는 장인匠人은 높은 데를 내려 눌러주고 낮은 데를 치켜올리고 긴 쪽을 줄이고 짧은 쪽을 더해주어 활의 탄력을 알맞게 한다. 고하高下를 서로 기대게 하고 장단長短을 서로 아우르게 해주면 너무 약한 탄력이라면 알맞게 살아나고 너무 강한 탄력이라면 알맞게 수그러져 명궁名弓이 만들어지는 것이다. 이처럼 싸움질한 개구쟁이 엄마가 남의 개구쟁이한테 꾸지람을 덜고 사랑을 조금 더해주고 제 개구쟁이한테는 사랑을 조금 덜어내 꾸지람을 더해주면 두 집 엄마끼리 정이 두터워져 이웃사촌 삼아 오순도순 살아갈 수 있는 일이다. 명궁名弓을 메위내는張 데 궁장弓匠은 수중守中의 묘妙를 따르고 중용中庸의 벼리를 따라가는지 알 만하다. 천지도天之道 즉 자연의天之 도道를 그냥 그대로 본받는 자가 바로 활 메우는 장인匠人이라는 말이다.

자연의 도道는 남아나면 그것이 넘쳐나게 버려두지 않고 덜어서 모자라는 것에 더해주어 알맞음을 이룬다. 자연의 도道를 따름은 물만 한 것이 없다. 물길水流은 멈춤 없이 그냥 절로 흘러만 간다. 그런 물길을 자연은 조금도 가로막지 않는다. 태산이 가로막으면 둘러가고 깊은 웅덩이가 있으면 흘러들어 넘쳐나야 비로소 흘러 물길을 허락하는 대로 잡아 흐른다.

자연에는 댐이라는 것이 없다. 흘러가려는 물을 억지로 막아두려는 댐은 사람의 짓일 뿐이다. 자연에는 억지란 없다. 메마른 땅이면 적셔주고 다 적셔지면 흘러가게 하고 무엇이든 젖으면 낮에 햇빛으로 말려주고 메마르면 밤에 이슬로 적셔주면서 모든 것을 닦아주고 씻어주면서 온갖 목숨들이 살아가게 해준다. 물 없이 목숨을 누리고 살 수 있는 것이란 하나도 없다. 그래서 물은 곧 자연의 현신現身인 셈이다. 물론 먹을 물이 있고 못 먹을 물이 있다. 이는 물 때문이 아니라 물속으로 잡것들이 들어가서일 뿐이다. 자연의 도가 그러하듯이 물은 무엇이든 받아들인다.

예전에는 산골이든 들판이든 흐르는 물이라면 언제 어디서나 그냥 그대로 마실 수 있었다. 그런데 지금은 함부로 물을 마시면 탈이 난다. 물 탓으로 탈이 나는 것이 아니라 사람 탓으로 강물에 사는 물고기들이 떼죽음을 당한다. 본래 물이란 실로 무위無爲인데 사람의 짓에 걸려들면서 즉 인위人爲의 것이 되면서부터 독수毒水가 되어 온갖 생명을 해치고 만다. 이런 몹쓸 짓은 자연이 것이 아니다. 오로지 수중守中-중용中庸의 중中을 저버린 사람의 탓이다.

사람의 짓은 늘 제 욕심대로 하고자 온갖 것들을 목축牧畜하려고 덤빈다. 따지고 보면 문화文化니 문명文明이니 과학科學 등등이란 목장牧場의 둘레 따라 쳐놓은 철조망 같은 것이다. 철조망 안에 넣어두고 그 무엇이든 쥐락펴락하고자 인간의 성질머리는 늘 끓어 넘친다. 자연은 무엇이든 방목放牧한다. 은하수에는 별들이 방목하고 이 땅덩이에서는 만물이 방목하면서 늘면 줄고 줄면 늘면서 자연은 하나의 명궁名弓을 메운다張.

# 047

## 상덕의 베풂으로 내가 산다

上德無爲而無不爲 상덕무위이무불위라

上德無爲而無不爲
상덕무위이무불위

下德爲之而有不爲
하덕위지이유불위

상덕에는上德 베풂이爲 없지만無而
베풀지 않음이不爲 없고無, 하덕은
下德 덕을之 베풀지만爲而 베풀지
않음이不爲 있다有.

『노자』38장 참조

쥐구멍에도 햇빛이 든다. 햇빛은 자연이 베푸는 빛이기 때문이다. 그러나 전기료를 댈 수 없다면 전깃불을 켜고 살지 못한다. 전기불의 빛은 인간이 만들어 파는 빛이기 때문이다. 햇빛도 베풂이고 전기불빛도 베풂이다. 다 베풂일지언정 햇빛의 베풂은 하느니 않느니 마느니 등등 이런저런 단서를 붙이지 않는다. 지구가 돌아서 밤이 되면 햇빛은 사라졌다가 어김없이 날이 새면 변함없이 온 곳을 다 그냥 절로 비춰준다. 음지가 있고 양지가 있는 것은 햇빛 탓이 아니다. 햇빛을 막는 그 무엇이 가로놓여 있는 까닭일 뿐이다. 하늘에 구름이 잠깐 그늘지게 한들 구름이 흘러가면 곧장 빛을 내려준다. 이처럼 햇빛은 온 데를 베풀어주되 이러니저러니 어떠한 단서도 없이 그냥 공짜로 비춰 베풀어준다. 햇빛 같은 베풂이 곧 자연의 베풂이다. 이런 자연의 베풂을 일러 상덕上德이라 한다.

상도常道의 베풂을 일러 상덕上德이라 한다. 그래서 상덕을 천덕天德 즉 자연天의 덕德이라 한다. 상도의 베풂이 드러난 것들이 삼라만상이다. 인간도 그 베풂의 하나일 뿐이다. 강가의 모래알 역시 그 베풂이고 허공에 날리는 티끌마저도 그 베풂이다. 그러니 어느 것 하나 그 베풂이 아닌 것이란 없다. 특히 온갖 생물生物이 저마다 삶을 누리다가 마치는 일생 역시 상도의 더없는 베풂이다. 동지시덕冬至始德이라는 말이 있다. 산천초목의 한해 삶은 동지冬至부터 시작된다는 것이다. 시덕始德이란 덕이 베풀어지기 시작한다는 말이다. 나뭇가지에 싹이 트면 그 싹이 바로 시덕의 드러남이다. 덕이란 조화造化를 뜻함이니 변화가 시작됨이 시덕이다. 봄에 꽃피는 조화는 이미 한겨울 동지부터 시작되었음을 알리는 말씀이 곧 동지시덕이다.

왜 예부터 성덕재목盛德在木이라 하였겠는가? 성덕盛德은 나무에木 있다在는 것이다. 성덕盛德은 덕을 쌓음盛이다. 덕을 쌓음이란 변화를 그침 없이 이어감이다. 그침 없는 변화의 이어감이 곧 조화造化라는 것이다. 이러한 조화를 일러 성덕이라 하는 것이다. 적도赤道나 극지極地라면 성덕재목이라는 말씀이 생겨나지 않았을 터이다. 사계절이 분명한 곳인지라 우리에게 성덕재목이라는 말씀이 있게 된 편이다. 나무木는 봄 따라 여름 따라 가을 따라 어김없이 한해살이를 쌓아가며 천수天壽를 누린다. 봄이면 싹이

터 잎이 나며 꽃이 피고 여름이면 꽃은 떨어지되 열매가 생겨나고 가을이면 열매가 영글어 그 속에 씨앗을 마련해두는 초목草木의 한해살이야말로 성덕盛德을 여실히 보여준다. 나무가 철 따라 보여주는 변화를 곰곰이 새겨보면 〈상덕上德은 무위無爲하되 불위不爲함이 없다無〉는 말씀을 누구나 저마다 살펴 새겨서 터득해볼 수 있다.

사람의 짓은 없고 자연의 짓만 있음을 〈무위無爲〉라 한다. 자연의 짓을 하지 않음이 없음을 거듭 강조해서 밝힘을 일러 〈무불위無不爲〉라 한다. 자연의 짓을 하지 않음不爲이 없어無 목숨이 있는 것生物들은 숨을 쉬고 일하면서 먹고 자고 삶을 누릴 수 있는 것이다. 내가 산다는 것은 상덕上德의 베풂이지 내 스스로 살 수 있다고 건방떨지 말아야 한다. 천 원 주고 산 생수 한 병이 내 것은 아니다. 내 돈 내고 샀으니 내 것이라는 생각은 사람의 짓일 뿐이다. 상덕上德의 베풂으로 내가 산다고 생각하는 순간 내 마음이 커진다.

인간의 짓으로 만들어진 것이면 그 무엇이든 대가를 지불하라 한다. 말하자면 인위人爲에는 공짜란 없다. 그래서 인덕人德은 골고루 베풀어지지 못한다. 왜 팔이 안으로 굽는다고 하겠는가? 왜 고운 놈 미운 놈 따지겠는가? 사람의 짓에는 한결같음이 없는 까닭이다. 변덕스럽게 베푸는 덕을 일러 하덕下德이라 한다. 하덕을 인덕人德이라 한다. 인덕은 저한테 좋으면 베풀어지고 싫으면 베풀어지지 않는다. 엿장수 마음대로가 곧 인덕이다. 이런지라 인덕을 일러 〈아래 덕下德〉이라는 게다. 베풀되 무위無爲로 베풀지 못하는 덕인지라 인덕에는 베풀지 않음不爲이 있으니 덕德 치고는 아랫것이다.

# 048

# 사람이란 땅을 본받아 사는 목숨

人法地 인법지라

---

人法地 地法天

인법지 지법천

天法道 道法自然

천법도 도법자연

사람은人 땅을地 본받고法 땅은地 하늘을天 본받고法 하늘은天 상도를道 본받고法 상도는道 자연을自然 본받는다法.

『노자』 25장 참조

우리가 사는 곳을 지地, 땅이라 한다. 이제는 땅을 지구地球라 한다. 먼먼 옛날엔 땅은 동서남북東西南北 사방四方이라 했다. 네모四方배기 땅이 허공天에 놓여 있다고 보았다. 그 천天은 하늘이다. 그 하늘을 우주宇宙라 한다. 사방상하四方上下가 우宇이고 왕고래금往古來今이 주宙이니 우주란 때와 자리를 말하는 집이다. 사람은 땅이라는 이 집에서 한동안 머물다가 간다. 물론 이 땅에 있는 모두는 목숨이 있는 것이든 없는 것이든 저마다 얼마간 머물다 간다. 어디로 가는가? 우주를 낳은 상도常道로 간다고 노자老子께서 우리를 위안해준다. 죽으면 끝이라고 딱 잘라버린 불타佛陀와는 달리 죽으면 돌아갈 곳이 있다니 그래도 위안이 된다는 말이다.

죽으면 흙으로 돌아간다고 함은 곧 상도常道로 돌아감을 말한다. 영영 있는 것은 상도 하나뿐이다. 우주도 있다가 없어질 것이니 그 안에 있는 태양계란 두말할 것도 없다. 100억 년이 태양계 나이라는데 벌써 반이 지났다니 앞으로 50억 년 동안 태양과 그 행성이 자리 잡고 있다가 상도로 돌아갈 것이다. 태양계도 어부가 던진 그물 안에 든 한 마리 고기라고 여겨도 될 일이다. 상도常道라! 하염없이 그물을 던져 놓고 있는 한 어부漁夫라 한들 허망할 것은 없다. 상도가 던져 놓은 그물을 천망天網이라 한다. 우주가 그 천망 안에 들었으니 태양계도 따라 들었고 땅이야 말할 것도 없다.

인법지人法地라. 이는 사람은 땅을 본받는다法는 것이다. 사람은 이 지구를 떠나서는 살 수 없다는 말이다. 설령 인간이 달에 간들 화성에 간들 달 따라 살 수 없고 화성 따라 살 수 없음이다. 지구에서 살던 집과 똑같은 집을 거기로 가져가서 그 속에서만 살 수밖에 없는 것이 인간이다. 인간이 화성에 갔다 한들 화성인이 되는 것은 아니다. 그러니 우주과학이 인간을 화성에 상륙시켜준다 해서 함부로 화성인이라 호들갑 떨 것 없는 편이다. 인간이란 오로지 인법지人法地의 목숨인 까닭이다.

황인종 백인종 흑인종 홍인종 등등 나누어 따진다 한들 인간의 이목구비耳目口鼻나 사지四肢나 오장육부五臟六腑로 보면 인간이라는 종種은 다를 바 없이 단 하나이다. 그런데 먹는 것 입는 것 말하는 것 다 다르고 살림살이 온갖 버릇을 모아놓은 문화라는 것들이 인간의 사는 터 따라 다 다르다. 이는 인간의 법지法地 때문이다. 인간은 제가 사는 곳 따라 의식주衣食住를 마련했고 말을 나누며 살아왔다. 말하자면 경상도 사투리 전라도 사투리 등등 왜 생겼을까? 옹기종기 모여 끼리끼리 사는 터가 달라 풍속도 다르고 말씨도 다르고 먹을거리 등등 따라서 성질머리도 달라지는 것이다. 물론 이제는 인간들이 비행기를 타고 오대양 육대주를 옆집 울타리 넘듯 오가며 지구는 하나라고 야단법석이지만 수구초심首丘初心이라 여우도 죽으면 머리를 제 고향으로 돌린다지 않는가. 남아공에서는 집쥐를 잡자고 미어캣을 키우고 우리는 집쥐를 잡자고 고양이를 키운다. 이런 사소한 것마저도 서로 다름은 인간도 다른 것들과 마찬가지로 법지法地로써 살아야 하는 목숨인 까닭이다.

야구장에서 부산팀과 광주팀이 경기를 하면 부산사람은 부산팀을 응원하고 광주사람은 광주팀을 응원한다. 그런데 광주팀이 일본팀하고 붙는다면 부산사람도 광주팀을 응원한다. 왜 그런 것인가? 법지法地라는 천리天理 즉 자연의 법칙 때문이다. 피그미족한테는 화장실이 따로 없다고 흉본다면 법지의 천리를 몰라서이다. 열대우림에 사는 피그미족은 밀림 속인지라 나무 밑 어딘가로 가서 일보고 그냥 가버리거나 흙으로 묻어주고 가면 그만이다. 양변기 위에서 똥오줌 누지 않는다고 야만인이라 손가락질 말아라. 인간은 저 사는 고장 따라 문화를 일구면서 살아갈 뿐이다. 그러니 문화에 선진 후진이 있는 듯이 호들갑 떨 것이란 없다. 만약에 불란서 빵이 우리 밥보다 선진문화의 산물이라고 생각하려는 자가 있다면 그런 자는 법지法地의 천리天理를 모르는 인간 앵무새일 뿐이다.

# 049

# 치자의 마음이 고요하면

我好靜而民自正 아호정이민자정이라

---

## 我好靜而民自正
아호정이민자정

내가我 고요함을靜 좋아하니好而 백성
은民 스스로自 발라졌다正.

『노자』 57장 참조

산속 못물 위로 바람이 불면 없었던 물결이 일고 비치던 산 그림자들은 삽시에 없어진다. 거울 같던 못물이라도 물결이 일면 바람 불어 생긴 물결 탓으로 그만 수정水靜을 앗기고 만다. 그러면 못물은 고요를 잃고 어지럽고 시끄러워진다. 이렇듯 못물이 고요靜를 잃어버림은 밖에서 불어온 바람 탓이다. 사람의 마음도 마치 이런 못물 같다. 본래 마음을 심성心性이라 한다. 심성이니 본성本性이니 천성天性이니 등등은 다 같은 말이다.

심성心性은 고요한 못물 같아 심정心淨이라 한다. 그래서 인생이정人生而靜이라 한다. 태어나면 곧장 응아응아 울지만 그 갓난애의 마음만은 〈고요정靜〉 바로 그것이라는 말이다. 그 갓난애도 젖꼭지를 물고 젖을 빨기 시작하면 서서히 이런저런 사물을 만나기 시작한다. 그러면 갓난애의 마음이 심정心情을 타기 시작한다. 그렇게 자라 댓살이 되면 꽃을 보면 '고와라' 하고 똥을 보면 '더러워' 할 줄 안다. 곱다느니 더럽다느니 이러구러 시비是非나 호오好惡를 내는 마음은 심성心性을 물리고 심정心情을 앞세운다.

심성으로 보면 사람들 마음이 다를 것이 없다. 심성은 마치 고요한 못물 같다. 그래서 심성을 비유해 명경지수明鏡止水라 하는 것이다. 심성은 멈춘 물止水 같아 거울鏡마냥 깨끗하다는 것이다. 거울은 앞에 있는 것을 그대로 비춰주고 그것이 떠나면 흔적 하나 남기지 않는다. 이렇듯 심성心性도 오면 오는 대로 맞이하고 가면 가는 대로 보내준다. 그래서 심성心性을 일러 심정心靜이라 한다. 왜 심성을 고요한靜 마음이라 할까? 심성에는 욕欲이랄 것이 없는 까닭에 붙들어 챙기거나 내쳐서 저버리는 짓거리를 꾀하지 않는다.

그러나 심정心情으로 보면 사람들의 마음은 전혀 같지가 않다. 백인백색百人百色이라거니 열 길 물속은 알아도 한 길 사람 속은 모른다는 게다. 심정 탓에 사람의 마음은 죽 끓듯 변덕스럽다고 흉잡는다. 왜 그런가? 서슴없이 욕심으로 돌변하는 심정心情 때문이다. 심정心情에는 칠정七情이 범람하는지라 돌개바람으로 요동치고 거기다 탐욕貪欲이 빚어지면 홍수로 생긴 흙탕물에 쓸려온 쓰레기들로 범벅이 된 채 출렁출렁 범람하려는 못물 같다. 오죽하면 윗물이 맑아야 아랫물이 맑다고 하겠는가?

물론 중생치고 사람만 마음이 있다고 우길 것은 없다. 하루살이도 그냥 날갯짓 않고 먹이 찾아 날아다닌다. 그것을 본능이라 한다면 본능도 하나의 마음 짓이다. 그러니 소리 못 내는 초목을 함부로 대하면 아파하리라는 생각을 허무맹랑하다 비웃을 수 없을 테다. 살아 있는 것이면 무엇이든 마음이 있다고 여기면 오히려 마음속이 따뜻해지고 후련해지는 법이다. 따뜻한 마음이라야 사나운 칠정七情의 마음을 녹일 수 있는 게다. 정열情熱이라 하지만 열熱이 지나치면 무엇이든 태우고 그것이 식어버리면 빙지氷池같이 돌변한다. 못물池이 얼어버리면氷 물은 그만 멈추고 말아 온갖 목숨을 적셔주고 헹궈주면서 흐르지 못한다. 심정心情이란 이처럼 변덕스럽다. 그래서 윗사람일수록 심정心情 부리지 말고 무슨 일이 있어도 심정心靜을 잃지 않고 누려야 한다는 것이다.

순풍이 불면 잘 날아오르던 연도 돌풍이 내치면 연줄에서 벗어나고자 이리저리 회오리치다 낙하하여 죄 없는 나뭇가지를 칭칭 감아 제치고 만다. 이처럼 윗사람이 심정心情 부리면 그 동티가 아랫사람의 마음으로 마치 염병처럼 옮겨붙는다. 그러면 아랫사람은 윗사람이 퍼뜨린 병균 탓으로 죄 없이 앓아야 하는 것이다. 하물며 나라를 다스리는 자가 심정心情 부리면 그 나라 백성은 고스란히 못 죽어 사는 열병熱病을 앓아야 한다. 그러면 백성은 그 열병의 법망法罔을 빠져나가려고 온갖 꾀를 부리게 된다. 백성의 마음은 본래 천심天心인데 새잡이 그물罔 같은 치자治者의 심정心情 탓으로 백성은 흉흉한 인심으로 속임질을 밥 먹듯 하려 든다. 이처럼 치자가 심정心情 부리면 따라서 백성은 마음을 감추고 오그라든다. 그러나 치자가 심정心靜을 누리면 빙지氷池가 햇볕이 쪼여 녹듯이 치자는 백성의 마음을 녹여줘 백성은 온 시름 접고 절로 곧이곧게直 마음 편히 살아간다.

# 050

# 세상은 어느 누구의 손에도 잡히지 않으니

天下神器 천하신기라

---

天下神器
천하신기

不可爲也
불가위야

不可執也
불가집야

爲者敗之
위자패지

執者失之
집자실지

세상은天下 신통한神 그릇이라器 인간 멋대로 할爲 수 없는 것不可이고也, 쥘 執 수 없는 것不可이다也. 제멋대로 하려는爲 자는者 그 짓을之 실패하고敗, 쥐려는執 자는者 그것을之 잃는다失.

『노자』 29장 참조

수레바퀴 소리에 먹이를 놓쳐 화가 치밀어 달려오는 수레에 맞서려고 팔뚝을 휘둘러댄 사마귀螳螂 우화가 『장자莊子』에 나온다. 세상에는 그 당랑螳螂을 닮은 인간이 생각보다 많아 늘 어지럽고 소란스럽다. 천하는 내

손 안에 있노라 외쳐대는 자들은 모두 저 사마귀의 끝을 새겨 안을 줄 모른다. 수레를 작살내겠다고 맞장 섰던 당랑은 어찌 되었던가? 수레는 휙 지나갔고 남긴 바퀴 자국 바닥에 그놈은 납작하게 상감象嵌되고 말아야 했다. 천하를 얕보면서 산을 뽑겠다고 호기를 부렸다는 항우장사의 호기라는 것도 달걀로 바위 치는 셈인지라 저 사마귀의 마지막 꼴을 벗어날 수 없다.

천하가 제 것인 양 난도질했던 사마귀 인간을 대라면 으레 은殷나라 끝 왕 주紂가 떠오른다. 주紂에게 세상을 멋대로 주물러대지 말라고 줄기차게 바른말 해준 비간比干이라는 충신이 있었다. 이에 주紂가 "성인聖人의 심장에는 구멍이 일곱 개나 있다는데 충심忠心이 진짜인지 어디 네 심장을 꺼내보자" 지껄이며 심장을 도려내 제 숙부叔父인 비간을 죽였다. 주紂는 정말 천하를 술안주 정도로 쳤던 살덩어리에 불과했다 할 것이다. 하기야 치세治世하겠다는 야심을 품은 인간치고 패자覇者가 되려는 꿈을 품지 않는 경우란 거의 없는 셈이니 그런 자들에게 아무리 〈천하신기天下神器〉라고 읊어본들 쇠귀에 경經 읽어주는 꼴이 되고 만다.

신기神器란 사람이 만든 그릇이 아니라는 말이다. 사람이 밥그릇에 밥을 담고 국그릇에 국을 담을 수 있음은 사람이 만든 그릇인지라 당연하다. 우리가 사는 세상은 제 뜻대로 담아낼 수 있는 그릇이 아니라는 말씀이 곧 〈천하신기天下神器〉의 〈신기神器〉이다. 이런데도 이 세상을 마치 제 밥그릇이나 국그릇 정도로 착각하고 제 멋대로 담고 비우고 씻고 헹구어 설거지해서 포개놓겠다는 속셈을 품고 세상을 사냥걸이로 속셈하려는 인간들이 득실거린다. 이러한 속셈을 감추고 세상을 다스린다면서 백성의 것을 노략질하는 무리란 임꺽정의 졸개만도 못하다.

물론 신기神器는 상도常道가 빚어낸 우주를 말한다. 그러나 그 신기神器를 좁히고 좁혀서 우리가 살고 있는 이 세상이라고 여겨도 된다. 요새는 세상이라는 말보다 사회니 현실이라는 말을 쓰는 편이다. 그러니 신기神器라는 말이 어렵게 들린다면 우리가 사는 바로 이 현실現實을 묶어둔 말씀이 신기라고 여기면 된다. 그런데 이 신기神器에는 예나 지금이나 온갖 종류의 도둑들이 덕지덕지 붙어 어지럽힌다. 남의 집 담을 넘어가는 도둑은 차라리 좀도둑이다. 언제나 세상이란 신기神器를 제 금고쯤으로 여기고 백성이 낸 세금을 훔쳐 먹는 도둑이야말로 대란大亂의 요물들이다. 이러한 요물들은 반드시 흉한 끝을 보이는 것으로 보아 천벌天罰이 내린다는 말은 헛말이 아니라는 생각이 든다.

세상을 제 맛대로 요리하려는 인간은 반드시 저 스스로 망가지고 만다. 언제 어디서든 세상이 당하는 법은 없다. 세상이란 바로 신기神器인 까닭이다. 세상은 어느 누구의 손에도 잡히는 것이 아니다. 설령 대권大權을 잡았다 해서 세상을 쥐었다고 여긴다면 순간 그 대권이라는 것이 세상이 날리는 화살이 되어 되돌아오고 마는 법이다. 왜 공자孔子께서도 낚시를 하되 주낙을 않고 주살은 하되 앉아 쉬는 새를 쏘지 않는다고 했겠는가? 이 말씀은 세상 무서운 줄 알라 함이다. 세상을 얕보고 업신여겨 붙잡겠다면 놓치게 마련이고 속이겠다면 들키고 만다. 콩 심은 데 콩 나고 팥 심은 데 팥 난다. 인간의 잔재주가 돌개바람처럼 회오리칠 수는 있어도 세상은 제 입맛대로 굴릴 수 있는 도롱태가 아니다. 그래서 가을에 떨어지는 낙엽 앞에설랑 고개를 숙이고 세상을 구해준다며 북 치고 장구 치는 소리가 들리거든 귀 막고 하염없이 먼 산 보기를 하라는 것이다.

# 051

# 가장 진솔한 말은 어눌하다

### 大辯若訥 대변약눌이라

大直若屈
대직약굴

大巧若拙
대교약졸

大辯若訥
대변약눌

가장大 곧은 것은直 굽은 것屈 같고若,
가장大 멋진 것은巧 서툰 것拙 같고若,
가장大 진솔한 말은辯 어눌한 것訥 같
다若.

『노자』 45장 참조

무성영화 시대에는 변사辯士가 상영되는 영화의 성패를 갈랐다. 영화
속 배우들이 주고받는 대화가 아무리 좋다 한들 변사의 입담에 따라 그
대화들이 살거나 죽었고 영화의 시나리오가 아무리 좋다 한들 그 역시 변
사의 입담에 따라 늘거나 줄었다. 영화감독이 영화를 아무리 잘 만들었다
한들 그 또한 변사의 입담에 따라 영화표가 더 팔리거나 덜 팔렸다. 이렇
게 영화 한 편의 주가를 쥐락펴락했던 변사의 입담을 두고 청산에 흘러내

리는 물 같다며 손뼉을 쳤지 변사의 말수를 진실성 여하로 따지지는 않았다. 변사의 입은 제 마음의 입이 아니라 영화의 시나리오에 매달린 앵무새 같아야 함을 관객들도 잘 알았다. 앵무새에도 흉내 잘 내고 못 내는 놈이 있게 마련이니 변사는 말재주꾼이면 되었다.

말재주꾼은 교언巧言 하나만으로 입씨름 판을 휘어잡자고 덤빈다. 대개 말재주꾼은 사람을 하하 웃게 하거나 엉엉 울게 만들려고 갖은 양념을 쳐 말을 요리 감으로 치고 재주를 부린다. 그리하여 청중을 잡았다 놓았다 울리고 웃기는 말장난을 잘해야 군중심리를 제 편으로 끌어들일 수 있다고 장담한다. 이런 교언巧言의 무리를 일러 소장蘇張의 혓바닥이라 한다. 중국 전국시대 소진蘇秦-장의張儀 두 말재주꾼을 흉보기로 하는 말이다.

세 치 혀를 써서 소진은 합종책合從策으로 여섯 군왕君王들의 귀를 솔깃하게 했고, 장의는 연형책連衡策으로 한 군왕의 귀를 솔깃하게 했던 것이다. 전국시대란 일곱 나라가 할거하던 시대였는지라 소진은 서쪽의 강대국 진秦 하나를 견제하기 위하여 동쪽의 여섯이 종從으로 동맹을 맺어야 한다는 합종책으로 여섯 군왕을 흔들었고, 장의는 여섯 나라가 뭉쳐서 진나라에 대응할 것을 막기 위하여 여섯 나라와 개별적으로 동맹을 맺어야 여섯을 하나씩 접수해 갈 수 있다고 진나라 군왕을 흔들었다. 이처럼 교언巧言을 일삼는 세 치 혀는 군중을 향해 요란스럽게 떠들어야 한다.

꽃은 웃어도 소리가 없고 새는 울어도 눈물이 없다. 아마도 이런 속담이 생긴 것은 대변大辯을 일컬어두고 싶어서였지 싶다. 대변大辯은 늘 어눌한 듯하다. 가장 진솔한 말大辯일수록 겉보기로는 어눌해訥 보인다. 대변大辯이란 귀로 듣는 말소리가 아니라 마음으로 듣는 울림이라 그러하다. 마음속에 말이 있지만 그 말이 입을 타고 나오지 않고 눈으로 드러나는 눈빛 같음이 대변大辯이다. 꽃의 웃음소리가 귀로 들리지 않음은 꽃을 본 마음의 웃음이고 새의 울음에서 눈물이 보이지 않음은 새 소리가 마음을 울렸음이다. 이처럼 이심전심以心傳心은 그 무엇이든 깊은 물이 소리 없이 흐르듯 마음들이 서로 오고 간다. 그래서 대변大辯은 말할 듯 말 듯 하다 입술에 미소가 어리고 상대편 마음이 그 미소를 읽고 고개를 숙이고 끄덕인다. 너니 나니 말할 것 없이 서로 눈빛으로 마음이 오고 가면 거기서는 셈할 것이 하나도 없다.

『장자莊子』에 성인聖人은 불모不謀하고 불착不斲한다는 말이 나온다. 왜 성인은 꾀하지도 않고不謀 깎아 다듬지도 않을까不斲? 자연 따라 살기 때문이다. 자연은 말없이도 온갖 말을 다 한다. 이를 어려운 말씀으로 〈무언이무불언無言而無不言〉이라 한다. 말이言 없으나無而 말하지 않음이不言 없다無. 자연에 있는 온갖 것들이 성인께는 그냥 눈요기 거리가 아니다. 온 갖 것들이 모두 성인께는 대변자大辯者인지라 꽃은 꽃대로 마음을 주고 여치는 여치대로 마음을 주어 마주하는 성인을 벗으로 안아준다. 사람들 속은 이런저런 말들로 시끌벅적한데도 마음에 와 닿는 말 한마디를 듣기 어렵지만 말하는 입들이 없어도 온갖 말을 다 마음에 안겨주는 소리 없는 말씀들이 산하山河에 철따라 넘쳐나고 있음을 깨우친다면 가장 진솔한 사람일수록 어눌해 보인다는 속뜻을 알리라. 말을 못해서 어눌함이 아니라 말을 머금은 입술이 어물거림에는 진솔한 마음이 숨어 있는 게다.

# 052

# 자연에는 양념단지가 없다

味無味 미무미라

**爲無爲**
위무위

**事無事**
사무사

**味無味**
미무미

하되爲 제 맘대로 함이爲 없고無, 일하되事 제 맘대로 일함이事 없고無, 맛내되味 제 맘대로 맛냄이味 없다無.

『노자』 63장 참조

미식가美食家라고 콧대 세울 것 없다. 미식가美食家가 곧 미식가味食家라는 말은 아닐 터이니 말이다. 인간이 탐하는 미식美食은 결코 미식味食이 아니다. 미식味食으로 따지고 보면 미식가美食家의 입맛은 풀밭에 누워 거친 풀을 되새김질하는 황소의 입맛을 따를 수 없다. 물론 이렇게 말하면 엉뚱한 소리 말라고 면박받기 십상인 줄 안다. 요새는 그렇지 않지만 옛날에는 소를 농사꾼으로 삼았고 농사철이 오면 소의 입맛 따라 새벽마다 나가 이슬에 젖은 꼴 베기를 하면서 함부로 풀을 베지 않고 소의 입맛에 맞추어 골라 낫질해다 먹였다. 소도 쇠죽 먹은 뒤에 천사天食를 먹어야 논밭갈이에 힘을 낸다고 했었다. 미식味食의 극치는 자연의 먹을거리天食를 그냥 그대로 먹음이다. 그러니 미식味食은 이제 초식草食하는 짐승의 입맛이고 사람은 그 입맛을 밀쳐낸 편이다.

물론 요새도 건강을 앞세워 자연식自然食 하자면서 자연산 먹을거리나 유기농산물로 밥상을 차리자는 운동을 펼치기도 한다. 자연식自然食이라는 낱말을 누가 조어造語했는지 모르겠지만 자연이 주는 먹을거리를 〈천사天食〉 또는 〈천륙天鬻〉이라 불렀다. 그래서 옛날에는 소 먹이는 목동도 소 먹일 꼴草을 천사天食라고 높여 불렀다. 곡우穀雨 전후로 약초꾼들은 주먹밥 몇 덩이와 된장만 싸들고 깊은 산을 올랐다. 쌈 거리 천사天食가 산천에 그득해 된장 한 가지면 주먹밥은 쌈밥이 되었다. 곡우 무렵엔 솔잎도 부드러워 꼭꼭 씹으면 짙은 솔향과 함께 시장할 때 요기 감이 되었다. 자연이 주는 맛 그대로 먹을거리天食를 즐기는 입맛이 곧 미식味食이다. 그러니 미식味食은 주로 생식生食이다.

자연의 맛을 일러 미무미味無味라 한다. 미무미味無味에서 앞의 미味는 자연미自然味의 줄임이고 뒤의 미味는 인조미人造味의 줄임으로 여기고 새기면 미무미味無味에 숨은 뜻이 드러난다. 자연의 맛에는 사람이 조작한 맛이란 없다는 말씀이 바로 미무미이다. 이 말씀을 자연의 짓에는 사람의 짓이란 없다고 넓혀서 새겨도 된다. 자연에는 양념단지도 없고 조미료 통도 없다고 새겨도 되는 말씀이 미무미이다.

자연미自然味를 오미五味라 하지만 온갖 향香이 끼어들어 온갖 맛을 자아낸다. 살구의 신맛과 자두의 신맛은 결코 같은 신맛이 아니다. 누구인지 모르지만 맨 처음 오미자五味子라는 이름을 붙여준 그분이야말로 천하의 미식가味食家였던 셈이다. 미식가味食家의 입은 자연 그대로이다. 자연이 주는 먹을거리天食는 한 가지 맛만을 내지 않는다. 거의 모든 푸성귀나 열매들은 단맛甘 쓴맛苦 신맛酸 매운맛辛을 다 간직하면서 어느 한 맛이 강해서 다른 맛을 숨겨둔 편이다. 소태도 씹으면 쓴맛에서 단맛이 우러나다가 그 단맛이 신맛으로 돌고 감초도 씹으면 단맛에서 쓴맛이 우러나다 신맛으로 돈다. 소태는 소태대로 제 향기를 품고서 쓴맛을 내고 씀바귀는 씀바귀대로 제 향기를 품고서 쓴맛을 낼 뿐이다.

이처럼 자연미自然味는 늘 온갖 향을 품고 감고산신甘苦酸辛 네 맛을 함께 품는다. 물론 요새는 매움은 미각味覺이 아니라 통각痛覺이라 하지만 매운맛이라는 말을 걸고들지 않아도 된다. 그런데 짠맛鹹만큼은 네 맛과 함께 하지 않나 보다. 양몰이꾼이 소금덩이로 흩어진 산양山羊을 끌어들이는 것으로 보아 산천의 푸성귀에는 아마도 짠맛이 배어 있지 않은 모양이다. 그래서 약초꾼이나 심마니들이 된장만 있으면 다른 반찬 필요 없다는 게다. 이는 산천 푸성귀에는 소금기가 없다는 말이다. 물론 소금이 내는 짠맛도 자연의 맛이다. 그래서 바닷가 향초香草는 짠맛으로 다른 네 맛을 거느린다. 이렇듯 살피다 보면 미무미味無味라는 말씀은 자연의 맛이란 인간이 꾀부려 이리저리 만들어내는 양념이라는 인위人爲의 맛이 아님을 깨우치게 한다. 그러므로 양념에 홀리는 미식美食은 자연의 맛을 그냥 그대로 물려주는 천사天食의 미식味食이 아님을 분명히 가름해두어야 한다.

# 053

# 언젠가는 없어질 온갖 운명들

執大象 집대상이라

執大象 天下往
집대상 천하왕

往而不害
왕이불해

安平泰
안평태

상도의大 짓을象 지키면執 온 세상天下 어디라도 가고往, 어디로 간들往而 방해받지 않아不害 편안하고安 화평하고平 태평하다泰.

『노자』 35장 참조

이 우주에 대상大象 아닌 것이란 없다. 하물며 우리가 사는 이 땅덩이야 두말할 것이 없다. 해가 지면 밤이 오고, 해가 뜨면 낮이 오고, 바람이 구름을 불러오면 비가 내리고, 구름을 밀어가면 비가 개이고, 봄 여름 가을 겨울 따라 따뜻하다 덥고 춥기도 하고, 그 속에서 온갖 목숨들이 살 만큼 살다가 죽어가고, 있는 것이면 그 무엇이든 언젠가는 없어질 온갖 운명들 치고 대상大象 아닌 것이란 없다.

대상大象은 대도지상大道之象의 줄임인 셈이다. 대상大象의 대大는 대도大道 즉 상도常道를 뜻하고 상象은 여기선 〈짓〉이라는 말이다. 〈코끼리 상象〉을 〈짓 상象〉으로 뜻을 높여놓은 분이 바로 노자老子이다. 이 대상大象이라는 말씀을 상도常道의 짓象이라고 여기고 새기면 된다. 상도의 짓이니 상도의 조화造化라고 여기고 새기면 된다. 상도의 짓象은 곧 덕德이니 대상大象을 대덕大德으로 여겨도 된다. 상덕常德-상덕上德-대덕大德-현덕玄德 등등은 다 상도常道의 조화造化를 일컬음이다.

풀잎 하나 털끝 한 오라기 모래알 하나 그 무엇이든 있다가 없어질 것이라면 그것은 모두 대상大象이다. 이렇게 살피다 보면 우주 삼라만상 치고 대상大象 아닌 것이란 없다. 사람만 빼면 온갖 것들은 모두 대상大象을 따라 만족한다. 사람만 대상大象을 따라만 하지 않고 제 바람欲 따라 짓고 허물고 야단들이다. 우뚝 솟은 바위의 몸에 그려진 마애불磨崖佛을 본 적이 있을 터이다. 바위를 정으로 쪼아 모셔놓은 마애불은 인간의 짓이지 자연의 짓大象이 아니다. 서쪽으로 흐르는 물을 가로막아 댐을 만들어 수력으로 전기를 만들고 동쪽으로 흘려보내는 물은 대상大象의 수류水流가 아니라 인공人工으로 흘러가게 하는 물이다. 하늘을 날아가는 기러기 떼는 대상大象의 짓이지만 수백 명을 태우고 초음속으로 날아가는 비행기는 인간의 짓이다.

논밭에서 유전자를 조작한 농작물이 자라고 다 자라면 트랙터가 거두어들이는 농사는 이제 대상大象을 따르지 않는다. 겨울에도 수박을 먹고 여름에도 아이스크림을 먹고 여름 무더위를 냉방기로 물리치고 한겨울 추위를 난방기로 몰아내면서 인간은 쾌적한 환경에서 문화생활을 누린다고 떵떵거린다. 따지고 보면 문화생활이란 대상大象을 어기는 짓들인지라 심하면 자연에 생채기를 더해주는 짓으로 드러날 뿐이다. 양어養魚 양돈養豚 양계養鷄 등으로 먹을거리가 풍성해진다고 큰소리치지만 사람이 물고기 돼지 닭한테는 못된 짓을 범하고 있는 셈이다. 드넓은 바다를 마음대로 돌아다니면서 애써 먹이를 찾아 먹고사는 것이 바닷고기의 자연이고, 닭 도 이리저리 쏘다니면서 땅을 헤집어 먹이를 찾아 먹고사는 것이 닭의 자 연이며, 돼지도 멋대로 돌아다니며 주둥이로 땅을 헤집어 먹이를 어렵사 리 찾아 먹고사는 것이 돼지의 자연이다. 그러나 이제는 사람의 간덩이가 커질 대로 커져서 그 무슨 먹을거리든 양식養殖해서 밥상을 풍성하게 할 수 있노라 손뼉 친다.

　열 걸음 종종거려 먹이 하나 주워 먹고 백 걸음 달려가 물 한 모금 마시 고 살지만 조롱 속에 살기를 바라지 않음이 산새 들새의 삶이다. 조롱 속 에 들어가면 주인이 주는 먹이를 받아먹고 편히 살 터인데 왜 그러기를 바라지 않는 것일까? 조롱에 갇히면 마음이 불편하다고 호소하는 꿩의 우 화寓話가 『장자莊子』에 나온다. 대상大象을 따라 살면 몸은 좀 불편하지만 마음은 안평태安平泰하다. 마음이 편하고安 어울려平 느긋하고泰 싶으면 대 상大象을 지키고 살면 된다. 자연의 짓을 지키고 살면 그 순간 누구나 천 방天放을 누린다. 문화생활을 만끽하자고 하니 서로 눈치보고 속셈하며 저 마다 흥정하느라 한 순간도 마음 편할 리 없이 살아가는 것이다. 문화란 인간이 자초한 목축牧畜의 삶으로 드러난다. 그러나 자연의 짓 즉 대상大 象을 지키면執 마음만큼은 더없는 편안함安平泰을 누릴 수 있다.

# 경솔하면 곧장 뿌리를 잃는다

輕則失根 경즉실근이라

輕則失根
경즉실근

躁則失君
조즉실군

경솔하면輕 곧장則 뿌리를根 잃고失 조
급하면躁 곧장則 임금을君 잃는다失.

『노자』 26장 참조

---

뿌리 없는 나무에 잎이 필까? 뿌리가 없으면 줄기가 없고 줄기가 없으
면 가지가 없고 가지가 없으면 잎이 없고 잎이 없으면 꽃이 없고 꽃이 없
으면 열매가 없고 열매가 없으면 씨앗도 없다. 이처럼 뿌리가 없으면 그
무엇도 없음을 그대로 보여주는 것이 초목草木이다. 어떤 나무 어떤 풀이
든 뿌리가 땅속에 있어서 땅 위에 꼿꼿이 서서 햇볕을 받고 한자리에서
살아간다. 소나무 뿌리는 소나무로 버드나무 뿌리는 버드나무로 민들레

뿌리는 민들레로 잔디 뿌리는 잔디로 드러나게 한다. 잔디 뿌리에서 민들레가 나올 리 없고 소나무 뿌리에서 버드나무 나올 리 없다. 그래서 뿌리가 다르면 줄기가 다르고 줄기가 다르면 가지가 다르며 가지가 다르면 꽃이 다르고 꽃이 다르면 씨앗이 달라 산천에 온갖 초목이 저마다 제 뿌리로 모습을 갖추고 산다. 사람을 빼면 뿌리를 저버리는 것이란 하나도 없다.

온갖 것萬物의 뿌리를 천지天地라 한다. 사람은 한사코 이런 말을 의심하고 외면하면서 살자고 한다. 『장자莊子』에 〈천지자天地者 만물지부모야萬物之父母也〉라는 말이 나온다. 하늘땅이라는天地 것은者 만물의萬物之 어버이父母이다也. 이제는 이런 말은 헛소리로 팽개치려 한다. 또 『논어論語』에는 〈외천명畏天命〉이라는 말씀이 나온다. 하늘의天 시킴과 가르침을命 두려워하라畏. 이제 사람들은 하늘을 두려워 않는다. 오히려 하늘을 얕보고 업신여기려 든다. 이렇게 되고 보니 현대인은 이 땅덩이에서 가장 가벼운 동물로 타락해버린 셈인지라 조상祖上이 밥 먹여주느냐고 빈정대며 손뼉치고 노래하며 한 세상 놀고 가자는 듯 왁자지껄하다. 따라서 저를 낳아준 제 부모도 받들 줄 모르고 저 잘나 한 세상 누리고자 한다. 점점 인간세人間世는 뿌리 잘린 나무토막들이 바짝 메말라 이리저리 가볍게 굴러다니는 야적장 같다는 생각이 앞선다.

여름에 검푸르렀던 나뭇잎들이 가을이 되면 단풍이 들어 산들바람에도 견디지 못하고 낙엽이 되어 땅 위로 떨어져 바람 따라 팔랑개비처럼 굴러다닌다. 봄여름 동안 뿌리가 제공해주었던 온갖 양식을 더는 얻지 못해 가랑잎이 된 것이다. 뿌리를 잃어버리면 굴러다니는 가랑잎처럼 되고 만다. 소나무를 사철 푸르게 해주는 솔잎도 뿌리를 잃으면 갈비가 되어 땅 위에 쌓이는 법이다. 나무의 뿌리는 그 나무의 근본이고 이파리는 그 나무의 말단이다. 말단이 근본을 잃어버리면 그만 가볍게 되고 만다. 사람도 이와 다를 것이 없다.

사람의 가벼움輕은 마음씀씀이로 드러난다. 이런 연유로 뜻에 의지하고 말에 의지하지 말라는 것이다. 뜻은 말의 뿌리이고 말은 뜻의 말단인 까닭이다. 뜻은 말의 뿌리인지라 드러나지 않는다. 말은 뜻의 말단인지라 드러난다. 나무뿌리는 드러나지 않고 줄기와 가지 그리고 이파리들은 드러난다. 그러니 드러나는 것에만 매달리면 절로 가벼운 마음으로 놀아나고 만다. 가벼운 마음은 깨달을 줄을 모른다. 깨달을 줄 모르면 가볍게 되고 만다. 뜻이 뿌리가 될 수 있음은 깨달음인 까닭이다. 말로써는 깨달음에 이르지 못한다. 귀에 들리는 말의 바탕이 무엇인지 깨달아 들어야지 그렇지 않고 말만 따라 믿는 사람은 저절로 가벼운 사람이 되고 만다. 뜻 없이 지껄이는 사람은 근본을 잃어 뿌리 없는 나무 꼴이 된다.

사람은 서로 말을 주고받고 살아간다. 밥 먹지 않고 살 수 없듯이 말하지 않고 살 수 없는 목숨이 인간이다. 묵언黙言하는 경우일지라도 마음속에서 말들이 피어나게 마련이다. 참말이란 마음과 입이 하나가 된 말이다. 헛말은 마음에 없는 입말이다. 참말은 사람을 무겁게 하고 헛말은 사람을 가볍게 한다. 뜻 없이 함부로 입 놀리는 사람은 가벼워지기 마련이다. 말의 근본인 뜻을 잃어서이다. 뜻이란 마음이 가는 바이니 뜻을 따라 말을 하면 그 말은 참말이 되고 그렇지 못하면 거짓말이다. 뜻을 따라 나오는 말은 한마디로 천냥 빚을 갚을 수 있고 근본을 잃은 가벼운 입놀림은 세치 혀로 재앙을 부른다.

# 055

# 만물이란 여인숙에 머물다 가는 나그네

反者道之動 반자도지동이라

---

反者道之動
반자도지동

弱者道之用
약자도지용

天下萬物生於有
천하만물생어유

有生於無
유생어무

돌아가는反 것은者 상도의道之 움직임이고動, 약한弱 것은者 상도의道之 작용이다用. 세상天下 온갖 것은萬物 있음에有 의해서於 생기고生 있음은有 없음에無 의해서於 생긴다生.

『노자』 40장 참조

물은 흘러 어디로 가나? 바다로 간다. 그렇다고 바다가 물의 끝장은 아니다. 바다에 이른 물은 한 순간도 멈추지 않고 해류海流를 이루면서 하늘로 올라간다. 저 하늘에 둥둥 떠다니는 구름들이 땅 위를 졸졸 흐르던 바로 그 물이다. 물은 낮은 데로만 흐르면서 따뜻하면 김이 되어 공중으로 올라가고 추우면 얼음이 되어 멈춘다. 이처럼 물은 김도 되고 기체도 되고 얼음이 되어 고체도 된다. 그러나 피어오르는 김이든 꽁꽁 언 얼음이든 그것은 물이다. 물은 땅에서 하늘로 올랐다가 다시 땅으로 내려와 비도 되고 이슬도 되고 서리도 되고 눈발로 날리기도 한다. 왕래往來가 끊임없는 물은 영락없는 반자反者 그것이다.

반자反者란 돌아감이다. 복귀復歸가 곧 반자이다. 생生이 사死를 향해 직선을 달리는 것이 아니다. 생사生死란 직선 위에 찍힌 두 점이 아니다. 생사란 100미터 달리기 같은 것이 아니다. 생사에는 출발점 따로 종착점 따로 없다. 100년 살다 간 생사는 길고 50년 살다 간 생사는 짧다고 함은 생과 사를 둘로 나누어보려는 인간의 셈법이다. 왜 상자殤子의 생사는 장수이고 팽조彭祖의 생사가 요절이라고 하는 것인가? 20년도 못 채우고 죽은 자殤子를 장수했다 하고 700갑자를 살고 죽은 팽조가 요절했다는 말은 생과 사가 일직선상의 장단長短이 아니라는 말이다. 그러니 생生은 출발점이고 사死는 종착점이라고 둘로 나누지 말 일이다. 생이 사를 향해 직선으로 화살처럼 날아가지 않고 떠난 점으로 되돌아감을 일러 생사生死라 한다. 생사란 하나의 원둘레. 그 원둘레를 일컬어 〈출생입사出生入死〉라 한다. 나옴이 생生이고 들어감이 사死이다. 어디서 나오는가? 상도常道이다. 어디로 드는가? 이 또한 상도이다.

우주 삼라만상은 모두 출생입사의 것들이다. 그 출생입사는 달리 말하여 〈유생어무有生於無〉라 한다. 있는 것은有 없는 것에無 의해서於 생긴다生. 살고죽음生死을 한마디로 유有라 말한다. 있는 것有은 그 무엇이든 없어지니 생사는 곧 유有라는 것이다. 그 유有를 낳는 무無는 바로 상도常道 그것이다. 이런 연유로 한 순간도 상도를 떠날 수 없는 것이 유有 즉 천지만물이라는 것이다. 왜 만물을 하나—라고 하겠는가? 인간이 이것저것 나누어 분별 짓지 자연의 입장에서 본다면 사람이나 나비나 지렁이나 민들레나 다를 것이 없다. 왜냐하면 모든 것들은 있다가 없어질 것들이기 때문이다. 생사로써 본다면 무엇이든 다 같은 길을 밟아가야 한다. 다만 그 생사의 길이란 하루살이 길이기도 하고 한해살이 원둘레 길이기도 하고 몇십 년 몇백 년 몇천 년 몇만 년 몇억 년 걸리는 원둘레 길이다.

사람은 아기를 거쳐 어린이-소년-청년-장년-노년기를 거쳐 생사의 원둘레 길을 한 바퀴 돌아 일생을 마친다. 나비도 알에서 애벌레로 깨어나 며칠 동안 잎사귀를 뜯다가 번데기로 변했다가 그 고치 속에서 나비의 몸매를 갖추고 나서 고치를 깨고 나와 하늘을 날아 며칠 살다가는 생사의 원둘레 길을 한 바퀴 돌아 일생을 마친다. 이처럼 모든 것들은 생사의 원둘레 길을 단 한 번만 돈다. 그 무엇이든 생사의 원둘레 길을 두 번 돌지 못한다.

용문산 아래에 용문사龍門寺가 있고 용문사 대웅전 바로 밑 기슭에 우람한 은행나무가 천 년 넘게 우뚝 서서 해마다 많은 은행을 떨어뜨려주고 샛노란 단풍잎들로 주변을 장엄莊嚴해서 수많은 사람들을 오가게 한다. 하지만 천 년 살았다 해서 생사의 원둘레 길을 천 번 돌았다는 것은 아니다. 천 년 동안 그 생사의 길을 돌고 있는 중이고 앞으로 얼마를 더 돌아 나왔던 문으로 들어가게 될지 아무도 모른다. 그 은행나무도 상도常道의 움직임인 반자反者를 벗어날 수 없다. 이 반자反者를 생사生死라 해도 되고 출입出入이라 해도 되고 내왕來往이라 해도 된다. 그래서 만물이란 여인숙에 머물다 가는 나그네라 하는 것이다.

# 056

# 진실한 용기는 사랑에서 우러난다

舍慈且勇 사자차용이라

舍慈且勇
사자차용

舍儉且廣
사검차광

舍後且先
사후차선

死矣
사의

사랑함을慈 버리고서舍且 용맹하고勇
검소함을儉 버리고서舍且 마구 써대거
나廣 뒤서기를後 버리면서舍且 앞서기
하면先 죽는 것死이다矣.

『노자』 67장 참조

새끼를 숨겨두고 사냥을 나갔던 표범이 돌아와 보니 새끼가 온데간데없
고 큰 뱀이 어슬렁거리며 기어가는 모습을 보고 어미 표범은 새끼가 저
뱀의 배 속에 있음을 직감하고 뱀을 가로막고 사정없이 물어뜯었다. 뱀은
큰 먹이를 삼킨 탓으로 몸놀림이 민첩하지 못해 날쌘 표범의 사나운 이빨
을 당할 수 없었다. 뱀의 목을 물어뜯어 죽인 다음 뱀의 배통을 찢어서

삼켜진 제 새끼를 끄집어냈지만 이미 새끼는 질식사하고 말았다. 죽은 새끼를 혓바닥으로 핥아주었지만 표범의 새끼는 영영 살아나지 못했다. 표범의 새끼를 먹이로 삼았다가 죽임을 당한 뱀의 주검 옆 죽은 새끼를 물끄러미 바라보던 어미 표범이 슬픈 표정을 지으며 그 자리를 떠나는 장면을 TV 다큐멘터리에서 보았다. 이런 어미 표범이야말로 사랑으로 용감한 참모습이다. 사랑으로부터 우러나는 용기가 진실한 용기임을 밝힌 말씀이 〈사자차용舍慈且勇〉이다.

사람을 제외한 모든 동물은 검소儉素하다. 사람만이 꾸미고 다듬고 허세를 부려 돋보이게 하고자 꼼수마저도 마다하지 않을 뿐이다. 공작새의 깃털을 두고 공작새는 사치스럽다고 할 수 없다. 공작새는 자연이 준 화려한 깃털 옷 한 벌로 평생을 만족하는 까닭이다. 호랑이나 표범은 화려한 무늬 탓으로 사냥감이 된다. 호표虎豹의 털가죽 옷을 사람이 입고 사치를 부릴 뿐이지 호표에게 화려한 털 무늬의 가죽은 자연이 준 한 벌의 옷일 뿐이다. 호랑이나 사자나 표범 등은 제 배만 채우면 만족한다. 인간만이 항상 게걸스럽게 구는 탓으로 쓰레기를 만들어낸다. 자연에는 쓰레기란 없다. 자연이 쓰레기를 내지 않음은 자연은 검소하기 때문이다. 그러면서도 자연은 인색하지 않다. 수많은 목숨들이 살아가는 것은 자연이 남김없이 천사天食를 주기 때문이다. 자연이 주는 먹을거리를 천사天食라 한다. 인간만이 자연이 주는 천사로 만족하지 못하고 주어진 식재료를 요리조리 꾸며서 맛깔스럽게 먹자고 요란을 떤다. 인간은 호사하고자 낭비하기를 마다하지 않는다. 이런 연유로 오늘날 인간의 삶은 검소함을 저버리고 흥청망청하는지라 그 앞날이 밝지 못하다. 검소함을 저버리고 흥청망청하지 말라는 말씀이 〈사검차광舍儉且廣〉이다.

삶이란 치열한 경쟁인가? 서슴없이 그렇다는 양상이 날로 더 심해지고 있다. 그래서 경쟁사회라는 말을 거리낌 없이 쓴다. 사람들이 살아가는 세상을 경쟁사회라고 친다면 인생은 어쩔 수 없이 경기장에서 '스포츠' 하는 꼴이 되게 마련이다. 삶을 승패勝敗로 따져 승자와 패자로 양분해야 한다면 우리가 사는 세상은 그 순간 바로 지옥이 되고 만다. 부富의 축적蓄積을 따져 인생의 승패勝敗를 결정짓겠다는 세태世態가 도도할수록 마음 편한 인생은 아지랑이처럼 되고 만다. 지옥이 따로 없다. 인생을 경기처럼 여기는 세상이 곧 지옥이다. 경기에는 승패가 갈리고 금메달 은메달 동메달 등등으로 서열을 매겨 승자는 환호하고 패자는 좌절한다. 만약 이처럼 명암明暗이 갈리는 꼴로 몰아간다면 이 세상이 곧 지옥이다. 남은 밀쳐내고 내가 앞서겠다니 남도 나를 밀쳐내고 앞서겠다고 다그칠 터, 결국에는 너도나도 가릴 것 없이 물귀신 노릇한 셈이다. 뱁새는 뱁새걸음으로 걸어가고 황새는 황새걸음으로 걸어가는 것이 삶의 자연이다. 뒤로 하기를 한사코 마다하고 마냥 앞서기만을 차지하려고 발버둥 치면 칠수록 점점 수렁에 빠져들고 마는 것임을 알려주는 말씀이 사후차선身後且先이다.

6.25 전란 때 포성이 울리는 전선에서도 아기를 안고 젖을 물리는 어머니가 있었고, 자기는 기운 내복을 입으면서도 쌀가마니를 고아원 문 앞에 두고 간 사람이 있었으며, 구호물자를 받는 줄서기에서 할머니를 앞서게 하고 자신은 뒤로 물러선 젊은 사람도 있었으니 이 살벌한 지금 세상을 뉘우치고 언젠가는 인생은 승패의 경기장이 아님을 깨우칠 터이다.

# 057

# 반드시 거두어들이는 본래의 도

執古之道 집고지도라

執古之道
집고지도

以御今之有
이어금지유

能知古始
능지고시

是謂道紀
시위도기

태초의古之 도를道 지키고執 그리하여
以 지금의今之 만물을有 다스리면御 태
초의古 시원을始 알知 수 있다能. 이를
是 도기라道紀 한다謂.

『노자』 14장 참조

　　그것이 무엇이든 있는 것이면 생긴 것이다. 생긴 것이라면 그것은 그
무엇에 의하여 태어난 것이다. 부모가 나를 낳아주셨다. 이 사실을 부인하
는 사람은 없을 터이다. 그럼 내 부모는 누가 낳아주었는가? 내 조부모가
내 부모를 낳았다. 그럼 내 조부모는 누가 낳아주었는가? 내 증조부모가
낳아주었다. 그럼 증조부모는 누가 낳았는가? 이렇게 묻다 보면 결국 조

상祖上이 낳아주었다고 하게 된다. 그렇다고 대답이 끝난 것은 아니다. 그 조상은 누가 낳았다는 말인가? 천天이 낳았다고도 하고 신神이 낳았다고도 하며 도道가 낳았다고도 하는 것이다. 노자老子는 우주 삼라만상은 도道에서 나오고 그 도道로 되돌아간다고 밝혀놓았다. 그럼 그 도道는 무엇이 낳았단 말인가? 이에 대하여 도道란 생긴 것이 아니라 없는 것無이라 하나─라고 한다. 그래서 『장자莊子』에 〈살생자불사殺生者不死 생생자불생生生者不生〉이라는 말이 나온다.

산 것을生 죽이는殺 것은者 죽지 않고不死 산 것을生 낳는生 것은者 태어나지 않는다不生. 이는 곧 상도常道를 풀이한 말이다. 만물의 생사生死는 상도常道의 조화이다. 모든 목숨은 영영 살고 싶어 하지만 반드시 그 삶은 그치고 만다. 상도는 낳아 내보내되 반드시 거두어들인다. 이처럼 상도는 무엇 하나 저버리는 법이 없다. 이런 연유로 〈만물일부萬物一府〉라 하는 것이다. 만물萬物은 한 곳간一府에 하나로 있다는 것이다. 귀천貴賤이 없고 고하高下도 없다. 이처럼 만물을 하나이게 하는 것이 곧 본래부터 있는 도道 즉 고지도古之道이다. 여기서 고지도란 곧 상도常道를 말한다. 이러한 고지도를 터득해 지켜서 지금 있는 것들을 다스리면御 만물의 시원을 알 수 있다. 천지天地-산하山河도 상도가 낸 것이고 초목草木-금수禽獸도 상도가 낸 것이고 온갖 곤충昆蟲-어류魚類도 상도가 낸 것임을 알 수 있다. 상도의 입장에서 본다면 다 하나같은 자손이라는 것이다. 그리하여 상도가 곧 만물의 시원이니 유일한 조종祖宗이 된다.

상도를 한 그루의 사과나무라고 상상해도 된다. 사과나무에는 여러 가지가 뻗어 있다. 가지마다 봄여름가을 내내 열심히 꽃을 피우고 벌 나비를 불러들여 암수의 꽃가루가 서로 만나서 열매를 맺도록 한시도 쉬지 않는다. 그리하여 가지마다 주렁주렁 사과가 열린다. 가지에 매달린 사과처럼 상도常道에 주렁주렁 매달려 있는 것이 우주 삼라만상이다. 그래서 상도를 『노자老子』는 천망天網이라 비유하고, 『장자莊子』는 일부一府라 비유하고, 두보杜甫는 조롱鳥籠이라 비유한 것이다. 상도를 천망으로 비유하니 당연히 도기道紀라는 말씀이 된다. 그물網의 수많은 그물코들은 하나의 벼리紀로 연이어져 있다. 상도는 그 천망의 벼리를 잡고 있는 조물주인 셈이다. 우주 삼라만상이 그 천망天網 안에서 저마다 단 한 번만의 생사를 누리되 작으나 크나 그 천망을 새어 나오는 것이란 없다.

생사란 단 한 번뿐이다. 오로지 만물은 그 무엇이든 일생일사一生一死의 것이다. 흐르는 냇물에서 같은 물로 발을 두 번 씻을 수 없듯이 순간순간이 오로지 한 번만 오고간다. 일조광 년 떨어져 있는 별을 지금 우리가 보고 있다는 것은 일조광 년 전의 것을 보는 것이니 지금은 그 별이 없어졌는지도 모른다. 그러나 있다가 없어진 별이 상도常道가 낳은 것인지라 생사의 원둘레 길을 단 한 번만 돌아간 것임을 안다면 그 별이 나왔던 곳으로 돌아갔음을 알 수 있는 노릇이다. 이를 〈지고시知古始〉라 한다. 고시古始란 태초太初 즉 시원始原을 말한다. 인간의 고시古始가 다르고 토끼의 고시古始가 다르고 민들레의 고시古始가 다르다고 말할 것 없음이다. 인간이든 토끼든 민들레든 나아가 모래알이든 이것들은 모두 있음有의 것들이다. 있는 것이란 그것이 무엇이든 모두 하나의 벼리에 매달린 그물코인 셈이니 만물은 모두 하나 같이 그 시원始原이 상도임을 알 수 있는 일이다.

# 058

# 생명과 재물에서 어느 것이 중대하냐

身與貨孰多 신여화숙다라

名與身孰親

명여신숙친

身與貨孰多

신여화숙다

명성과名與 생명에서身 어느 것이孰 소중하냐親? 생명과身與 재물에서貨 어느 것이孰 중대하냐多?

『노자』 44장 참조

　

돈이면 귀신도 부린다. 돈이 있으면 세상을 얻고 없으면 집에 있던 개도 나간다. 옛날은 저 사람 돈 없이 살 사람이라고 하면 칭찬하는 소리였지만 지금은 능력이 없어 등신 같은 놈이라는 욕이 된다. 법치法治의 세상이라고 하지만 세상 돌아가는 꼴을 보면 돈이 법보다 힘이 더 센 것 같기도 하다. 오죽하면 유전무죄有錢無罪이고 무전유죄無錢有罪라는 넋두리가 생겼겠는가. 돈이 있으면 범한 죄도 지워지고 돈이 없으면 없는 죄도 생긴다는 속어俗語가 인간은 존엄하다는 생각을 비웃는다.

생명과 재물 중에서 어느 것이 더 중하냐고 묻는다면 누구나 다 생명이 더 중하다고 서슴없이 대답한다. 그런데 목숨보다 돈이 중하다고 판단해야 하는 사건들이 심심치 않게 빚어진다. 이런 꼴은 예나 지금이나 변함이 없는 듯하다. 옛날이야기로 흑두黑頭 백두白頭 두 산적 이야기가 있다. 흑두는 북쪽 골짜기를 맡고 백두는 남쪽 골짜기를 맡아 재를 넘는 사람들의 재물을 털었다. 남쪽 백두가 한몫했다는 소식을 듣고 북쪽 흑두가 백두를 찾아왔다. 그런데 백두가 깊은 샘을 내려다보면서 한숨만 쉬고 있는 것이 아닌가? 흑두가 왜 그러고 있느냐고 물었다. 저기 앉아 있는 아낙이 이 우물에다 쥐고 있었던 값비싼 진주 가락지와 온갖 패물을 놓쳐 날더러 건져주면 절반을 준다고 하니 우물로 들어가고 싶은데 워낙 깊어 보여 망설이고 있는 중일세. 흑두가 우물을 들여다보니 깊이는 깊지만 두레박줄을 이용하면 되지 않겠는가. 내가 두레박줄을 타고 내려가 건져 올 테니 자네는 저 아낙을 쫓아버리거나 없애버리고 우리 둘이 반씩 나누세. 그러세. 흑두가 옷을 홀랑 벗고서는 두레박줄을 잡고 우물 담벼락을 타고 조심조심 내려갔다. 풍덩 소리를 듣자마자 백두가 우물 천정에 매달린 두레박줄을 잘라 우물 속으로 던져버리고 흑두의 옷을 모조리 들고 저 아낙이라던 제 아내와 함께 줄행랑을 쳐버렸다. 깊은 우물 속에 빠진 흑두가 아무리 소리친들 소용없었고 발버둥만 치다가 그만 수장水葬되고 말았다는 것이다. 이런 옛이야기가 있는 것으로 보아 사람은 돈 되는 것 앞에서는 사족을 못 썼음은 예나지금이나 다를 바 없는 셈이다. 따지고 보면 돈 때문에 목숨을 앗아가는 덫에 걸려 제명대로 못 살고 말아버리는 경우가 여기저기서 벌어지는 것이 인간 세상이다.

왜 세상에는 사기꾼이 사라지지 않는가? 사기를 치면 그 사기를 당해주는 바보가 있기 때문이다. 사기꾼의 말솜씨란 생쥐를 끌어들이는 꿀단지 같은지라 그 꿀맛에 홀딱해 꿀단지 속에 빠져버린 생쥐 꼴을 당하고 땅을 쳐본들 제 손바닥만 아플 뿐이다. 따지고 보면 사기 치는 놈이나 사기를 당하는 바보나 다 같이 재물에 눈독이 들어서이다. 사기꾼은 세 치 혓바닥으로 남의 돈을 긁어내고 사기를 당하는 바보는 더 많은 돈을 보태준다는 소리에 솔깃해 제 손에 쥐고 있던 돈뭉치를 넘기고 마는 법이다. 돈이나 돈이 되는 재물 따위가 없다면 이 세상에 도둑도 없을 터이고 사기꾼도 없을 터이다.

삶이 괴로운 것은 탐욕 탓이다. 탐욕이란 한강물을 다 들이켜도 목말라 한다. 이러한 탐욕에 놀아나는 목숨이라면 인간밖에 없다. 탐욕 부리는 금수도 없고 초목도 없다. 소는 배를 채우면 편안히 엎드려 새김질로 만족하고 배부른 호랑이는 사슴이 옆을 지나가도 탐하지 않는다. 한여름이 가까운 망종芒種 무렵이 되면 감나무들은 주렁주렁 달고 있는 열매를 다 영글게 하고자 탐욕을 부리지 않는다. 저마다 제 능력에 맞게 영근 열매를 가을에 거두고자 툭툭 땅 위로 떨어뜨려버린다. 망종을 지나 감나무 밑에 가보면 도토리만 한 풋감들이 질펀히 떨어져 있고 이런 저런 곤충들이 떨어진 감의 진물을 빨고자 득실거린다. 왜 감나무는 익기도 전에 열매를 떨어뜨릴까? 능력만큼 익혀내려는 감나무의 뜻일 터이다. 사람 같으면 어림없는 짓이다. 가지가 부러진들 많을수록 좋다며 주렁주렁 달고서도 만족 못 한다.

# 바다가 모든 물을 다 받아들이듯

知常容 지상용이라

知常容 容乃公

지상용 용내공

公乃王 王乃天

공내왕 왕내천

天乃道 道乃久

천내도 도내구

상도를常 알면知 모든 것을 끌어안아
품는다容. 모든 것을 끌어안아 품음은
容 이에乃 공평함이고公, 공평함은公 이
에乃 두루 통함이고王, 두루 통함은王
이에乃 자연이며天, 자연은天 이에乃 상
도이고道, 상도는道 이에乃 영원이다久.

『노자』 16장 참조

　한강이니 낙동강이니 금강이니 섬진강이니 이름을 지어 부르지만 그 강
들이 바다에 이르면 강은 없어지고 만다. 바다는 땅 위에서 흘러내린 모든
물을 가리지 않고 다 받아들인다. 이런 바다를 생각해 보면 우주 삼라만상
을 하나로 끌어안는 상도常道를 알아볼 수 있다. 만물은 하나하나 나누어
져 있지만 그 모든 것들은 하나로서 상도에 안겨 있음을 터득하여 깨우치
고 있음을 일러 지상知常이라 한다. 지상知常은 지상도知常道의 줄임인 셈

이다. 다섯 손가락이 저마다 길이가 다를지언정 깨물어 아니 아픈 손가락 없듯이 부모는 자식들을 하나로 끌어안지 미운 놈 고운 놈 가려 차별하지 않고 여럿이어도 하나로 끌어안는다. 이처럼 하나로 끌어안는 어미의 모습이야말로 바로 상도常道의 모습이다.

상도의 끌어안음을 한마디로 〈용容〉이라 한다. 여기 용容이란 포용抱容의 줄임으로 여기면 된다. 여기 용容은 끌어안아 품음이다. 상도는 만물을 어떻게 끌어안아 품는가? 차별差別이나 호오好惡나 귀천貴賤 없이 모두 한결같게 끌어안아 품는다. 이러한 끌어안아 품음을 일러 하나—라 하고 더 널리는 무위無爲니 자연自然이라 한다. 천지만물 중에서 오로지 사람만 상도의 용容을 마다하고 제 뜻대로 차별하고 호오와 귀천을 따져 끌어안기도 하고 내치기도 한다. 이러한 꼴을 곡식이 자라는 논밭에 가보면 단번에 볼 수 있다. 왜 제초제를 뿌리는가? 곡식 외에 다른 잡초나 벌레를 없애버리기 위해서이다. 벼논에는 벼만 자라야 하고 콩밭에는 콩만 자라야 하고 감자밭에는 감자만 자라야 한다. 그러나 언덕바지 풀밭에는 이런저런 온갖 풀들과 벌레들이 서로 뒤엉켜 산다. 만약에 그 풀들이 밭 안에 들면 잡초라면서 사정없이 뽑혀서 햇볕에 널려 말려 죽임을 당한다. 이처럼 사람은 상도常道의 끌어안아 품음 즉 용容을 어긴다. 사람은 입으로 공평무사公平無私를 외치면서도 하는 짓 보면 거리가 멀다.

상도常道가 만물을 하나로 품어 끌어안으니容 절로 공평公平함을 이룬다. 그래서 용容하면 공公하다고 하는 것이다. 사람은 팔이 안으로 굽는다고 하면서 내 편 네 편 따지지만 상도에는 없다. 모두 다 하나이니 편 가름 따위란 없다. 산야에서 토끼는 토끼대로 살게 노루는 노루대로 살게 멧돼지는 멧돼지대로 살게 내버려두지 이래라저래라 간섭하지 않는다. 그래서 온갖 목숨들이 저마다 나름대로 살아간다. 이렇듯 공평하니 걸릴 것이 없다. 그래서 공公은 곧 왕王이다. 왕王이란 왕往인지라 걸림 없이 오고 감이다. 하늘도 땅도 사람도 하나로 통함이 왕王이다. 이렇듯 공평하니 오고감이 왕王인지라 왕王은 자유롭다. 그러니 왕王은 자연이다. 그래서 왕내천王乃天이라 한다.

왕王은 걸림 없이 통하는 길이니 천天이다. 왕도王道는 곧 천도天道라고 함은 자연인 까닭이다. 그냥 그대로 따르지 조작하지 않음이 왕王이요 천天이다. 성왕聖王은 백성을 하나로 끌어안아 품고 폭군暴君은 백성을 제 맘대로 부리면서 제 것인 양 그물질한다. 성왕聖王은 순천順天하니 왕王은 곧 자연天이고 폭군은 역천逆天하니 재앙을 뒤집어쓰고 만다. 그러니 하나로 끌어안아 품음容은 공평무사하고公 공公하니 걸림 없이 통하고王 왕王이 자연天이고 천天이 곧 상도常道가 된다. 그래서 천내도天乃道라 하는 것이다.

상도常道만은 영원하다久. 왜 영원하다 하는가? 상도는 무시無始하고 무종無終한 까닭이다. 처음도 없고無始 끝도 없으니無終 항상 그대로이다. 그런지라 상도는 불생불사不生不死한다. 이를 묶어 한 글자로 구久하다 한다. 우주 삼라만상을 내고 들이는 이 상도를 따르면 그 무엇이든 제 목숨 제대로 누리고 살다 갈 수 있으니 이 또한 구久이다.

# 그 말이 있게 한 것을 따르라

言有宗 언유종이라

---

言有宗

언유종

事有君

사유군

말에는言 근원인 것이宗 있고有, 일에
는事 근본인 것이君 있다有.

『노자』 70장 참조

 

말을 따르지 말고 그 말을 있게 한 것을 따르라 한다. 어떤 것의 말은
사람의 것이고 그 어떤 것은 자연의 것이다. 꽃이라는 것이 있으니 그 꽃
을 보고 꽃이니 화花니 플라워flower니 말이 생겼다. 나비가 있으니 나비
니 접蝶이니 버터플라이butterfly니 말이 생겼다. 꽃이라는 말이 없어도 그
것은 피어 있고 나비라는 말이 없어도 그것은 허공에 날아다닌다. 나무에
핀 꽃을 보고 꽃이라고 맨 처음 그 말을 누가 만들었는지 모르지만 사람이

만든 것만은 분명하다. 꽃을 보고 꽃이라 부르는 목숨은 사람밖에 없으니 말이다. 그 무엇을 생기게 한 것을 일러 근원 즉 종宗이라 한다. 눈으로 색깔을 보고 코로 향기를 맡고 손으로 꽃잎을 만져볼 수 있는 꽃은 꽃이라는 말을 생기게 한 근원宗이다.

본시本始가 있고 근저根底가 있음이 종宗이다. 우물에도 샘구멍이 있다고 한다. 샘구멍에서 나오는 물이 우물의 바탕이 된다. 기둥 없는 집은 없고 주춧돌 없으면 기둥은 제구실을 못한다. 그 무엇이든 근원이 있게 마련이다. 근원이 없는 말言이란 참말이 되지 못한다. 왜 물실언勿失言이라 하겠는가? 말을 잃지失言 말라勿. 실언失言하면 실實없는 사람이 되고 만다. 이렇기 때문에 가벼운 입은 탈을 내고 무거운 입은 공을 거둔다고 한다. 말을 함부로 하면 가벼운 사람이 되고 말을 소중하게 하면 믿음직한 사람이 된다. 헛말이란 곧 종宗 없이 지껄이는 말이다. 거짓말은 그 말의 종宗을 속이고 짓밟아버린다. 그래서 이 세상에는 뜻 없는 말들이 이러쿵 저러쿵 떠들썩거릴수록 말이 종宗을 저버리고 백白이 흑黑이 되고 흑黑이 백白이 된다. 종宗을 저버린 말들은 세상을 뒤집어놓고 허망하게 한다. 오죽하면 말로써 말 많으니 말을 말까 하노라고 하겠는가? 물을 마셔야 갈증이 가시듯 말은 그 종宗을 떠나면 헛소리가 되고 만다. 물소리만 듣고 목마름이 가실 수 없고 밥이라는 말만으로 배가 부를 수 없다. 이처럼 말이 그 종宗을 저버리면 그런 말은 그림 속의 떡이 되고 마는 것이다.

일없이 말하면 넋두리가 되거나 헛소리가 되고 만다. 일과 말은 항상 단짝이 되어 앞서거니 뒤서거니 하면서 일이 사람의 뜻을 내기도 하고 말이 사람의 뜻을 살펴주기도 한다. 말을 끌어내는 일事이란 뿌리 없이 돋아날 수 없다. 그런데 그 뿌리를 살펴 새기고 헤아려 가늠하기란 쉽지가 않다. 그래서 사람은 모로 가든 외로 가든 서울만 가면 그만이라고 배짱을 부린다. 뿌리가 무언지 모르고 가지만 돋아나면 된다는 것이다. 그러나 뿌리 없는 가지는 그만 말라버리고 말아 숨을 죽임을 알게 된다. 왜 일이 중간에 틀어지고 마는 것인가? 제 뿌리를 제대로 알고 일을 시작하지 않아서이다. 무엇 때문에 그 일을 해야 하는가? 그 무엇을 분명히 알고 일해야 하는 까닭을 깨달아야 일이란 아 다르고 어 다를 수 있다는 두루뭉수리 방편을 둘러대지 않게 된다. 무엇으로 말미암아 그 일을 해야 하는가? 일하기 전에 이런 생각을 깊이 하는 사람은 〈사유군事有君〉 즉 일에는事 근본이君 있음有을 깨닫고 있는 사람이다. 근본은 뿌리와 같다. 나무의 주主를 뿌리라 한다. 그 뿌리主가 있느냐 없느냐에 따라 나무의 생사가 달린다.

산 나무치고 뿌리 없는 나무란 없다. 수풀에는 온갖 초목들이 생김새는 다 다르지만 다 같은 점이 있다. 땅속에 숨어 있는 뿌리 덕으로 살고 있다는 사실이다. 초목의 뿌리야말로 초목의 군君 즉 주인이요 근본이다. 사람의 세상에서도 일事이란 이러고저러고 벌어지지만 막상 이루어지는 일이란 절반도 안 된다. 자연사自然事는 일마다 영락없이 이루어지지만 왜 인간사人間事는 성사成事보다 패사敗事가 한결 더 많을까? 자연은 매사每事를 근본을 따라 행하지만 인간은 그 일의 근본을 제쳐두고 일을 벌려놓고 보자는 욕심이 앞서는 탓이다. 바늘 가는 데 실이 가야지 실이 먼저 가자면 어긋나듯 근본이 앞서야 한다.

# 4장  제 태어난 바를 싫어하지 말라

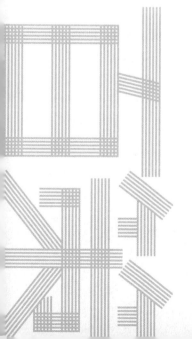

## 순리대로 변해가면 그것이 곧 선

### 德善矣 덕선의라

**善者 吾善之**
선자 오선지

**不善者 吾亦善之**
불선자 오역선지

**德善矣**
덕선의

선한善 것者 그것을之 나는吾 선하게
하고善, 선하지 못한不善 것者 그것도
之 나는吾 역시亦 선하게 하니善 천덕
이德 선한 것善이다矣.

『노자』 49장 참조

　봄이 오면 초목은 저마다 싹을 틔운다. 여름이 오면 그 싹들이 어느새 무성해 가지마다 줄기마다 잎이 되어 짙푸르러 열매를 맺는다. 가을이 오면 온갖 열매들이 주렁주렁 고운 빛깔을 띠다가 다 영글면 남김없이 땅으로 뚝뚝 떨어뜨려준다. 그리고 천공天空에 서리가 내리면 잎들마저 낙엽으로 바람에 날려 보내고 한겨울 언 바람을 맞으면서 다음 봄을 다시 기다리는 산천에 초목들은 천지로부터 받은 대로 다시 돌려주고 한해살이를 누린다. 이런 누림을 일러 상도常道가 짓는 조화造化라 한다. 물론 어디 초목만 그런 조화를 누리겠는가? 만물은 그 무엇이든 모조리 다 상도常道의 조화造化를 누린다. 상도의 짓이 곧 상덕常德이고 그 상덕을 이어감이 곧 선善이다.

상도의 조화를 일음일양—陰—陽이라고도 한다. 일음일양을 일러 역易이라 한다. 역易은 쉼 없는 변화變化를 말한다. 그런 변화가 곧 상도의 조화라는 것이다. 물론 이러한 변화를 생사生死라 일컫기도 된다. 만물치고 멈춰 변하지 않고 가만히 머물러 있는 것이란 하나도 없음이 상도의 조화 즉 변화 그것이다. 순리順理대로 변화해 가는 것이 다름 아닌 선善이다. 순리란 바로 자연을 말한다. 자연이란 그냥 그대로 그러하다는 말이다. 그러니 순리란 꾸미고 다듬어 꾀부리지 말라 함이다. 이를 어려운 말씀으로 덕선德善이라 한다. 덕선의 덕은 인덕人德을 말함이 아니라 천덕天德을 말한다. 천덕이란 곧 자연이요 자연이란 곧 상도의 변화이고 그 변화를 순응함이 곧 선善이다. 그 선善을 풀이하여 부쟁不爭이고 불해不害라 한다.

겨루어 다투지 말라 함이 부쟁不爭이고 이롭게 하되 해롭게 하지 말라 함이 불해不害이다. 부쟁하고 불해하면 그것이 곧 선이요 선이면 곧 덕이며 덕이면 곧 자연이고 자연이면 곧 상도의 조화造化 그것이다. 그렇지 않고 변화를 따르지 않겠다고 하면 그것이 곧 부쟁不爭-불해不害를 저버리게 되고 그러면 곧 부덕不德이고 부덕이면 불선不善이다. 겨루어 다투기를 마다않고 남을 해치기를 쉽게 여기면서 제 몫을私 차지하고자 속셈하고 흥정하는 인간의 짓을 인위人爲라 한다. 왜 남의 밥에 있는 콩이 커 보인다고 하겠는가? 내 몫이 작고 남의 몫이 커질세라 경계해서이다. 경계하면 이해利害가 나누어져 절로 겨루어 다투기 쪽으로 기울어지고 그러면 내가 너를 해롭게 하고 너는 나를 해롭게 하는 불선不善이 저질러진다. 그러면 겉으로는 어울린和 척하면서 속으로는 불화不和하게 된다.

불선不善은 반드시 불화不和로 이어지고 불화는 반드시 경쟁을 낳고 경쟁은 승패를 낳아 이긴 자는 좋아하고 진 자는 억울해 하며 다음 싸움을 준비하게 된다. 왜 인간세가 날로 살벌해져 가는가? 서로 불선不善을 마다 않고 덕선德善하면 지고 만다는 제몫私의 덫에 걸려들어 살기 때문이다. 그래서 성인聖人은 오히려 불선不善한 짓을 선한 짓으로 바꾸어놓고자 한다. 왜 성인이 인위人爲를 벗어나 무위無爲하라 하겠는가? 부덕不德하고 불선不善하여 남을 해치지 말고 남과 다투지 말고 서로 어울려 다 함께 주어진 생사를 편안한 마음으로 누려 가기를 바라기 때문이다.

덕德을 풀이하자면 부쟁不爭하라 함이고 불해不害하라 함이다. 선善을 풀이하자면 부쟁不爭을 쉼 없이 실천하라 함이고 동시에 불해不害 또한 쉼 없이 실천하라 함이다. 그러면 절로 자연으로 돌아가는 것이다. 자연으로 돌아가라 한다고 해서 시중市中을 벗어나 산천山川 속으로 들어가 살라는 말이 아니다. 내가 남을 도와주고자 한다면 그 순간 나는 자연이 되고 남과 겨루지 않고 서로 함께 일을 이루어 결과를 서로 즐겁게 누리자고 큰마음 먹으면 그 순간 나는 덕선德善을 누리고 곧장 자연이 되는 것이다. 그러므로 덕선德善 이 말씀은 곧 자연을 말하고 자연은 곧 상도常道를 일컬음이다.

# 062

# 작은 지혜로 나라를 다스리지 말라

不以智治國 불이지치국이라

以智治國
이지치국

國之賊
국지적

不以智治國
불이지치국

國之福
국지복

知此兩者亦楷式
지차양자역해식

能知楷式
능지해식

是謂玄德
시위현덕

작은 지혜로智 써以 나라를國 다스림은
治 나라의國之 해침이고賊, 작은 지혜
로智 써以 나라를國 다스리지 않음은不
治 나라의國之 행복이다福. 이此 두兩
가지를者 앎이知 또한亦 본보기이다楷
式. 나라를 다스리는 이 본보기를楷式
잘能 알면知 이것을是 깊고도 먼玄 덕
이라德 한다謂.

『노자』 65장 참조

지智는 가부可否를 아는 것이다. 해도 되는 것可과 하지 않거나 말아야 함否을 앎智을 일러 〈슬기 지智〉라 한다. 슬기로움智이란 가함可과 부함否을 알아서 가可하면 행行하고 부否하면 행하지 않음이다. 그래서 지智를 통달사리通達事理니 사리분별事理分別이니 어렵게 말하기도 한다. 사事와 이理를 꿰뚫어 앎通達이 슬기智이고 사事와 이理를 가려 앎分別이 슬기이다. 이러한 슬기를 강조하여 지혜智慧라고 하는 것이다. 같은 뜻을 두 번 겹쳐 거듭하면 그 뜻은 강조된다. 슬기롭고智 슬기롭다慧. 그러니 〈남달리 매우 슬기롭다〉는 뜻이 곧 지혜智慧이다.

그 무엇이든 저마다 사리事理를 띠고 있다. 즉 그 무엇이든 사事와 이理를 함께 간직하고 있다. 그 무엇이 간직한 사事란 무엇인가? 그 무엇이 다른 무엇과 다른 점을 사事라고 한다. 그러니 사리事理의 사事는 무엇과 무엇 사이의 다른 점 즉 차이差異를 말한다. 그 무엇이 간직한 이理란 무엇인가? 그 무엇이 다른 무엇과 같은 점을 이理라고 한다. 그러니 사리事理의 이理는 무엇과 무엇 사이의 같은 점 즉 동일同一을 말한다. 그래서 사리事理란 다多와 일一을 말한다고 하는 것이다. 그러므로 사리事理의 사事는 차별함이니 불평등이고 생각하기思之의 말단末端 즉 가지요 얼개이다. 사리의 이理는 동일함이니 평등이고 생각하기思之의 근본根本 즉 뿌리요 바탕이다.

사리事理를 통달通達하여 분별分別하는 슬기라는 것이 소지小智가 되기도 하고 대지大智가 되기도 한다. 작은 지혜小智는 사리事理에서 이理를 가볍게 흘리고 사事를 위주로 하여 생각하게 되어 사私로 기울어져 〈나我〉를 중심에 두고 사물事物을 마주하고자 한다. 그러나 큰 지혜大智는 이理를 위주로 하여 생각하게 되어 제몫私을 억제하여 〈남他〉을 중심에 두고 사물을 마주하고자 한다. 그래서 소지小智는 저를 중심으로 세상을 보고 대지大智는 남을 중심으로 세상을 본다. 남을 중심으로 하면 절로 타리他利로 이어지고 나를 중심으로 하면 절로 자리自利로 이어진다. 내가 이롭고 남이 해롭게 되면 자타自他가 통하지 못하게 되고 남을 이롭게 하면 자타가 통하게 된다. 자타가 불통不通이면 너他와 나自는 우리가 되지 못하고 통하면 자타는 우리가 된다.

그러므로 세상이 어울려 평화롭게 되자면 치자治者가 무엇보다 소지小智를 버려야 한다. 만약 치자가 작은 지혜에 매달려 세상을 다스리면 백성도 저마다 소지小智에 대달려 세상은 바람 잘 날 없는 대추나무처럼 되고 만다. 그러면 작은 지혜에 매달린 치자 탓으로 나라는 해롭게 되고 만다. 국지적國之賊은 백성을 불행하게 만드는 소지小智의 치자治者를 말한다. 백성을 행복하게 해주는 치자를 국지복國之福이라 한다. 나라를 행복하게 하는 치자라면 반드시 대지大智의 치자이다. 그래서 작은 지혜로써 나라를 다스리지 말라는 것이다. 어찌 소지小智로써 나라를 다스리지 말라는 것이겠는가? 소지小智로써 저 자신을 다스리면 그도 반드시 불행해지고 가정을 소지小智로써 다스려도 그 가정은 불행해진다. 그러나 대지大智로써 나를 다스리고 세상을 다스리고 나라를 다스리면 두루 모두 행복해진다. 이러함은 세상 천지에 두루 통하는 해식楷式 즉 본보기이다. 이러한 해식을 소지小智는 모르고 대지大智는 알기 때문에 현덕玄德이라 하는 것이다. 현玄이란 소지小智는 모르고 대지大智는 안다는 말이다. 그래서 현玄을 원遠하고 심深하다 한다. 여기서 원遠은 소지小智가 모름不知을 뜻하고 심深은 대지大智가 앎知을 뜻한다. 현덕玄德은 대지大智는 알고 소지小智는 모르는 덕이다.

## 063

# 예절이란 어지러움의 우두머리다

亂之首 난지수라

夫禮者
부예자

忠信之薄
충신지박

亂之首
난지수

무릇夫 예절이라는禮 것은者 진실한忠 믿음의信之 엷음이고薄 그래서而 어지러움의亂之 우두머리이다首.

『노자』 38장 참조

공자孔子는 예禮가 아니면 보지도 말고, 듣지도 말고, 말하지도 말고, 행동하지도 말라고 한다. 그러나 노자老子는 예禮를 버리라 한다. 공자는 예禮란 종지從地 즉 땅을 따름이라 하고 노자는 땅을 따름이란 무위無爲이지 예禮가 아니라 한다. 공자는 예禮를 떠나면 사람이 사람일 수 없다 하고 노자는 예禮를 떠나야 사람의 겉과 속이 같아진다고 한다. 공자는 예禮가 사람을 충신忠信하게 한다 하고 노자는 그 예禮가 사람으로부터 그 충신忠

信을 멀어지게 한다고 한다.

노자는 서슴없이 절인기의絶仁棄義하라 한다. 인仁을 끊고絶 의義를 버리라棄 한다. 공자의 가르침은 〈인의예악仁義禮樂〉이 온 바탕이다. 따라서 어짊仁을 끊고 옳음義을 버리라 함은 예악禮樂을 끊어버리라는 말과 같으니 이는 곧 공자의 가르침을 송두리째로 부정否定함이다. 악樂은 천지의 어울림이고 예禮는 천지의 서열序列이며 어짊은 악樂에 가깝고 옳음은 예禮에 가깝다는 공자의 생각을 노자는 헌신짝처럼 팽개쳐버린다. 특히 예禮를 노자는 사람의 잔재주로 쳐버린다. 왜냐하면 천지에는 서열이라는 것이 없다. 서열이란 고하高下-선후先後를 따져 존비尊卑로 나눈다. 높음은 귀하고 낮음은 천하다는 것이 서열을 낳는다. 천지에는 이러한 서열이 없다는 것이 노자가 밝히는 자연自然이다. 그러니 자연에는 예禮라는 것이 없다는 것이다.

예禮란 무엇인가? 자비이존인自卑而尊人이다. 자신을自 낮추고卑 남을人 높임이尊 예禮라는 것이다. 그래서 사람에게 예禮가 있으면 편안하고 없으면 위태롭게 되므로 무슨 일이 있어도 예禮를 배우지 않으면 안 된다. 이런 주장이 공문孔門에서는 끊임없이 줄기차다. 이런 주장은 사람으로 하여금 겉 꾸미기를 하게 한다. 그래서 예禮란 곧 식모飾貌로 이어지고 만다. 따라서 예禮는 몸가짐貌을 꾸미게飾 하여 겉과 속을 나누게 하여 겉치레 행동을 부르고야 만다. 그래서 속으로는 화내면서 겉으로 미소 짓는 일이 생긴다. 이는 곧 눈속임이니 사람의 충신忠信이 저절로 앗겨지고 만다. 속으로 불충不忠하면서 겉으로 진실한忠 척하면 속임수가 되고 만다.

자연에는 겉치레란 없다. 카멜레온이 주변에 따라 색깔을 달리함은 겉치레가 아니다. 살아남기 위함이지 상대를 못 되게 하려는 속임수가 아니다. 뱁새는 뱁새대로 살려고 깃털을 지니고 팔색조 역시 겉보기로 다듬고 꾸미지 않는다. 체면 때문에 속에 없는 짓을 남보란 듯이 수작함은 사람밖에 없다. 따라서 자질구레한 예의禮儀를 따져 사람 되고 안 되고를 가름하는 짓이야말로 겉보기로 다듬게 하고야 만다. 급기야는 남의 눈이 무서워 선한 척 눈속임을 마다 않는 거짓을 범하는 약은 인간들의 방패막이로 예禮를 악용하기도 한다.

허례虛禮를 코에 걸고 허식虛飾을 일삼기를 식은 죽 먹듯 하는 인간을 두고 던지는 속담에 양반은 더러워서 호랑이도 안 잡아먹는다는 게 있다. 예禮를 앞세워 거짓부렁을 일삼는 마음보다 더 더러운 것은 없다. 얼굴에 때가 묻으면 단박에 드러나지만 마음속은 구정물 같아도 세 치 헛바닥으로 맑은 물인 양 주워댈 수 있는 것이 인간의 영악함이다. 이러한 속임수들이 예禮라는 것을 앞세워 저질러지는 판인지라 충신忠信이 엷어지게 한다는 비난을 예禮가 받을 수 있는 빌미를 내는 것이다. 마음은 드러나지 않으니 속이고 행동은 드러나니 겉이다. 속마음과 겉 행동이 하나임을 충忠이라 한다. 거짓이 없음이 곧 충忠이다. 충忠이 없으면 믿음信은 이루어질 수가 없다. 먼저 진실忠이어야 믿음이 뒤따라온다. 충忠에서 솟는 믿음이 사람을 선善하게 하지만 충忠이 없는 믿음은 속임수인지라 세상을 어리둥절케 할 뿐이다. 세상이 요란스럽고 어지러운 까닭은 충신忠信이 어울려 하나 되지 못하고 진실함忠을 저버린 인간의 온갖 짓들이 요란스럽기 때문이다.

# 064

# 부분이 전체이고 전체가 부분이다

曲則全 곡즉전이라

曲則全 枉則直
곡즉전 왕즉직

窪則盈 弊則新
와즉영 폐즉신

少則得 多則惑
소즉득 다즉혹

是以 聖人抱一
시이 성인포일

爲天下式
위천하식

꺾으면曲 곧則 온전해지고全, 굽으면枉 곧則 곧아지며直, 움푹하면窪 곧則 채워지고盈, 낡으면弊 곧則 새로워지며新, 적으면少 곧則 얻고得, 많으면多 곧則 헷갈린다惑. 이렇기是 때문에以 성인은聖人 하나를一 지켜서抱 세상의天下 법식으로式 삼는다爲.

『노자』 22장 참조

　　손등과 손바닥을 나누어 둘로 보고 전후로 나뉘어 둘로 봄은 사람의 짓이다. 손등 따로 손바닥 따로 둘로 나뉘면 손은 제 노릇 못 한다. 등과 바닥이 하나가 되어야 손이 되어 제대로 손 노릇 한다. 선후先後-좌우左右-

상하上下-장단長短-대소大小-다소多少-곡전曲全 등등 둘로 나누어 사람들은 호오好惡를 변덕스럽게 드러낸다. 그런 변덕을 인위人爲라 한다. 그런 변덕 부리기를 밥 먹듯 해 부분이니 전체니 따지고 덤비며 입방아를 찧는다. 인간은 이처럼 무엇과 무엇은 왜 다른가를 따지고 부분은 부분이고 전체는 전체라는 듯이 쪼개고 나누어 갈래 짓고서는 둘로 쪼개고 나누어 아는 척하기를 좋아한다.

부분과 전체를 둘로 보면 허물어지고 깨지고 부서진다. 배 속에는 오장五臟이 있다. 심장心腸 간장肝臟 폐장肺臟 비장脾臟 신장腎臟 중에 어느 하나曲를 더 좋아한다고 할 수 있겠는가? 그럴 수 없는 것이 산목숨이다. 오장을 하나하나 따져 심장 간장 폐장 비장 신장 등등 이름을 붙여 부르지만 그렇다고 다섯 개라고 부분으로 따로 나누어서는 그 누구도 살아남지 못한다. 하나하나가 부분으로 제각각 떨어져 쪼개질 수 없는 것이 배 속이다. 산목숨은 온갖 장기臟器가 하나하나 부분曲이 아니라 모두全로서 하나가 되어야 산다. 산목숨치고 그렇지 않은 것이란 하나도 없다. 산목숨이야말로 그 무엇이든 곡즉전曲則全이다.

곡즉전曲則全에서 곡曲은 일부를 말하고 전全은 전부를 말한다. 일부란 전부에서 떨어져 나옴이니 곡曲을 절折이라 풀이하기도 한다. 그러니 전체에서 부분으로 잘라냄折이 곧 곡曲이다. 풀밭에서 펄펄 살았던 소를 인간은 도살장으로 끌고 가 살생하여 가죽을 벗기고 배통을 갈라 내장을 끌어내고 몸통을 칼로 각을 떠내 목등심 꽃등심 채끝 안심 우둔 갈비 양지 설도 사골 사태 등등 부분을 갈라놓고 입맛 따라 값을 부른다. 한 몸이었던 산목숨이 인간한테 붙들려 조각조각 나서 살덩이나 뼛조각으로 쪼개져 쇠고기라는 상품이 되어버린다. 이처럼 인간은 전체를 부분으로 나누어 둘로 갈라놓고 시비를 걸고 호오를 자아낸다.

수풀을 보면 나무도 보아야 자연을 마주한다. 자연이란 언제나 전체이면서 부분이고 부분이면서 전체로 드러나는 까닭이다. 온갖 초목이 하나로 있는 수풀만 보고 초목을 보지 못한다면 부분을 외면함이고 초목만 보고 수풀을 보지 못한다면 전체를 외면함인지라 같음과 다름을 둘로 나누어 보고 만다. 인간이 왜 시비를 걸고 호오를 드러내면서 끊임없이 겨루기로 세월을 보내자고 아우성이겠는가? 곡曲과 전全을 둘로 보기 때문이다.

곡曲과 전全을 둘로 나누어 따로 갈래짓기보다 하나로 합쳐 어울리게 할수록 생각하는 마음이 넓어지고 깊어지고 맑아지고 밝아진다. 이를 일러 자명自明이라 한다. 바깥 것들을 잘 알면서도 자신을 잘 알지 못하고 또 그렇게 하려고도 않는 성질머리가 날로 드세져 가는 세상이다. 서로 어울려 같아지는 쪽보다 서로 갈라져 달라지는 쪽을 택하려는 세태인지라 개성個性이라는 것을 뽐내야 광이 난다고 힘을 준다. 이런 탓으로 자신을 꺾어 물러서면 망한다는 결정을 내리고 'All or Nothing'이라 서슴없이 외쳐댄다. 그러나 세상은 어느 누구의 것도 아니니 세상을 제 것인 양으로 엄벙댔다가는 속절없이 수렁에 빠지고 만다. 얕보면 개미귀신이 파놓은 깔때기 같은 함정이 되어버리는 덫이 곧 이 세상이다. 그러니 부분을 팽개치고 전부를 구하려 한다면 그 누구든 세상이라는 덫에 걸려들고 만다. 그러니 부분이 전체이고 전체가 부분이라는 곡즉전曲則全으로 가면 세상이라는 덫은 걷어진다.

# 자연의 도리에는 친밀함이 없다

天道無親 천도무친이라

**天道無親**
천도무친

**常與善人**
상여선인

자연의天 도리에는道 친밀함이親 없고
無 천도天道는 선한 사람과善人 항상常
함께한다與.

『노자』 79장 참조

　자연自然을 풀이하여 천도무친天道無親이라 한다. 물론 무위無爲를 풀이
하여 그렇게 말한다고 여겨도 된다. 무위-자연은 곧 상도常道를 밝히는 말
씀이다. 자연은 무친無親이고 무위도 무친이고 따라서 상도의 짓 즉 조화
造化란 무친이다. 무친이란 편애偏愛함이 없다는 말이다. 제 자식이라고
해서 유별나게 아끼고 봐주기는 사람만 하는 짓이다. 인간은 당당하게 부
자유친父子有親을 인륜의 벼리로 삼는다. 유친有親은 내 피붙이와 남의 피

붙이를 달리 대함이다. 남의 자식은 내 자식처럼 사랑할 수 없고 남의 부모를 내 부모처럼 섬길 수 없다는 것이 유친有親이다. 인간은 이것이 곧 천륜天倫이라고 호언한다. 그러나 이러한 장담은 인간이 그렇다고 주장할 뿐이지 천지가 사람을 다른 목숨들보다 더 귀하게 여기고 우대한다는 것은 아니다. 인간이 아무리 유친을 앞세우지만 천지에는 유친有親함이란 없고 무친無親할 뿐이다.

굶어가면서 알을 품어 껍질을 깨고 새끼가 나오면 먹이를 물어다 정성껏 돌보고 키우는 어미 새를 생각해 보라. 드디어 새끼들이 날개에 힘이 붙어 모이를 찾을 수 있게 되면 한 며칠 모이 찾아먹는 법을 가르쳐준 다음 사정없이 새끼들을 내쫓는 어미 새를 생각해 보라. 물론 새만 그러는 것이 아니다. 사람만 빼고 온갖 목숨들이 먹이를 찾아먹고 살 수 있게 될 때까지만 제 새끼들을 돌봐줄 뿐이다. 그러니 사람을 뺀 모든 목숨들은 다 천도天道 즉 자연天의 이치道를 따라 무친無親한다.

피는 물보다 진하다, 팔은 안으로 굽는다. 이러구러 하면서 인간은 무친無親을 헌신짝처럼 팽개쳐버리고 유친有親의 인륜人倫 따라 천지가 마치 인간을 위해서 있는 양 겁 없이 살아간다. 그러다 보니 인간은 선악善惡의 삶을 벗어날 수 없어 길흉吉凶의 멍에를 벗어나지 못하고 삶을 짐처럼 짊어지고 살아가야 한다. 그래도 옛사람들은 하늘이 무섭지 않느냐는 말을 무겁게 받아들이고 못된 짓을 범하면 천벌天罰을 면할 수 없다고 믿었던 세속世俗이 있었다. 공자孔子가 왜 군자君子와 소인小人을 나누었겠는가? 천명天命을 두려워하는 무리를 군자라 일컫고 천명을 얕보는 무리를 소인이라 불렀다. 물론 군자는 결코 흔치 않았고 소인들이 온 세상을 채우고 득실거리며 판을 쳤다. 그렇더라도 천명을 두려워하는 군자라는 호칭은 살아서 그렇지 못한 소인들을 뜨끔하게 하는 약효를 냈었다. 지금이야 군자라는 인간상은 아무짝에도 쓸모없는 부러진 잣대 꼴이다.

자연에는 선악이란 없다. 따라서 자연을 그대로 따라 사는 목숨들한테는 선악이란 없다. 오로지 인간한테만 선악이 따라 붙는다. 만약 인간이 진실로 무친無親하다면 그 순간 인간이 겪는 선악도 사라질 터이다. 무친無親하면 무사無私하고 무사하면 무욕無欲하게 되니 사람과 사람 사이에 걸림이 없어질 터이고 속임수나 속셈들이 없어질 터인지라 이해利害 득실得失을 두고 흥정하는 저울질을 하지 않아도 될 터이다. 내 몫私을 챙겨야 하고 따라서 욕심을 버릴 수 없으니 이해利害가 서로 부딪치고 득실得失이 균형을 잃을세라 저울눈금을 제 쪽으로 후하게 하고자 온갖 수작을 꾀하면서 저절로 악惡이 인간에게 들러붙고 만다. 사람과 사람 사이가 참으로 공평하여 무사하다면 좋을 것善도 없고 나쁠 것惡도 없다.

무친無親하면 절로 선善은 따라온다. 왜냐하면 무친은 곧 천도天道를 따름이기 때문이고 그 자연의 이치를 따라 이음이 곧 선善이기 때문이다. 법자연法自然 즉 자연을 본받아 따르면 곧 선善이다. 무친하면 저절로 자연을 본받아 따름이니 무친은 곧 선善함이다. 그러니 천도天道는 저절로 선한 사람과 함께하게 된다. 선인善人은 누구인가? 무사無私한 사람이다. 무사하면 선해지고 선해지면 곧 천도를 따라 절로 선한 사람이 된다.

# 066

# 순리는 밤이 날이 되는 새벽과 같다

是謂微明 시위미명이라

將欲翕之 必固張之
장욕흡지 필고장지

將欲弱之 必固强之
장욕약지 필고강지

將欲廢之 必故興之
장욕폐지 필고흥지

將欲奪之 必固與之
장욕탈지 필고여지

是謂微明
시위미명

장차將 그것을之 접고翕 싶다면欲 반드시必 진실로固 그것을之 펴주고張, 장차將 그것을之 약하게 하고弱 싶다면欲 반드시必 진실로固 그것을之 강하게 해주며强, 장차將 그것을之 그만두게 하고廢 싶다면欲 반드시必 진실로固 그것을之 흥하게 해주고興, 장차將 그것을之 빼앗고奪 싶다면欲 반드시必 진실로固 그것을之 준다與. 이를是 미묘함의微 깨우침이라明 한다謂.

『노자』 36장 참조

이 땅덩이가 저 해를 가운데 두고 한 순간도 멈추지 않고 365번 자전自轉하면서 한 바퀴 공전公轉하면 한 해라 하는데 지금 나는 여기 가만히 멈춰 있는 듯해 참 신기할 따름이다. 그렇게 돌면서 이 무거운 땅덩이가 허공에 걸려 있다니 그 또한 참 신기할 따름이다. 무엇인가를 멈추게 하고 싶다면 반드시 움직이게 해야 하고 무엇인가를 걸어두게 하고 싶다면 비워두어야 함을 천지의 운행을 통해서 그 이치를 얻어낼 수 있는 노릇이다. 물이 막혀 넘치면 물은 길을 찾아 흘러가고 어둠이 가면 밝음이 오고 밝음이 오면 어둠이 온다. 이것이 순리順理라는 말이다. 왜 쥐구멍에도 볕 들 날 있다고 하겠는가? 늘 어둡기만 하거나 늘 밝기만 하다면 그런 것은 순리가 아니다. 이것이 저것이 되고 저것이 이것이 되고 하는 것이 자연이라는 순리이다. 이 순리를 저버리면 그 무엇이든 억지가 된다. 억지란 인간의 짓에만 있지 자연에는 없다. 자연은 오로지 순리로만 움직이지 억지를 부리지 않는다.

순리의 변화가 드러남을 일러 미묘微妙라 한다. 미묘란 선뜻 알기 어려움이다. 지나서야 겨우 아 그렇구나! 알아채고 후회하고 뉘우치게 하는 것이 미묘이다. 저 자벌레를 보라. 자벌레는 제 몸을 꼬부렸다 펴면서 앞으로 나아간다. 그러니 자벌레는 장차 꼬부리고 싶다면 먼저 펴줄 줄을 안다. 그래서 멈추지 않고 앞으로 또 앞으로 나아갈 수가 있다. 이처럼 무엇을 접어주고 싶다면 먼저 반드시 펴주어야 하는 것이 순리의 미묘함이다.

단단하고 딱딱한 껍질로 감싸지 않은 씨앗이란 없다. 달걀이나 호두나 잣이나 나락을 보면 잘 알 수 있다. 그 껍질 속에 연약하기 짝이 없는 씨앗이 들어 있다. 이처럼 연약하여 부드럽게 하고 싶다면 먼저 반드시 강하게 해주어야 하는 것이 또한 순리의 미묘함이다. 농부는 씨앗을 뿌려 잘 자라도록 온갖 정성을 쏟는다. 씨앗이 싹을 틔우면 싹들이 잘 자라게 온갖 거름을 주어 힘을 북돋워주기를 멈추지 않는다. 그래서 가을이면 잘 영근 이삭을 거두어들일 수 있는 것이다. 이처럼 무엇을 그치게 하고 싶다면 먼저 반드시 흥하게 해주어야 하는 것 역시 순리의 미묘함이다. 양봉하는 사람은 왜 한낮을 피해 밤에만 벌들을 싣고 밀원蜜源을 찾아가는가? 밤잠을 설쳐가면서 꿀벌들을 옮겨줌은 꿀벌들로 하여금 더 많은 꿀을 꽃에서 채취할 수 있도록 하고자 해서이다. 이는 꿀벌들한테 꿀을 많이 거두어들이게 꿀벌들에게 밀원蜜源을 남김없이 마련해주는 것이다. 그래야 꿀벌들로부터 더 많은 꿀을 빼앗을 수 있게 된다. 이처럼 무엇을 빼앗고 싶다면 먼저 반드시 주어야 하는 것 역시 순리의 미묘함이다.

접고 싶으면 먼저 펴주고 약하게 하고 싶다면 먼저 강하게 해주며 없애고 싶다면 먼저 흥하게 해주고 빼앗고 싶다면 먼저 주어야 하는 것이 세상 만사의 순리이다. 어느 한쪽만 고집한다면 서로 겨루고 다툼이 일고 만다. 뛰는 놈 위에 나는 놈 있다고 하는데 이런 것은 사람의 뜻에서 나온 말이지 자연에는 그런 일이란 없다. 달팽이는 땅에 붙어다니고 노루는 땅을 뛰어다니며 새는 땅위로 날아다닌다. 그러나 달팽이가 새를 부러워하지 않고 노루가 달팽이를 얕잡아보지 않아 서로 시샘하지 않는다. 사람을 빼면 모든 함생含生 즉 생生을 품은含 온갖 목숨들은 저 나름 생사를 누려 미명微明의 삶을 잃지 않는다. 오로지 사람만 미명의 삶을 외면하려들 뿐이다. 미명은 새벽 같다. 어둠이 밝음으로 다가오듯 온갖 가부可否들이 둘로 나눠지지 않고 가可는 부否로 되고 아니다否가 그렇다可로 되는 것이 미명微明인지라 늘 미묘하여 밤이 날이 되는 새벽 같다.

# 067

# 내 맘속에 똬리 트는 시비부터 다스려라

終身不救 종신불구라

塞其兌 閉其門
색기태 폐기문

終身不勤 開其兌
종신불근 개기태

濟其事 終身不救
제기사 종신불구

그其 이목구비를兌 막고塞 그其 이목
구비를門 닫으면閉 평생토록終身 근
심하지 않는다不勤. 그其 이목구비를
兌 열고開 그其 이목구비의 짓을事
다스리면濟 평생토록終身 재앙災殃
을 막지 못한다不救.

『노자』 52장 참조

잠잠히 머물던 물도 바람이 불면 출렁이고 요요히 서 있던 나무도 바람이 일면 온 가지들이 흔들려 이파리들이 떨며 요란스레 흔들린다. 이처럼 불어닥친 바람 탓으로 산천이 온통 어지러워진다. 이처럼 사람도 바람 들면 바람 들어 속이 숭숭 빈 무처럼 마음속이 가벼워져 이리 불면 이리 구르고 저리 불면 저리 구른다. 세상에는 생각보다 제정신 못 차리고 남 따라 흘려 사는 사람들이 많다. 이런 정신 나간 사람들은 세상 바람에 휩쓸려 풍전초개風前草介 같다고 흉잡히게 마련이다.

얕은 도랑물이나 빈 수레 같이 되지 말라고 한다. 이는 난사람 되지 말라 함이다. 어느 세상이나 된 사람을 환영하지 난사람을 좋아하지 않는다. 이목구耳目口를 함부로 열어두면 대문 열린 집 같아 소갈머리 다 털리고 만다는 게다. 입이 무거울수록 주변이 너그러워지고 눈귀가 부드러울수록 주변이 밝아진다. 입이 가볍고 눈귀가 매서울수록 주변이 담을 치고 외톨이로 몰아버리는 것이 세상인심이다. 좋은 일도 못다 하는 세상에서 미운 털 박힌 애물단지가 될 까닭이 없다.

입을 가볍게 열면 세 치 혀가 자신한테로 되돌아오는 화살이 되고 만다. 입은 말을 내지 않을수록 마음속이 편안하고 마음속이 편안할수록 사는 일들이 든든해지고 떳떳해지고 당당해진다. 산천의 초목은 잡은 자리를 따라 몸집을 키우지 턱없이 욕심내지 않는다. 뿌리를 내려 뻗을 수 있을 만큼 몸집을 마련하면서 땅에서 힘을 얻고 하늘에서 빛을 얻어 숨김없이 산다. 그래서 낙락장송 자리 밑에는 작은 나무들이 범접하지 않는다. 낙락장송을 사람으로 친다면 입이 무거워 듬직한 대장부이다. 대장부의 입은 함부로 열리지 않아 늘 닫아두는 셈인지라 말로써 탈을 낼 리도 없고 살 리도 없다.

시끄러운 세상의 수렁에 말려들지 않으려면 맨 먼저 색기태塞其兌 하라 한다. 여기서 태兌는 이목구비耳目口鼻를 묶어서 비유함이다. 입 귀 코를 막고 눈을 감으면 세파世波의 너울도 넘보지 못한다. 세상이란 본래 시비 분별의 소용돌이 같다. 그 소용돌이에 휩쓸려 출렁임도 내 짓이고 물러서 휘몰리지 않음도 내 짓이다. 삶이 얽히고설키는 시비의 그물에 걸림은 남의 탓이나 세상 탓이 아니다. 온갖 시비의 그물에 걸려들지 않고 싶다면 그 무엇보다 색기태塞其兌 하면 그만이다. 눈을 감고 입 코 귀를 막고 살라 함은 시비에 놀아나지 말라 함이다.

『장자莊子』에 〈언무언言无言 종신언終身言〉이라는 말이 나온다. 이는 『노자老子』의 〈색기태塞其兌〉를 남김없이 풀이해준다. 말해도言 말이 없다면无言 평생토록終身 말하는 것이다言. 시비를 떠나 사리事理를 밝히는 말이라면 언제 어디서든 슬기로운 바람을 일으킨다. 어리석은 사람들을 슬기롭게 돌려놓기라면 슬기로운 말보다 더 솔깃한 것은 없다. 매사每事에는 다른 면이 있다. 그 다른 면을 일러 사리事理의 사事라 한다. 그리고 모든 일每事에는 같은 면이 있다. 그 같은 면을 사리의 이理라 한다. 일마다에 숨어 있게 마련인 그 사리를 분명하게 가름해 밝혀주는 말이란 시비是非를 넘어 나와 너를 하나 되게 한다. 시비를 떠난 말이라면 평생을 말해도 말 안 한 셈이 된다. 그렇지 않고 마음속에 시비가 일고 있다면 설령 말을 하지 않아도 잠자코 있는 것이 안 된다.

남의 귀에 들려야만 말인 것은 아니다. 제 마음속에도 말이 있음을 깨닫고 사는 사람은 제 마음속에서 똬리를 트는 시비부터 다스릴 줄을 안다. 이것이 색기태塞其兌의 뜻을 진실로 깨달아서 비롯되는 슬기로움이다. 슬기로운 사람은 모든 일에 흑백黑白이 분명하되 좀처럼 그 분명함을 입 밖으로 드러내지 않는다. 슬기로운 사람은 만에 하나 시비로 이어질세라 살펴 헤아려 조심해 이목구비耳目口鼻로 세상을 어지럽힐까 색기태塞其兌 한다.

# 068

# 제 태어난 바를 싫어하지 말라

民不畏威 민불외위라

---

民不畏威
민불외위

則大威至
즉대위지

無狹其所居
무협기소거

無厭其所生
무염기소생

사람이民 천지天地의 위력을威 두려워하지 않으면不畏 곧則 크나큰大 위력이威 닥친다至. 그其 처한居 바를所 소홀히 하지狹 말고無, 그其 태어난生 바를所 싫어하지厭 말라無.

『노자』 72장 참조

못 죽어 사는 세상보다 더한 난세亂世란 없다. 힘力을 앞세우는 세상일수록 힘없는 쪽만 당하게 마련이다. 힘은 두 종류로 나누어진다. 강력強力이 그것이다. 자승自勝 즉 자신을 무릅쓰는 힘이 강강이고 남을 이기는 힘이 역力이다. 그래서 성인聖人은 강강을 가까이하고 역力을 멀리한다. 그러나 폭군은 강강을 멀리하고 역力을 가까이한다. 그래서 폭군이 권력을 휘둘러대면 백성은 못 죽어 산다는 말로 분을 푼다. 분하다 보면 외위畏威 따위는 헌신짝처럼 되기 쉽다. 이런 참상이 곧 난세이다.

『맹자孟子』에도 〈이력복인자以力服人者 비심복야非心服也〉라는 말이 나온다. 힘으로以力 사람을人 굴복시키는服 것은者 마음으로心 굴복시킴이服 아닌 것非이다. 오로지 힘이 모자라서 눈앞에서만 굽실거리는 척할 뿐이다. 되돌아서면 곧장 하늘도 무심타며 모진 원한을 품어대게 마련이다. 그러나 군림하는 힘을 두려워하지 않는다면 생죽음을 마주할 수밖에 없다. 그래서 불외위不畏威하면 대위大威가 닥친다고 하는 것이다.

위력威力을 두려워하지 않음不畏이란 학대虐待를 두려워하지 않음이다. 학대를 참다 참다 견디지 못해 그 학대에 항거하게 됨을 일러 불외위不畏威라 하는 것이다. 불외위不畏威는 불외학不畏虐과 같은 말이다. 학대를 두려워하지 않고 이리 죽으나 저리 죽으나 매한가지라는 생각이 들면 무서울 것이 없어진다. 생쥐도 막다른 골목에서는 고양이한테 덤비는 법이다. 생죽음이 닥칠 줄 알면서도 위력威力을 두려워하지 않게 돼 생죽음이 닥치고 만다. 생죽음을 빚어내는 위력威力보다 더한 것은 없다. 그래서 대위大威를 일컬어 형륙刑戮이라 일컫게 된다. 형벌로 죽임을 당함은 법을 어겨 빚어진다. 여기서 형벌이란 힘力을 가장한 것이지 힘없는 자를 돌봐주는 그런 법이 아니다. 물론 형벌이 아닌 천벌도 있다. 천벌을 받아도 물론 생죽음을 당한다.

왜 소거所居 즉 삶의 처지를 옹색하게狹 말라 하겠는가? 처지가 옹색하다고 아등바등함은 천賤함을 싫어하고 귀貴하기를 바라기 때문이다. 비천卑賤하다면 비천한 대로 천지를 벗 삼아 마음 편히 살면 밤마다 두 다리 쭉 뻗고 악몽 없이 푹 잘 수도 있다. 왜 노자老子는 당신이 나를 소라고 부르면 소가 되어주고 말이라고 부르면 말이 되어주겠다고 했겠는가? 살아가는 처지所居를 두고 안절부절 않는 자유로움일 터이다. 그러나 비천함을 면해보고자 잔꾀를 부리고 부려 발버둥치다 보면 스스로 제 몸을 둘둘 감아버리는 옥쇄를 당하고 만다. 제 손에 든 도끼로 제 발등을 찍는 얼간이들이 세상에는 의외로 많다. 세상을 원망하면 할수록 그만큼 제 숨통이 막힌다는 말은 거짓말이 아니다. 그래서 제 처지를 싫어하지 말라는 것이다.

왜 소생所生 즉 살아가는 바를 싫어하지 말라 하겠는가? 제 삶을 싫어함은 가난을 싫어하고 부유하기를 바라서이다. 무슨 수를 써서라도 가난을 버리고 부자가 되어야겠다고 발악하게 되면 이 역시 제 숨통이 막히고 만다. 한 홉의 땀을 흘렸다면 그 한 홉의 보람으로 살고, 한 되의 땀을 흘렸다면 그 한 되의 보람으로 살고, 한 말의 땀을 흘렸다면 한 말의 보람으로 살고, 한 섬의 땀을 흘렸다면 그 한 섬의 보람으로 살면 저마다의 소생所生을 만족하는 셈이다.

누가 부자란 말인가? 그 정답은 바로 지족知足이라는 말씀이다. 만족할 줄 알면 그 순간 누구나 부자로 살 수 있다는 것이다. 그러나 탐욕이라는 것은 한강수를 다 마셔도 갈증이 풀리지 않으니 인간은 늘 생죽음을 등에 업고 사는 편이다. 이런 생고생을 면하고 싶다면 자신의 소생所生 즉 제 삶을 싫어하지 말라는 것이다.

탐욕의 무거운 짐을 지고 허덕일 것인가, 그 짐 덩어리를 버리고 편안히 살 것인가, 자신이 선택하는 것이다.

# 069

# 보이지 않고 잡히지 않고 들리지 않는

夷-希-微 이-희-미라

視之不見名曰夷
시지불견명왈이

聽之不聞名曰希
청지불문명왈희

搏之不得名曰微
박지부득명왈미

그것을之 보려 해도視 보이지 않음을不見 일컬어名 이라夷 하고曰, 그것을之 들으려 해도聽 들리지 않음을不聞 일컬어名 희라希 하며謂, 그것을之 잡으려 해도搏 잡히지 않음을不得 일컬어名 미라微 한다曰.

『노자』 14장 참조

　옛날 사람과 오늘날 사람이 달라진 것은 몸뚱이가 아니라 마음가짐일 터이다. 물론 작았던 평균 키가 더 커졌다는 정도의 변화는 있지만 두 개이던 귀가 세 개로, 하나이던 입이 두 개로 사람의 몸뚱이가 달라진 것은 없다. 그러나 사람의 마음가짐은 옛것과 확 달라진 것이 분명 사실이다. 우리의 옛날 마음가짐은 심물心物에서 마음心을 앞세우고 바깥것物을 뒤로 하여 마음이 근본이고 바깥것은 말단이라고 여겼다. 그래서 옛날 사람한테는 요새 말하는 물질物質은 몰랐던 낱말이다.

물질이라는 낱말은 'Matter'를 옮긴 새로운 낱말이다. 요새는 물질과 인간의 관계를 분명히 밝혀 알아챔을 일러 지성知性이라 하는데 이는 옛날 우리가 말했던 지성知性과는 뜻이 완전히 다른 낱말이다. 우리가 옛날에 썼던 지성知性은 지천知天을 뜻해 지성을 닦음을 일러 사천事天이라 하였다. 마음의 근본性을 앎은 하늘天을 앎이고 그 성性을 닦음은 하늘을 섬김事이라고 했다. 그래서 양심養心 즉 마음을 닦음은 곧 하늘을 섬김이 되었다. 이는 곧 하늘은 마음이고 마음은 하늘이라는 생각으로 이어진다. 이리하여 옛날 우리에게는 마음心은 곧 하늘天이라는 믿음이 있어서 도덕道德이 인생의 지남指南 즉 길잡이가 됐다.

이제는 도덕道德은 낡고 뒤진 옛것인지라 잊힌 셈이다. 바야흐로 지금은 오로지 과학의 시대인지라 비수匕首의 칼날보다 더 날카로운 지성을 앞세우는 물질의 시대가 되어 '있는 것'만 관심거리일 뿐 '없는 것'은 온통 관심 밖인 꼴이다. 그래서 있는 것은 없는 것에서 생긴다는 생각은 이제 턱없어지고 만 셈이다. 눈에 보이고 귀에 들리고 손에 잡히는 것 즉 물질로서 검증되고 증명되어야 드디어 인정되는 세상이다.

이처럼 도덕을 인간이 멀리하여 뿌리친 셈이지만 그렇다고 도덕이 없어지는 것은 아니다. 도덕은 자연의 다른 이름이기 때문이다. 물론 요새 말하는 눈에 보이고視 귀에 들리고聽 손에 잡히는搏 것들을 자연이라 일컬어 알고 있지만 도덕이라는 자연은 보이지 않고不見 들리지 않고不聞 잡히지 않는不得 우주 삼라만상의 근원을 말하기 때문이다. 보이지 않음을 이夷라 하고 들리지 않음을 희希라 하며 잡히지 않음을 미微라 한다. 이 이희미夷希微란 다름 아닌 도道의 짓 즉 조화造化를 일컬어 풀이하는 말씀이다.

요새는 도생천道生天 즉 도道가 우주天를 낳았다生고 말하면 헛소리라 손사래치고 물질의 근원은 힉스입자higgs boson라고 해야 현대과학의 소리라고 고개를 끄덕인다. 하기야 음전기 양전기 하면 사실이고 음기陰氣-양기陽氣라고 하면 헛소리라고 비웃으려 한다. 도덕의 도道를 생기生氣라 하고 그 생기를 일기一氣라 하며 그 일기가 음양을 낳고 음양이 행하는 짓을 일러 덕德이라고 하면 이 첨단과학의 시대에 웬 뚱딴지같은 소리 하냐고 비웃으려 한다. 그러나 세포 속의 물이 소금에 의해 수력발전소 같아져 발전發電해야 목숨이 유지되니 물이 목숨의 근원이라고 말하면 과학적이라고 끄덕이고 세상 만물치고 일음일양一陰一陽의 조화造化가 아닌 것이란 없다고 하면 낡고 틀린 소리로 치부하려고 한다. 그러나 따지고 보면 과학이 증명한 전류電流나 옛말인 일음일양一陰一陽이나 기氣=energy의 흐름流을 말하는 것은 같다. 기氣라 하면 헛말이고 에너지energy라 하면 참말이 되는 세상이다. 기氣가 흐르면 살고 기氣가 막히면 죽는다고 하면 헛소리이고 에너지가 흐르면 살고 멈추면 죽는다고 하면 옳다는 게다. 보여야 하고 들려야 하며 만져져야 검증되고 증명되어야 인정되는 세상이 곧 물질의 세상이다. 이런 세상인지라 도덕을 헛소리처럼 들으려 하지만 도덕은 인간하고 상관없이 우주의 출입문出入門이다.

# 070

# 불선인은 선인의 밑천이다

善人者不善人之師 선인자불선인지사라

善人者不善人之師
선인자불선인지사

不善人者善人之資
불선인자선인지자

不貴其師
불귀기사

不愛其資
부애기자

雖智 大迷
수지 대미

是謂要妙
시위요묘

선한善 사람이라는人 것은者 선하지 못한不善 사람의人之 스승이고師, 선하지 못한不善 사람이라는人 것은者 선한善 사람의人之 밑천이다資. 그其 스승을師 귀하게 여기지 않고不貴, 그其 밑천을資 아끼지 않는다면不愛 비록雖 많이 안다 한들智 크게大 미혹하다迷. 이를是 긴요한要 미묘함이라妙 한다謂.

『노자』 27장 참조

선善은 법자연法自然을 말한다. 자연自然을 본받으면法 그것이 곧 선善이다. 봄이 오면 초목이 싹트고 여름이면 무성해져 열매를 맺고 가을이면 맺은 열매를 영글게 하여 한해의 보람을 땅으로 돌려보내고 겨울이면 다음 봄을 기다리는 초목의 한해살이야말로 상선常善이다. 상도常道의 짓 즉 조화造化를 상덕常德이라 하고 그 상덕을 상선常善이라고 한다. 물론 상도의 조화를 자연이라 하니 상덕-상선-자연이란 모두 상도常道의 짓을 말한다. 그러니 성인聖人은 상선常善으로써 생사生死를 누리는 분이다. 이런 성인을 진실로 본받아 살고자 하는 사람을 일러 선인善人이라 한다.

『주역周易』에서도 천도天道를 계승繼承함이 선善이라고 한다. 천도 역시 자연이니 자연은 곧 선善이다. 사람이 자연을 본받아 살면 그 삶이 곧 선善이다. 그러니 선善이란 사람이 만들어 정해놓은 인륜人倫에 의해서 정해지는 것이 아니다. 참으로 선善이란 천륜天倫 즉 자연이다. 그 사람 법法 없이 살 사람이라고 하면 바로 그 사람은 선한 사람이다. 법 없이 산다고 할 때 그 법法이란 법자연法自然의 법法이 아니라 인간이 만든 육법六法의 법을法 말한다. 자연을 본받음法이란 인간이 만든 육법하고는 아무런 상관이 없다. 왜냐하면 법자연의 선善에는 육법이라는 것이 아무런 소용이 없는 까닭이다.

버섯을 전공하는 한 학자가 등산길에서 버섯을 담은 망태를 내려놓고 쉬는 노인을 만났다. 호기심이 도져 망태 속의 버섯들을 구경 좀 하자고 했더니 그 노인이 땅바닥에 두 무더기로 늘어놓았다. 이것저것의 학명學名으로 아는 척하고 이 골짝에는 버섯들이 몇 종류나 있느냐고 물었더니 "이 무더기는 먹는 거고 저 무더기는 약재藥材이구먼! 또 못 먹는 독버섯도 있으니 이 골짜기에는 세 가지 버섯이 있어요." 이 촌로村老의 대답에 무척 부끄러웠었다는 게다. 버섯에 관해 박식한 학자를 무식한 촌로가 왜 부끄럽게 했을까? 무식한 덕德 앞에선 유식有識함은 절로 부끄러워진다. 유식

할수록 자연과 멀어져 지식智識의 노예가 되어버린 탓으로 자연 앞에 인간의 짓은 늘 부끄러워진다. 재승박덕才勝薄德이라 않는가! 지식이 넘치면 그만큼 덕은 엷어진다. 그러면 저절로 불선인不善人이 되고 만다.

본래 선善은 덕德을 말한다. 선덕善德 그것은 소사少私하여 과욕寡欲하면 절로 찾아온다. 누구나 제몫私을 적게少 하여 욕심欲을 줄일수록寡 후덕厚德해진다. 후덕한 사람 그분이 곧 선인善人이다. 선인은 덕이 두터운厚 분이고 불선인은 박덕薄德한 자이다. 제몫私을 키우면 덕은 그만큼 엷어지고 덕이 박해질수록 탐욕貪欲 즉 욕심을 지나치게 부린다. 이처럼 탐욕 탓으로 박덕薄德한 사람을 일러 불선인不善人이라 한다. 불선인은 악한을 뜻함이 아니라 박덕한 인간을 말한다.

문명은 탐욕을 불러 사람을 불선인不善人이 되게 하고 자연은 과욕寡欲을 안겨 선인善人이 되게 한다. 탐욕은 과욕寡欲을 만나면 늘 부끄럽게 하여 뉘우치게 된다. 이런 연유로 선인善人이 불선인不善人의 스승師이 된다는 것이다. 여기서 스승師이란 지식을 가르쳐주는 자를 말하는 것이 아니라 무엇이 인간을 부끄럽게 하는지를 일깨워 터득하게 하는 분이다. 버섯 따는 촌로가 버섯에 관한 지식이 많은 학자를 왜 부끄럽게 했을까? 무엇을 안다는 지식하고 그 무엇을 삶으로 이어주는 덕德이 만나면 덕 앞에 식識이 고개를 숙이게 된다. 따라서 불선인不善人이 선인善人에게 박덕薄德하지 말아야 하는 까닭을 새삼 일깨워주니 불선인은 선인의 밑천資이 되는 게다. 물론 박덕한 불선인이 후덕한 선인을 비웃고 얕본다면 선인은 바보가 되어 난세亂世가 판을 치고 만다.

# 071

# 살게 하고 죽게 하는 열셋의 무리

生之徒 – 死之徒 생지도 – 사지도라

出生入死

출생입사

生之徒十有三

생지도십유삼

死之徒十有三

사지도십유삼

나옴은出 태어남이고生 들어감은入 죽음이다死. 살게 하는生之 무리가徒 열하고十 또有 셋이고三, 죽게 하는死之 무리가徒 열하고十 또有 셋이다三.

『노자』 50장 참조

　생사生死는 삶과 죽음인지라 둘로 나누어진다는 말일까? 삶과 죽음을 둘로 보는 생각은 작고 얕다 하고 삶과 죽음을 하나로 보는 생각은 크고 깊다고 한다. 그리고 보면 사람들이 생사生死를 대하는 마음가짐은 아마도 거의가 다 작고 얕은 편이다. 삶 따로 죽음 따로 생각하기를 마다 않으니 말이다. 그래서 삶과 죽음은 서로 떨어져 있는 것이 아니라 동전 앞뒤처럼 딱 하나로 붙어 있다는 말을 들으면 거의 다 실없는 말 말라며 귀담아들으려 하지 않는다. 이는 누구나 다 살아간다고 여기지 죽어간다고 믿지 않는 까닭이다.

그런데 하루 살았다고 하면 그 말은 하루 죽었다고 하는 말과 다를까 같을까? 이런 물음에 부딪히면 사死가 생生을 졸졸 따라다닌다는 생각이 돋아날 수도 있다. 그렇구나! 하루 산 것은 곧 하루 죽은 것이구나! 새삼 생사生死를 새로 깨달아 저도 모르게 놀랄 수도 있다. 세상에 있는 것치고 없어지지 않는 것은 없다. 있는 것이면 그 무엇이든 죽는다는 말이다. 따지고 보면 일생一生이란 가솔린을 '만땅' 넣은 자동차가 그 가솔린을 다 태울 때까지 달리는 것과 같은 셈이 아닌가! 물론 자동차야 가솔린을 다 태우면 다시 주유소에 가서 주유注油하면 되겠지만 인간이 저마다 허락받은 일생은 딱 한 번만의 '만땅'으로 그쳐야 하는 자동차 같은 것이라는 생각에 이른다면 자신에게 일생一生의 가솔린을 함부로 태워선 안 되겠다는 깨우침에 이를 수도 있는 일이다. 가솔린이 자동차에 동력을 제공해주듯 내 몸뚱이에도 동력을 주는 가솔린이 있어 그것을 생기生氣라고 하는 것이다. 생기生氣란 요샛말로 하자면 '살게 하는 에너지'라는 말이다. 내 심신心身은 들숨날숨으로 생기를 태우면서 일생의 원둘레를 달리는 자동차 같다는 생각에 이를 수도 있다.

내 몸뚱이를 쉬지 않고 달리는 자동차라고 상상해볼수록 나에게 허락된 일생一生이란 딱 한 번 돌 수밖에 없고 뒤돌아가 다시 달릴 수도 없는 외줄기 원둘레 길인 셈이다. 대학입시에는 재수라는 것이 있지만 인생에는 재수란 없다. 하나의 원둘레 길 같은 일생一生이란 그 종점은 딱 정해져 있지만 얼마를 달려야 그 종점에 다다를지 알 수는 없다. 다만 일생의 원둘레는 사람마다 달라서 일생을 두고 장수니 천수니 요절이니 따지기도 한다. 하여튼 누구든 한 바퀴 일생을 밤낮으로 멈춤 없이 달림이 생사生死의 일생인 것만은 틀림없다.

달리는 일생의 속도는 사람마다 다르다. 고속도로에 법정속도를 지키면서 달리는 자동차도 있고 과속으로 달리는 자동차도 있고 폭주하는 자동차도 있듯이 인생의 달림도 그러한 게다. 자동차는 속도에 따라 가솔린을 많이 태우기도 하고 조금 태우기도 하듯이 사람도 생기生氣를 많이 태우게도 하고 적게 태우게도 하는 것이다. 생기生氣를 태우게 하는 것들을 일러 생지도生之徒-사지도死之徒라고 한다. 그 생사生死의 무리徒가 몇이냐 하면 열하고 셋이라 한다. 그 열셋 즉 〈희로애락애오구喜怒哀樂愛惡懼〉 일곱하고 〈안이비설신의眼耳鼻舌身意〉 여섯을 합쳐 십삼도十三徒라고 한다. 기쁨喜과 노여움怒, 슬픔哀과 즐거움樂, 사랑愛과 싫음惡, 그리고 두려움懼 등이 생기生氣를 태우면서 일생一生의 속도를 주물러대고, 눈眼은 아름다운 모습을 탐하고 귀耳는 아름다운 소리를 탐하며 코鼻는 향기를 탐하고 혀舌는 맛을 탐하며 몸身은 감촉을 탐하고 마음意은 온갖 욕심을 싣고서 일생一生을 끌고 가는 생기生氣를 쥐락펴락 한다.

이놈의 십삼도十三徒가 생사生死를 밀고 당기고 밀치고 설치면서 일생을 달리는 내 몸뚱이의 생기生氣를 탕진하고 마는 무리들이다. 저마다의 일생一生을 스포츠처럼 여기고 생사의 십삼도十三徒를 태우면서 환호할 것 없음을 일찍 깨우칠수록 한 바퀴만 돌고 말아야 하는 인생을 함부로 험하게 내치지 않을 수도 있는 것이 애달픈 인생이다.

# 말 않거나 말 없거나 천지의 가르침

不言之敎 불언지교라

不言之敎

불언지교

無爲之益

무위지익

天下希及之

천하희급지

말이 없는不言之 가르침과敎 무위의無
爲之 이로움益 그것들과之 함께함은及
세상에天下 드물다希.

『노자』 43장 참조

왜 말이 말을 만드니 말이 아니거든 하지 말라 하는가? 말이란 아 해
다르고 어 해 다른 까닭이다. 사람의 말은 늘 시비是非를 달고 바람처럼
떠돌기 때문에 함부로 혀를 놀리면 탈이 나니 입조심보다 더 나은 약은
없다고 한다. 사람은 제 생각과 같은 말을 들으면 하하 좋아하고 제 생각
과 다른 말을 들으면 찡그리며 싫어한다. 그래서 사람의 말에는 좋거나
싫거나 두 갈래 꼬리를 달고 발 없는 말이 천리 간다고 하는 것이다. 밤말

은 쥐가 듣고 낮말은 새가 듣는다며 말조심해야지 세 치 혀 잘못 놀리면 탈나기 쉽다고 예부터 입조심하라는 가훈家訓이 허다했었다. 그래서 말없는不言之 가르침敎은 사람의 것이 아니라 산수山水의 것이라는 말씀이 생긴 것이다.

사람만 입으로 말한다고 여기면 짧은 소견머리이다. 천지에 말하지 않는 것이란 하나도 없다. 푸나무도 저마다 끼리끼리 말하고 새나 짐승도 저마다 끼리끼리 말하며 하루살이 버러지들도 저마다 끼리끼리 말하고 물고기도 저마다 끼리끼리 말한다. 하물며 목숨이 없다고 여기는 바위나 돌멩이한테도 말이 숨어 있다고 생각해도 된다. 초목이 저마다 피우는 꽃들은 벌 나비를 부르는 초목의 말이지 사람의 눈요기해주고자 피는 꽃은 없다. 그래서 민들레는 제 씨를 날리고자 민들레꽃을 피우고 도라지도 그러려고 도라지꽃을 피우는 것이지 사람의 눈길을 끌기 위해서 꽃을 피우는 초목은 없다. 그러니 산천에 사는 초목치고 말하지 않는 것은 없다고 여기는 편이 슬기롭다. 조수鳥獸도 매양 같다. 참새는 참새 소리로 꾀꼬리는 꾀꼬리 소리로 까치는 까치 소리로 불러 모아 유유상종하고 고라니는 고라니 소리로 암수를 부르고 호랑이는 호랑이 소리로 산골짜기를 쩌렁쩌렁 울리게 한다. 이 모든 산 것들의 소리들은 산천에 사는 온갖 목숨들이 저마다 제 소리로 말을 주고받고 산다는 징표들이다.

그러니 하늘도 말해주고 땅도 말해준다고 여길수록 사람의 마음속은 그만큼 더 깊어지고 넓어지고 그윽하되 밝고 맑다. 그렇지 못하고 사람만이 땅의 귀한 목숨이라 여기고 나아가 제 목숨만 귀한 줄 알고 살수록 사람의 마음속은 그만큼 더 살벌하고 억세고 날카롭고 뾰족해지면서 얇고 좁아 되바라져 듬직하질 못하다. 그러면서 입씨름만은 천하장사가 되고자 인생을 모래판의 샅바 잡기로 몰아가려는 세태가 날마다 출렁거린다. 사람의 입이 열렸다 하면 온갖 이해利害의 곡절이 출렁출렁 일렁이는지라 시비가 붙고 논쟁이 벌어지고 결판을 내자고 송사訟事를 마다 않는다. 이런 연유로 인간의 세상에는 시비의 바람 잘 날이 단 하루도 없다. 이는 모두 시비지언是非之言을 앞세워 상쟁相爭을 일삼아 인생살이를 치열하게 펼쳐가는 인간의 욕망 탓이다.

만일 인간의 세상에 불언지교不言之敎가 먹혀든다면 그 순간부터 출렁대는 세파世波는 잔잔해져 갈 터이다. 불언不言은 말하지言 않는다不고 새겨도 되고 말이言 없다고不 새겨도 된다. 이런 불언不言을 천지가 가르쳐주고敎 나아가 그 하늘땅을 그대로 본받는 성인聖人이 가르쳐준다는 말씀이 바로 여기 〈불언지교不言之敎〉이다. 이는 무조건하고 말이란 없다는 것이 아니라 오로지 시비是非-논란論難을 일삼는 사람의 말이 없는 말씀을 가르쳐줌이 여기 〈불언지교不言之敎〉이다. 그러니 이 말씀은 자연自然의 가르침이라고 새기면 좋다. 인간을 가르치는 더없는 선생님을 성인聖人이라 한다. 오로지 자연을 스승으로 삼아 불언지교不言之敎를 몸소 실천해 보여주는 분이 바로 성인聖人이다. 노자老子와 마찬가지로 공자孔子께서도 성인의 말씀을 두려워하라고 한다. 만약 사람들이 시비是非가 없는 말을 가르쳐주는 성인을 두려워한다면 세상을 이리저리 헷갈리게 시비是非를 일삼는 인간의 세 치 혀가 굳어질 수도 있는 일이다. 곰곰이 따지고 보면 세상이 소란스러운 것은 세 치 혀가 쉬질 않고 꿈틀거리는 탓이다.

# 073

# 욕심내지 않음을 욕심내고

### 欲不欲 學不學 욕불욕 학불학이라

聖人欲不欲
성인욕불욕

不貴難得之貨
불귀난득지화

學不學
학불학

復衆人之所過
복중인지소과

以輔萬物之自然
이보만물지자연

而不敢爲
이불감위

성인은聖人 욕심내지 않음을不欲 욕심내欲 얻기가得 어려운難之 재물을貨 소중히 하지 않고不貴 배우지 않음을不學 배우고學, 뭇사람들이衆人之 지나쳐버리는過 바로所 돌아온다復. 그리하여以 만물의萬物之 자연을自然 보조해서輔而 감히敢 인위를 하지 않는다不爲.

『노자』 64장 참조

옛날에는 성인聖人의 말씀을 두려워했다. 왜냐하면 성인은 우리가 결코 하지 못할 삶을 누리기 때문이다. 성인의 삶을 밝힐 때 그 핵심을 들어 자주 〈욕불욕欲不欲-학불학學不學〉이라 한다. 욕심내지 않음이不欲 성인의 욕심이고欲 배우지 않음이不學 성인의 배움이라學 한다. 이런 말씀을 건성으로 들어서는 헷갈리기 쉽다.

불욕不欲을 욕심낸다고 함은 무욕無欲을 탐한다는 말이다. 욕심내지 않음不欲은 욕심이 없음無欲과 같다. 그래서 불욕不欲은 곧 무욕無欲이다. 마음속에 욕심이 없음인지라 그런 마음을 일러 텅 빈 마음 즉 허심虛心이라하는 것이다. 이처럼 성인聖人은 텅 빈 마음으로 사람들을 마주하기 때문에 욕심이 가득 찬 사람들이 옛날에는 성인聖人의 말씀을 두려워했고 본받아야 한다는 마음을 두고 성인의 말씀 앞에 늘 부끄러워했다.

그러나 지금 사람들은 성인聖人의 말씀을 두려워하기는커녕 얕보고 업신여기려 덤빈다. 성인의 말 들어서는 가난뱅이 되어 패자敗者 되기 십상인지라 딱 잘라 손사래 칠수록 현명하다고 단언한다. 남보다 욕심 부리기를 더해야 내 욕심이 차오는 법인데 어찌 불욕不欲할 것인가? 남보다 더부자가 되어야 하고 남을 이겨서 승자가 되어야 하는 생활전선에서 성인의 말 따위는 두 손 들고 항복하라는 말과 다를 게 없다고 다짐하는 사람한테 성인의 말씀 따위는 아무런 약효藥效가 없다. 대개 이런 사람들은 성인을 잘못 알고 있는 탓으로 성인의 말씀을 비웃고 업신여기는 경우이다.

알고 보면 성인聖人은 가난뱅이로 고생하며 살라고 말한 적이 없으며 생활전선에서 패자敗者로서 살라고 주장한 적도 없다. 오히려 우리 모두다 같이 부자로 살기를 바라고 우리 모두 승자가 되기를 진실로 바라는분이 바로 성인이다. 성인의 이러한 속마음을 알아챘다면 성인의 말씀을 손사래 치자고 주장할 사람은 없을 터이다. 누구보다도 성인은 사람들이 배불리 먹고 따뜻이 옷 지어 입고 편안히 한세상 살기를 바라고 세상을 한집안으로 여겼던 선생임을 알아챘다면 성인의 말씀을 두려운 마음으로 삼가 받들어 들어야 하는 까닭을 쉽사리 터득할 수 있는 일이다. 이런 성인聖人의 말씀을 일러 〈욕불욕欲不欲의 말씀〉이라고 하는 것이다.

성인이 바라는 〈불욕不欲〉이란 〈불사욕不私欲−불욕상쟁不欲相爭〉의 줄임이라고 여기면 된다. 사욕私欲이 없음不이 성인聖人의 불욕不欲이고 서로相 다투고자 함이欲爭 없음不이 성인의 불욕不欲이다. 따라서 성인의 말씀을 두려워하고 본받아 살려고 마음먹는 사람은 그만큼 선善하게 마련이다. 본래 선善하다는 말은 자연을 따른다는 뜻이다. 꾸미고 보태거나 다듬고 덜거나 잔재주 부리지 않고 그냥 그대로自然 살면서 남을 해치지 않고 보살펴 주려는 마음을 일러 본래 사람의 자연이라 하였고 한 글자로 그냥 선善이라고 한 것이다. 그래서 성인聖人의 말씀을 선언善言이라고 하지 선어善語라고는 하지 않는 법이다.

왜 성인聖人의 말씀을 선어善語라 않고 선언善言이라 할까? 다른 짐승들의 말을 그냥 소리聲라 하고 사람의 말을 언어言語라 하는 것은 사람만 말로써 말 많아 이러쿵저러쿵 옳으니是 그르니非 따지려 하기 때문이다. 세상 천지에 사람만 시비 걸어 논쟁을 일삼는 동물인 셈이다. 시비 걸자는 말을 한 글자로 〈어語〉라 하고 시비 걸 것 없다는 말을 한 글자로 〈언言〉이라 한다고 여기면 된다. 성인의 말씀은 〈욕불욕欲不欲의 말씀〉인지라 결코 어語가 되지 않고 언言이다. 그 언言을 두고 시비 걸자면 바보가 된다.

# 074

# 한결같은 크고 텅 빈 덕

孔德之容 공덕지용이라

孔德之容
공덕지용

唯道是從
유도시종

道之爲物
도지위물

唯恍唯惚
유황유홀

크고 텅 빈孔 덕의德之 짓容 이것은是 도만을唯道 따른다從. 도라고道之 하는爲 것이란物 정말唯 있는 듯 없고恍 정말唯 없는 듯 있다惚.

『노자』 21장 참조

　　어떠한 바람도 없이 흑지畜之(가축 축畜, 길러줄 흑畜, 집짐승 추畜 등 발음이 다양함)해줌을 가장 으뜸가는 덕德이라 하여 상덕常德이니 대덕大德이니 상덕上德이니 현덕玄德이니 한다. 아무런 조건 없이 그냥 그대로 길러줌을 일러 자연의 흑지畜之라 한다. 이처럼 달리 불리지만 자연自然이라는 조화造化를 지극하게 더할 바 없이 높여 부름을 일러 공덕지용孔德之容이라 한다. 공孔은 크면서大 텅 빈空 것이고 용容은 여기선 동작動作이라는 짓도 되고 동용動容이라는 모습도 되어 〈크고 텅 빈 덕의 짓〉이 공덕지용孔德之容이다. 다름이 아니라 하늘땅이 짓는 덕을 일러 공덕孔德이라 하고 그 공덕이 하늘땅 만물에 두루두루 통함이 곧 용容이다.

번잡한 도시에는 자연이라는 것이 없다. 이것저것 할 것 없이 사람의 손이 미치지 않음이 없는 곳이 도시이다. 도시에 사는 초목들도 잡초를 빼고 나면 사람의 손으로 심겨져 가꾸어지는 것들이다. 산천에 나가 만나는 풀밭의 잡초는 살 깊은 땅에 뿌리를 내리고 산천 풍광을 즐기면서 자유로이 산다. 그러나 잡초의 씨앗들이 바람에 실려 도시에 내려앉게 되어 뿌리를 내리고 힘겹게 살아가는 도시의 잡초들이 흉하다며 걸핏하면 잘라내는 꼴을 보면 볼수록 인간이 공덕孔德의 후손을 무참하게 짓밟고 있다는 생각을 버릴 수가 없다.

길가에 뒹구는 돌멩이 하나도 하늘의 것이니 업신여기지 마라. 자갈길을 가다 오줌이 마렵거든 자갈밭에 누지 말고 풀밭을 찾아가서 맹물만 먹고 사는 잡초한테 거름되게 적셔주고 가거라. 이런 이야기는 옛날 할아버지가 손자와 산천을 거닐면서 손자에게 베풀어주었던 가르침이다. 산천에 사는 잡초가 행복하다고 단언할 수 있는 것은 공덕孔德의 품안에서 보금자리를 얻고 있는 까닭이다. 그러나 도시의 골목에서 하루하루 겨우겨우 버티고 사는 잡초를 보면 인간이 얼마나 매정한지 뜨끔해지기도 한다. 도시의 골목 시멘트나 아스팔트 갈라진 틈바구니에 바람에 실려와 터를 잡게 돼 얕은 땅바닥에 어렵사리 겨우 뿌리를 내리고 간신히 버티고 있는 민들레를 본 적이 있을 터이다. 물론 살기 비빠서 그런 잡초 눈여길 여유가 어디 있느냐고 성질낼 수도 있다. 그러나 도시 골목에서 그래도 노랑 꽃떨기를 피우고 애간장을 태우고 있는 저 민들레도 하나의 목숨이라는 것을 떠올리고 눈길 한 번 주면서 사람만 살자는 도시의 세상이 얼마나 잔인한 곳인지 몸서리칠 수도 있는 일이고 순간 '자연이란 무엇인가?' 곰곰이 생각해볼 수도 있는 일이다.

함부로 사랑이라는 말을 입에 올리지 마라. 사람이 사람을 사랑하기란 아주 작은 사랑이다. 돌멩이 하나도 하늘의 것이고 이왕에 길가에서 오줌을 누어야 할 지경이면 잡초한테 거름이 되게 베풀어주려는 마음은 하늘 같은 사랑이지 않은가? 하늘같은 사랑 그런 고마움이야말로 공덕孔德의 짓容이요 모습容이고 그릇容이 아닌가! 시인 윤동주께서 "죽는 날까지 하늘을 우러러 한 점 부끄럼이 없기를, 잎새에 이는 바람에도 나는 괴로워했다"는 그 마음이 곧 공덕孔德의 용容 바로 그 모습이 아닌가! 돈 명성 출세 등등 이른바 부귀영화라는 것을 두고 목숨 거는 일이 다반사처럼 인정되는 도시 속이란 따지고 보면 고슴도치 등보다 더 사나운 가시밭 같다.

이제 도시란 물도 바람도 하물며 밟는 땅바닥도 자연이 없다. 오로지 사람의 욕망들로만 북적거리는 도시에는 아예 공덕지용孔德之容의 마음속은 없다. 사람들이 입으로는 자연 자연 하지만 사람한테서 자연이 사라진 지 이미 오래된 편이다. 산마루에 올라가 '야호야호' 질러댄다 해서 자연과 가까워지는 것은 아니다. 참으로 '잎새에 이는 바람에도 괴로워하는' 마음이라야 자연을 만나기 쉽다. 제주도 가서 둘레길 걸었다고 자연 속에 안겼다 온 것도 아니다. 자연 즉 공덕지용孔德之容은 사람한테 맨 먼저 욕망부터 털어내고 상쟁相爭하려는 뜻을 버리고 빈 그릇 같은 마음을 요구하기에 진정 자연을 누리기 어렵다.

# 075

# 지혜가 나타나 크나큰 거짓이 생겼다

智慧出 有大僞 지혜출 유대위라

大道廢 有仁義
대도폐 유인의

智慧出 有大僞
지혜출 유대위

六親不和 有孝慈
육친불화 유효자

國家昏亂 有忠臣
국가혼란 유충신

대도가大道 버려져廢 인의가仁義 생겼고有, 지혜가智慧 나타나出 크나큰大 거짓이僞 생겼으며有, 육친이六親 화목하지 못해不和 효와孝 자가慈 생겼고有, 나라가國家 혼미해지고昏 혼란해져亂 충신이忠臣 생겼다有.

『노자』 18장 참조

사람의 혀는 뼈가 없어도 뼈를 부순다. 혀 아래 도끼 들었다. 왜 이런 속담들이 생겼을까? 아마도 말하기를 무기로 삼는 세상이 되면서 이런 속담들이 생겼지 싶다. 나아가 헛바닥에는 발이 없지만 혀를 놀려 나오는 말은 수천 리를 내달리기도 한다. 말 잘하는 사람들이 세상을 쥐락펴락하면서 내가 옳고 너는 틀렸다고 다투어 목소리를 다듬었던 세상을 전국시대戰國時代라고 한다. 전국시대는 역사의 한 시대를 말한다기보다는 지혜智慧를 앞세우면서부터는 사람 사는 세상치고 전국시대戰國時代가 아닌 적이 없다. 지금 우리가 사는 세상보다 더한 전국시대는 없었다고 여겨도 하나도 틀릴 것 없다는 생각이 앞선다.

『장자莊子』「도척편盜跖篇」맨 끝 단락 맨 처음에 무족无足이 지화知和에게 "사람이란 누구나 명성을 찾아나서 이득을 좇게 마련이다"라고 말을 건다. 명성과 이득을 갖게 되면 그에게 사람들이 모여들고 모인 사람들이 그에게 고개를 숙이고 그러면 그는 존경받는 사람이 되는 것이 아니냐고 무족이 지화에게 시비를 걸고 나온다. 이에 지화가 "재물을 탐하다 병에 걸리고 권력을 탐하다 정력을 낭비하며 편히 살다보니까 음란에 빠지고 육체에 힘이 남아돌아 주체를 못하게 되면 환장했다 할 만하다"고 타일러 준다. 그렇다고 무족이 지화의 말을 귀담아듣는 것은 아니다. 무족无足은 만족할 줄 모르는 인간을 헤아리게 하는 가상인假想人이고 지화知和는 만족할 줄 아는 가상인이다.

지혜智慧를 앞세우면 그 마음은 항상 굶주림에서 벗어나지 못한다. 지혜는 끊임없이 바깥 것에 끌리는 마음의 가기志이므로 시비是非를 가리고 가부可否를 정해 욕심대로 꾀하고자 하기에 설령 한강물을 다 마신다 해도 갈증을 풀지 못해 늘 게걸스럽게 목말라 한다. 한사코 시비是非-가부可否를 결판내라는 지智와 시비-가부를 선택하라는 혜慧를 따라야 하기에 늘 헉헉거리며 마음 편할 날이 없다. 지혜로운 사람이 되라고 애비가 제 자식한테 태연하게 당부하기도 한다. 그러나 이런 당부를 곰곰이 짚어보면 마음 편한 삶을 살지 말고 마음고생하며 살라고 당부하는 꼴이 되기 쉬운 법이다. 지혜롭되 그 지혜가 소지小智로만 끌려가서는 안 된다고 꼬리표를 달아두어야 할 필요가 꼭 있는 것이다.

올라가지 못할 나무는 치어다보지도 말라고 하면 이제는 웃기는 소리 말라며 사다리 놓고 올라가면 된다고 반론을 편다. 고깃덩이 물고 외나무 다리 건너다 물속에서 고깃덩이 물고 있는 다른 놈을 바라보고선 다른 놈의 고깃덩이가 탐이 나 컹컹 짖다가 제 입에 물린 고깃덩이마저 물속으로 풍덩하고 말 터이니 사납게 욕심내지 말라고 하면 물속으로 뛰어내려 물에 고깃덩이 되찾아 물고 헤엄쳐 건너가면 된다고 변론하고 나서는 세상이 됐다. 이런지라 대지大智는 없어지고 소지小智만 득실득실 하는 꼴이다.

소지小智는 나만 이로우면 그만이라는 승인勝人의 속셈이고 대지大智는 우리 서로 이롭고 좋게 되어야 한다는 자승自勝의 너그러움이다. 우리는 서슴없이 경쟁의 시대에 산다고 말한다. 이는 내가 나를 이겨냄自勝이 아니라 남을 이겨야 한다勝人는 호언장담이다. 서로 모두 승인勝人하자면 세상은 절로 전쟁터를 방불케 하고 만다. 정보로써 싸움하는 세상은 소지小智로써 먼저 싸움을 거치게 하는 것이다. 그래서 이제는 전술-전략이라는 낱말은 군대만의 용어가 아니게 되었다. 서로 어울리는 너그러운 큰 지혜가 아니라 세상이 작은 지혜로만 휩싸이다 보니 세상을 속이려는 마음 즉 대위大僞가 생기고 만다.

# 076

# 제 새끼를 낳고 기르는 불변의 참

### 道生之 德畜之 도생지 덕휵지라

道生之 德畜之
도생지 덕휵지

物形之 勢成之
물형지 세성지

是以
시이

萬物莫不尊道而貴德
만물막불존도이귀덕

상도가道 낳고生之, 덕이德 길러주고畜之, 온갖것이物 드러나며形之 기세가勢 이루어진다成之. 이렇기때문에以 온갖 것은萬物 도를道 받들면서尊而 덕을德 높이지 않을 수 不貴 없다莫. (가축 축畜, 길러줄 휵畜, 집짐승 추畜 등 발음이 다양함).

『노자』 51장 참조

과학의 시대를 어느 누구도 의심하지 않는다. 50년 전 전화국보다 더 많은 기능을 간직한 전화국을 큰 달걀 하나 정도 무게로 손에 들고 다니는 '폰Phone' 하나만 생각해 보아도 세상은 날마다 새롭게 달라져가 버린다. 내일은 새것이 어떻게 다가올지 가늠할 수 없을 정도로 사물事物의 세상은 변해버리고 변해버린다. 그래서 요새는 변화變化라는 말보다 변變한다는 말이 앞장서버린다. 이제 사람들은 도道가 만물을 낳아주고 덕德이 만물을 길러준다고 하면 낡아빠진 생각을 아직도 버리지 않았냐는 듯이 참 딱하다 한다.

천지天地마저 인간의 손안에 있다고 확신하는 터에 도덕道德이 무슨 뜻을 갖느냐? 그런 것은 허물 같아 팽개칠수록 좋다며 비웃어버린다. 천지는 만물의 어버이라고 하면 옛날에 그렇게 믿었고 과학을 몰라서 그랬다고 단정하고서 뚱딴지같은 소리 말라고 귀를 닫아버린다. 이처럼 인간은 이제 이 땅덩어리에서 그 무엇도 덤빌 수 없는 독재자로 군림하는 중이다. 하지만 인간이라는 군상群像이 잉걸이 훨훨 피고 있는 화롯가에서 멋대로 놀고 있는 돌잡이 같아 겁도 나고 무섭기도 하고 두렵기도 하다는 생각을 하루에 한 번이라도 해보면 좋겠다는 생각이 떠나지 않는다. 이처럼 사람들이 흥청망청 먹고 입고 사노라 헤벌려져도 괜찮을 것인가? 두려움이 없는 동물이 제일 무섭다는 말은 거짓말이 아니다. 인간이 지금 그런 동물로 치닫게 온갖 과학이 꼬드긴다고 한 번쯤 가슴에 손을 얹어보았으면 한다.

이제 인간은 한 가닥 햇빛 한 방울의 물 한 솔의 바람이 얼마나 귀하고 고마운지 몰라 천사天食라는 낱말마저 까맣게 잊어버렸다. 모든 것들을 사람이 만들어서 먹고 사는데 무엇을 눈치 볼 것 없다고 떵떵거린다. 쌀 한 톨 푸성귀 한 닢 소홀히 하지 않았던 시절에는 어느 먹을거리든 천사天食로 여겼다. 비료를 주고 농약을 뿌려 가꾼 곡식이니 사람이 지어낸 것이라고 생각하는지 모르겠다. 우리에 가두어 놓고 사료를 먹여 키우니 소 돼지는 인간이 키워내는 고기라고 단정하는지 모르겠다.

그러나 하늘땅이 허락하지 않는다면 벼 한 포기 심을 수 없고 소 한 마리도 키워낼 수 없음은 인간이 아무리 외면한들 변할 수 없는 참眞이다.

하늘의 짓을 진眞이라 하고 사람의 짓을 위僞라 한다. 물론 진위眞僞라 하면 진짜와 가짜라는 말이다. 그렇다. 진짜를 가짜로 둔갑시킴이 곧 인간의 짓이다. 예를 들어 이제는 산나물 한 입도 자연산을 먹기가 어렵다. 산에서 자연스럽게 저 홀로 살아야 산나물이다. 그런데 이제는 비닐하우스 속에서 비료를 받아먹고 사람의 손으로 길러져 본래의 향이 절반도 못 미치고 잎줄기도 질겨져 가짜 산나물이 되고 말았다. 하기야 사람도 이제는 부모한테서 태어난 대로 사는 쪽보다 성형을 해서 제가 바라는 얼굴로 살고자 하는 판인지라 가짜 얼굴 가짜 몸매로 기세를 올리면서 성형한 가짜가 성형 안 한 진짜 얼굴을 비웃는 꼴이 된 셈이다. 이런 세상인지라 사람들이 도생지道生之이니 덕휵지德畜之라 말하면 뚱딴지같은 소리라고 손사래 치려 한다.

소가 돼지를 낳는 법은 없고 참새가 꾀꼬리를 낳는 법도 없고 노루가 토끼를 낳는 법도 없다. 사람은 사람을 낳고 소는 소를 낳고 참새는 참새를 낳고 노루는 노루를 낳고 민들레는 민들레를 낳고 소나무는 소나무를 낳고 등등 목숨이 있는 것이면 그 무엇이든 제 새끼를 낳아줌을 일러 도생지道生之라 한다. 사람은 사람을 낳아 기르고 온갖 새는 저마다 알을 낳아 제 새끼를 길러주고 온갖 짐승도 제 새끼를 낳아 길러주고 온갖 물고기도 저마다 알을 실어 제 새끼를 크게 하고 초목도 저마다 씨를 뿌려 자라게 하고 등등 목숨이 있는 것이면 그 무엇이든 제 새끼를 키워줌을 일러 덕휵지德畜之라 한다. 그러니 아무리 과학의 세상일지라도 도생지道生之-덕휵지德畜之라는 말씀은 여전히 참이다.

# 077

# 뒤꿈치를 세운 사람은 오래 서 있지 못한다

跂者不立 기자불립이라

跂者不立
기자불립

跨者不行
과자불행

뒤꿈치를 세운跂 사람은者 오래 서 있지 못하고不立, 성큼성큼 크게 걷는跨 사람은者 멀리 가지 못한다不行.

『노자』 24장 참조

　아무리 바빠도 바늘허리에 실 매어 바느질할 수 없다. 어떤 일에서나 순서가 있고 방식이 있다. 그것을 무시하고 욕심나는 대로 마구잡이로 할 수 없는 것이 살아가는 일이다. 손이 마를 틈이 없던 어머니도 손바느질하려면 젖은 손에서 물기가 모두 날아가기를 기다렸다가 바느질감을 먼저 챙긴 다음 반짇고리를 열어 알맞은 길이로 실을 잘라 그 실 끝을 가늘고 꼿꼿이 비빈 다음 바늘구멍으로 실 끝을 조심해 꿰고 난 다음 바느질할 부분을 무릎 위에 놓고서 한 땀 한 땀 바느질을 해갔다. 성급하게 바느질하다간 바늘 끝에 손가락이 찔린다고 바느질 배우려는 딸에게 주의를 준다. 옷 한 벌 짓자면 순서를 따라야 하고 무슨 일이 있어도 서둘러서는 안 되니 차근차근 바느질을 해야 한다. 이처럼 안방에서는 시집갈 나이가 찬 딸을 데리고 옛날 어머니는 바느질하는 법을 자상하게 가르쳤다.

사랑방에서는 할아버지가 곧 세상살이로 집을 떠나야 할 손자한테 매사를 마주하면서 결코 서둘지 말라고 타이른다. 인생살이는 살얼음판 같다고 여겨라. 꺼질세라 걸음마다 조심하기를 유예猶豫를 닮을수록 좋은 법이라고 가르친다. 주인 따라 집 밖으로 나온 개猶는 주인이 가는 길을 따라 앞장서서 꼬리를 흔들며 사방을 두리번거리며 조심조심 나아간다. 주인의 걸음걸이에 따라 앞서거니 뒤서거니 쫄래쫄래 따라가지 제멋대로 달려가지 않는다. 덩치 큰 코끼리豫도 길을 갈 때 함부로 길을 잡지 않는다. 기억하는 길로만 오고가지 멋대로 설쳐대며 이리저리 되는 대로 먹이나 물을 찾아 나서지 않는다. 한 무리를 지어 새끼를 잘 보호하면서 가야 할 곳을 향해 뚜벅뚜벅 나아가는 코끼리와 사방을 조심조심 살피면서 길잡이 해주는 개를 잊지 말라는 뜻을 담아 유예猶豫라는 낱말을 들어 등잔불을 사이에 두고 할아버지가 손자에게 도란도란 인생을 가르쳤다.

그러나 지금은 매사를 서둘러대야 시간을 벌고 시간을 벌어야 돈을 번다고 다짐하는지라 듬직이 마음속을 잡아주기를 싫어하는 세상이 되고 말았다. 시간을 따질 여유가 없다며 분초를 다투어 밀고 당기면서 인생을 100미터 달리기로 결판을 내려는 듯이 여기저기 빨리빨리 조바심내면서 살아간다. 도시생활을 마주하다 보면 하나의 도시가 마치 벌통 같다는 착각을 할 때가 많다. 어슬렁거리며 느긋하게 걷다간 오가는 사람들한테 받히고 밀쳐 파도에 쓸리는 바닷가 돌멩이 꼴 되기 쉽다. 천천히 서서히 차분하게 살아가기는 참으로 어렵게 세상이 성급하게 질주하려고만 덤빈다. 그래서 이제는 유연견남산悠然見南山이라는 한가함이란 서울뿐만이 아니라 어디에도 없다. 쏜살같다는 말도 이제는 느리다. 총알 같다고 해야 할까. 하여튼 밀어 부딪쳐 앞당겨 남보다 먼저 보고 먼저 나가야 승산이 생긴다고 다들 용을 쓰면서 출발 선상에 땅 소리만 노리는 셈으로 인생을 숨 가쁘게만 몰아가려 한다.

요새는 누구나 정신없이 산다고 해야 쳐주지 하염없이悠然 남산을 바라본다見고 해서는 서슴없이 '유 루저you loser야' 내뱉는다. 그냥 너는 실패할 거야 하면 멋없다는 게다. 세상이 이러고 보니 누구나 다투어 기자企者가 되기를 서슴지 않는다. 저마다 땅 위에 두 발로 든든히 서 있기보다 발뒤축을 곧추 세우고 까치발로 남보다 더 멀리 먼저 바라보고 눈치채고자 약삭빠른 인간을 기자企者라 한다. 까치발로 남보다 앞서고 남보다 빨리 저마다 속셈으로 찍어놓은 목적에 도달하고자 부랴부랴 성큼성큼 큰 발걸음을 성급하게 놓다가 5분도 못 가서 숨차 여기저기서 헉헉대는 인간을 과자跨者라 한다. 천리 길도 한 걸음부터라고 하면 등신 같은 소리 말라면서 천리 길도 단숨에 간다는 생각을 갖추어야 초음속 세상에서 승자가 된다고 떵떵거리는 세상이다. 이제 총알같이 내달리고 보자는 세상인지라 까치발로 서면跂者 오래 서 있지 못하고不立 성큼성큼 가면跨者 멀리 못 간다고不行 하면 비웃는다.

# 078

# 짖는 개는 물지 못한다

善勝敵者不與 선승적자불여라

---

善爲士者不武
선위사자불무

善戰者不怒
선전자불로

善勝敵者不與
선승적자불여

善用人者爲之下
선용인자위지하

무사로士 잘善 된爲 이는者 무력을 쓰
지 않고不武, 잘善 싸우는戰 자는者 성
내지 않으며不怒, 적을敵 잘善 이기는
勝 자는者 드러내 보이지 않고不與, 사
람을人 잘善 쓰는用 이는者 그 아래가
之下 된다爲. 이것들을是 다투지 않는
不爭之 덕이라德 한다謂.

『노자』 68장 참조

---

잘 이기는 투견鬪犬은 짖지 않는다. 이빨을 보이지 않아야 하는 까닭이
다. 잘 이기는 투계鬪鷄는 발톱을 드러내지 않는다. 갈퀴를 들키지 않아야
하는 까닭이다. 적을 상대하여 이기자면 약점을 들키지 말아야 하는 것만
이 아니라 강점도 드러내지 말아야 한다. 상대를 얕잡아 보고서도 이기는
경우란 거의 없다. 이렇게 하여 싸워서 적을 이긴다 해도 최선의 승자가

된다는 것은 아니다. 싸우지 않고 이기는 쪽이어야 최선의 승자라 할 수 있는 까닭이다.

바둑은 승패를 짓는다. 물론 아주 드물게 비기는 경우가 있다지만 혹이 백에게 네 집 반을 먼저 주고 승패를 내는지라 무승부란 나기 어렵다. 바둑판에는 반집이란 없고 오로지 숫자로써만 있는 승패를 결정짓는 술수術數인 셈이다. 그러나 이 반집이란 승패勝敗를 가름하기 위한 것이지 바둑에는 크게 보아 싸움 잘하는 바둑이 있고 집계산을 잘하는 바둑이 있는 편이다. 집내기 바둑은 싸우지 않고 이기는 바둑인 셈이다. 승패를 낼 때 싸우지 않고 이기는 바둑이 싸워서 이기는 바둑보다 더 윗길이라고 보아도 된다. 왜냐하면 바둑돌을 죽이지 않고 승패를 내기 때문이다. 바둑은 승패를 가름하는 판인지라 바둑판은 전쟁터와 같고 바둑돌은 병사와 같다. 그런 바둑돌을 죽이지 않고 집을 차지한다는 것은 피 흘리지 않고 집을 차지하는 셈이니 바둑돌 잡아내고 집 차지하는 쪽보다 그 전술 전략의 숨김이 윗길인 셈이다. 싸움바둑은 싸우겠다는 뜻을 드러내지 않을 수 없으니 상대도 그 뜻을 알아채게 돼 속셈을 결국 상대에게 보여주는 꼴이 되고 만다. 그러나 집바둑은 머릿속 바둑판에서 집 차지 계산이 치열할까 바둑판에는 그 속셈이 드러나지 않아 상대에게 들키지 않고 바둑판 싸움의 선승善勝을 이끌어낸다. 이처럼 선승善勝은 불여不與하는 것이다.

주지 않음이 불여不與이다. 함께하지 않음도 불여不與이다. 얕은 물은 흐르는 소리로 시끄럽지만 가로막는 큰 돌을 밀어내 치우지 못한다. 깊은 물은 소리 없이 흐르지만 흐름을 막는 장애물이 있으면 밀쳐버리고 흘러간다. 얕은 물은 소리 내어 그 힘을 드러내나 별것이 아니지만 깊은 물의 괴력은 결코 드러나지 않지만 거침없이 흘러가게 한다. 이 또한 선승善勝

의 불여不與이다. 깊은 물이 흐름을 가로막는 것들과 함께하지 않고 물길을 따라 흘러가듯 적을 마주하여 잘 이기는 자는 적과 함께하지도 않을뿐더러 적에게 강점이든 약점이든 드러내지 않는다. 왜 짖는 개는 물지 못한다고 하겠는가? 드러낸 이빨로는 물지 못하는 법. 다문 입속에 감추어진 이빨이 무섭고 검객의 손에 들린 칼보다 가슴속에 품고 있는 비수匕首가 더 무서운 칼날이다.

뛰어난 무사武士는 가슴속에 품은 비수 같아 칼부림을 하지 않고서도 상대를 굴복시키고, 뛰어난 무사는 어떠한 난관에도 태연할 뿐 성내지 않는다. 성내는 마음은 늘 조바심으로 마음을 묶어 한낮의 부엉이 꼴이 되기 쉬운 법인지라 상대에게 속셈을 그대로 드러내버리고 만다. 어차피 이제는 사람 사는 세상이 마치 싸움판처럼 펼쳐지고 있는 중인지라 전쟁터에서만 선전善戰이 요구되는 것이 아니라 살아가는 와중에서도 상대를 심복心服시키는 선전善戰이 필수이다. 사람 사는 세상은 싸움판 같지만 전쟁판과 달라 져주는 쪽이 오히려 이기는 경우가 허다함은 상대를 높여주고 자기를 낮추는 데 그 비밀이 있다. 사람이 하는 일이란 결국 사람을 쓰는 일이다. 사람을 잘 쓰는 사람이 일을 성공시키고 그렇지 못한 사람은 일을 망친다. 요새말로 '갑질하는 사람'은 결국 필패必敗하고 마는 것은 상대를 얕보고 얕은 속을 다 드러내 뒷덜미만 잡히고 마는 까닭이다.

# 079

# 온 세상에서 물보다 더 유약한 것은 없다

天下柔弱莫過於水 천하유약막과어수라

天下柔弱莫過於水
천하유약막과어수

而攻堅强者莫之能勝
이공건강자막지능승

其無以易之
기무이역지

온 세상에서天下 부드럽고柔 약함에
弱 물水보다 더於 넘는 것은過 없다
莫. 그리고而 군고堅 강함을强 치는
攻 것에者 그것을之 능가할 수 있는
것도能勝 없으니莫, 그것을其 함에
以 그것을之 대신할 것이易 없다無.

『노자』 78장 참조

  지금은 아이를 병원에 가서 낳지만 옛날은 아이를 집에서 낳았다. 갓난애가 태어나면 그 집은 온통 그 핏덩이를 위해 온 신경을 쓴다. 평소 같으면 사랑채 어른한테 신경을 써야 했지만 사랑채 어른도 뒷전으로 밀려난다. 대문이나 사립문에 금줄이 처지면 갓난애가 태어났음을 마을 사람들이 알고서 혹시라도 부정不淨 탈세라 그 집을 지나면서는 삼가 조심하고 볼일이 있어도 뒷날로 미루고 드나들지 않는다. 그래서 핏덩이는 한 집안에서만이 아니라 한 마을 모두가 받드는 가장 강하고 귀한 목숨이 된다. 갓 태어난 핏덩이는 부드럽고 나약하기로 말하면 그보다 더할 것이 없지만 온 마을 장정들도 그 핏덩이 하나를 못 당한다. 이처럼 알고 보면 굳고 단단함을 부드럽고 약함이 이기는 것이 자연에 통하는 힘이다.

　하늘을 빙빙 돌던 솔개가 땅으로 내리치면 햇볕 아래 모래밭에서 알을 품거나 새끼를 품고 있던 모든 갈매기들이 일제히 날아올라 마치 폭격기처럼 솔개를 향해 내리꽂히면서 공격을 감행하는 모습을 보고 놀라지 않을 수 없다. 솔개가 새끼 갈매기를 낚아챌세라 어미 갈매기들은 일제히 목숨을 걸고 솔개와 싸움을 마다 않는다. 알에서 막 깨어난 새끼들을 지켜내기 위해서 목숨을 바칠 준비가 다 되어 있으니 너나 할 것 없이 어미 갈매기가 모두 달려들어 솔개를 물리친다. 이 역시 갈매기 사회에서 새끼보다 더 소중한 것이 없음을 잘 보여준다. 물론 어디 갈매기만 그렇겠는가? 어느 생물이든 제 새끼를 보호하고자 온갖 정성을 들인다. 사자나 악어가 제 새끼를 물고 가는 꼴을 보면 저것이 사자이고 악어냐는 생각이 앞서기도 한다. 이처럼 자연에서는 가장 약하고 부드러운 것들이 가장 세다. 이러한 이치를 흘러가는 물이 잘 증명해주는 것이다.

　온 세상에서 물보다 더 유약한 것은 없다. 하도 부드럽고 연약하기에 물이 스며들지 못할 것이란 하나도 없다. 강철 속이든 바위 속이든 물은 스며들고 목숨이 있는 것이라면 스며든 물을 마셔야 살아갈 수 있다. 물론 물은 산 것이든 죽은 것이든 가리지 않고 스며들기도 하고 날아오르기도 하고 아래로 흘러 내려가기도 한다. 이 땅덩이에 온갖 목숨이 살고 있는 것은 물이 땅에도 차 있고 공중에도 차 있는 덕이다. 허공에 물기가 떠 있어야 하루살이도 살아간다. 집안 농짝에 넣어둔 습기제거 제품을 한두 달 뒤에 끄집어내는 주부치고 '어마나' 놀라서 감탄하지 않는 경우가 없다. 텅 비었던 것이 그 안에 물이 가득차서 농짝을 나오니 놀라지 않을 수 없다. 그 농짝 안에도 물기가 떠 있는 셈이니 세상 천지에 물이 없는 곳이란 없다. 이처럼 어디서나 물이 있음은 물이 유약柔弱하기 때문이다.

태풍이 몰아쳐 아름드리를 뿌리째로 뽑아 넘기지만 육 척 장신으로 자로 오른 억새풀은 꺾지 못한다. 굳고 단단한 것은 태풍이 요절낼 수 있지만 연약한 것은 그럴 수 없다. 태풍이 몰아쳐 물보라를 치게 하지만 물을 산산이 요절낼 수 없다. 그냥 출렁일 뿐이지 물이 돌처럼 부서질 리 없고 불꽃처럼 꺼질 리도 없어 출렁거리다 바람이 스치고 지나가면 물은 여전히 제 모습대로 그냥 그대로 자연스럽다. 물방울이 바위를 뚫고 아래로 내려가 땅속까지 더 내려가 지하수로 흐르다가 샘물이 되어 솟구쳐 실개천을 거쳐 냇물이 되고 강물이 되어 바다로 흘러들어가는 모습 앞에서 가장 부드럽고 약한 것이 가장 굳고 단단한 것을 이겨내는 이치를 자연이 외면할 수 없게 가르쳐준다.

그러나 사람은 강하면 이기고 약하면 진다고 우기려 든다. 그래서 물보다 바위가 되기를 바라고 거미줄보다 동아줄 같기를 바라고 세상을 향해 저돌적으로 돌진해야 가시밭길 인생이라는 벌을 짓밟고 목적지에 도달할 수 있다고 만용을 부린다. 자해自害에 그치게 하고 마는 강기剛氣만 쫓다가 스스로 부러져버리는 인간은 물이 왜 강한지 모르는 편이다.

# 080

# 군자는 왼쪽을 소중히 한다

君子居則貴左 군자거즉귀좌라

君子居則貴左
군자거즉귀좌

用兵則貴右
용병즉귀우

兵者不祥之器
병자불상지기

非君子之器
비군자지기

군자는君子 살아가면서居 곧則 왼쪽을
左 소중히 한다貴. 병장기를兵 쓰면用
곧則 오른쪽을右 소중히 한다貴. 병장
기라는兵 것은者 상서롭지 못한不祥之
기물이니器 군자의君子之 기물이器 아
닌 것이다非.

『노자』 31장 참조

지금은 군자君子라는 말을 쓰지 않는 편이라 군자거君子居라는 말은 더
더욱 멀어져버린 낱말이다. 낱말이 없어지면 그 낱말이 지닌 뜻이 사람의
마음속에서 사라져버린다. 이제는 군자거는 없어졌다 말해도 과언은 아니
다. 군자거君子居란 군자의 삶居을 말한다. 군자의 삶이란 수기修己하고 입
신立身하여 임사任事하고 치인治人하는 것이다.

자신을 닦음이 수기修己이고 세상에 나아가 일할 자리를 잡음이 입신立身이다. 수기修己하지 않고서는 입신立身할 수 없는 길을 군자의 도道라고 한다. 군자의 길은 한가하게 노니는 길이 아니다. 그 길은 주야를 가리지 않고 힘든 일을 다해야 나아가는 길이다. 그래서 군자의 길을 임사任事의 길이라 한다. 군자가 맡아 하는 일任事이란 정성껏 스스로 맡은 바 일을 기꺼이 다함이다. 군자가 맡아 하는 일을 치인治人이라 한다. 남을 다스림을 일러 치인治人이라 하고 이는 곧 치세治世로 이어진다. 그러니 군자란 오늘날로 치면 백성으로부터 허락받은 삼권三權을 맡아 종사하는 자들이다. 정치인이든 관리이든 판검사이든 군자의 길을 걸어가야 진정한 치자治者가 되는 것이다.

백성을 다스린다고 하여 백성 위에 군림하려는 것은 예나 지금이나 다를 것이 없다. 관존민비官尊民卑란 말은 군자의 길을 송두리째로 끊어버림이다. 말하자면 탐관오리貪官汚吏란 군자를 잡아먹는 짐승일 뿐이다. 그래서 『맹자孟子』에도 탐관오리를 내버려두는 폭군은 〈솔수식인率獸食人〉의 우두머리라고 한다. 백성을 다스리는 군자는 백성을 높이고 자신을 낮춘다. 이런 마음을 늘 지니면서 삶에 임함을 일러 귀좌貴左라고 한다. 부드러움을 뿌리로 삼고 어울림을 등걸로 삼아 백성이 마음 편히 가지를 뻗고 꽃을 피워 삶의 열매를 맺게 정성을 다하는 군자가 걷는 길을 풀이하여 귀좌貴左라 하는 것이다.

귀좌貴左는 상좌尙左와 같다. 왼쪽을 받든다貴左고 함은 삶을 받듦이다. 왼쪽左은 양陽이요 동東이며 생生을 뜻하는 까닭이다. 그러니 생生을 소중히 하고 받들어 피어나게 함을 일러 귀좌貴左라 한다. 봄이 와서 온갖 초목이 싹을 틔우는 모습이 곧 귀좌貴左의 모습이다. 그러나 가을이 와 서리가 내려 초목의 잎사귀들이 시들어지는 모습을 일러 귀우貴右라 한다. 오른쪽右은 음陰이요 서西요 사死이다. 귀우貴右란 죽음을 소중히 받듦이다. 생生이 사死로 이어짐을 귀우貴右라 하는 것이다. 귀우貴右란 죽음을 받들라 함이다. 이는 살생殺生을 일삼지 말고 두려워하라 함이다. 그래서 군자君子의 용병用兵은 귀우貴右하기 때문에 결과적으로 군자의 용병은 귀좌貴左로 돌아온다. 군자는 백성의 삶을 위협하는 경우에만 마지못해 용병할 뿐이지 군왕君王의 야욕野慾을 따라 결코 용병하지 않는다. 이런 연유로 군자의 용병을 두고 〈군상좌軍尙左〉라고 하는 것이다.

아무리 군자의 병兵이라 한들 병兵이란 백성한테는 이롭지 않은 기물器物일 뿐이다. 따라서 군자가 용병用兵한들 그 병사나 무기란 군자가 쓸 것이 아니다. 군자의 길에는 어떠한 전쟁도 용납되지 않는다. 이런 연유로 군자는 아무리 역경에 부딪쳐도 귀좌貴左의 수기修己를 저버리지 않기에 군자는 결코 백성을 배반하지 않는다. 이런 연유로 군자의 삶居은 존도尊道하고 귀덕貴德하면서 백성의 밑에서 심신을 다하는 현자賢者가 되는 것이다. 현자는 지혜智慧로써 사물事物을 부려 재물을 풍성하게 하여 백성에게 나누어주는 치자治者를 말한다. 이런 연유로 현賢을 백성에게 재물을 나누어줌이라 하고 성聖을 백성에게 덕德을 나누어줌이라고 한다. 군자는 이러한 성聖을 본받아 백성의 삶을 풍요롭게 하고자 심신을 다하므로 귀좌貴左의 현자賢者라고 칭송받게 된다.

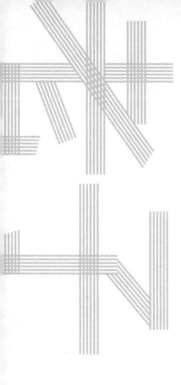

5장 배우기를 끊으면 걱정이 없다

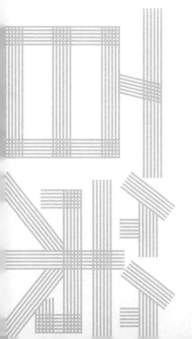

# 081

# 등짝의 가시만 믿는 고슴도치 면하려면

挫其銳 좌기예라

挫其銳 解其紛
좌기예 해기분
和其光 同其塵
화기광 동기진

그其 날카로움을銳 꺾고挫, 그其 다툼을紛 없애며解, 그其 빛냄을光 누그려 없애고和, 그其 속세와塵 같이한다同.

『노자』 4장 참조

　모난 돌은 망치질 당하니 매사에 모나지 마라. 모나게 살지 말라는 것이다. 그렇다고 두루뭉수리로 구렁이 담 넘듯 살라는 것은 아니다. 일마다 그에 따른 사리事理가 있게 마련인지라 근본과 말단을 살펴 조심조심 삶을 삼가라는 뜻을 담고 있을 뿐이다. 살아가면서 사리事理의 사事에 기울어져도 모나게 되고 이理에 치우쳐도 모나고 만다. 사리의 사事란 서로 달라 분별되고 차별됨이고 이理란 서로 같아 하나가 됨이다. 인간은 서로 다르면서도 서로 같아 인간의 삶도 따라서 그러하다. 모난 사람은 색안경을 끼고 세상을 바라보기 쉽고 심하면 제가 만든 대롱을 통해서 세상을 들여다보려 해 다른 점만 바라본다. 그러자니 한 쪽만 보이지 두루 보일 리 없어 외나무다리에 서 있는 줄 모르고 허공에 발 디딜 자리가 없음을 모른다. 예리한 칼날 같고 송곳 끝 같아야 이런저런 것들을 잘 분석하여 판단할 수 있다면서 남보다 더 예리하고자 쉬지 않고 숫돌에다 칼 가는 짓을 마다하지 않음이 오늘날 세태의 천태만상이다.

콕콕 꼬집어 끄집어내 샅샅이 쪼개고 갈라 분석한 다음 다시 원상대로 복합해 보면 사태가 어떠한지 정확한 진단을 내려 최선의 처방을 내릴 수 있다고 지금 우리는 믿어 의심치 않고 산다. 사람이 사는 세상을 마치 기계덩어리쯤으로 여기는 셈이다. 이는 마치 등짝의 가시만 믿고 오소리를 우습게 보려는 고슴도치와 같은 꼴이다. 오소리는 고슴도치의 배바닥은 가시밭이 아니라 부드러운 살갗이라는 것을 알고 있으니 고슴도치 등짝의 가시밭도 뒤집히면 아무런 소용이 없어지고 만다. 그러니 현명한 고슴도치라면 제 아래쪽은 가시밭이 아니라는 사실을 알고 살아가야 할 터이다. 이처럼 가시처럼 뾰족하게 굴수록 끝이 문질러져버리기 쉽다. 칼날이 날카로울수록 나뭇가지 얼마 못 쳐내고 무너지고 말듯이 날카로움을 무디게 할 줄 모르면 모난 돌처럼 망치질 당하여 깨지고 만다.

한때는 지성知性을 앞세워라 하더니 이제는 감성感性을 앞세워라 한다. 저때는 사물事物을 알아보라고 재촉하더니 이제는 사물을 느껴보라고 몰아붙인다. 안다는 것은 말로써 공통분모를 나누어 갖기 쉽지만 느낀다는 것은 말로 하기 어려우니 공통분모를 찾아내 나누기가 어렵다. 감성이라는 것을 앞세우면 세상을 제 안경 쓰고 제 뜻대로 보고 거기 따라 색칠하기 쉽다. 남과 달라야 살아남는다고 저마다 속셈을 드러내지 않고 감성의 송곳이 남보다 더 날카롭기를 바란다. 요새는 마음속에 날카롭게 제 송곳을 갈아줄 숫돌 하나씩을 마련해두고 세상과 사물을 마주하려고 한다. 이런 탓으로 이른바 '스트레스'를 면할 길이 없게 되었다. 하루에 단 한 번이라도 바깥을 닫고 침묵하면서 자기를 만나보는 순간을 갖고자 하지 않는 편이다. 적어도 잠자리 들기 전 얼마 동안만은 세상사 다 접어두고 자기를 만나 자신을 쓰다듬어주어야 하는 순간을 마련할수록 세파에 시달리는 악몽을 꾸지 않고 푹 잠들 수가 있는 법이다.

'스트레스'란 강박强迫함이다. 바깥 것들이 나를 사정없이 옥박질러 숨막히게 하는 강박에 시달림보다 자기를 자기가 옥박지르는 경우가 더 사납고 비참하게 몰아간다. 이런 가위눌림을 벗어나자면 사람을 떠나 자연을 만나야 한다. 마음을 홀가분하게 하면 곧장 마음이 자연을 닮게 된다. 마음을 조이게 하는 것들을 털어내고 나면 지글거리던 마음이 잔잔한 물처럼 출렁임을 멈추고 마음속의 날카로운 송곳 끝이 서서히 무뎌지기 시작하면 드디어 마음은 자연을 닮는다. 도시를 떠나 산천으로 간다고 자연을 누리는 것이 아니다. 온갖 욕망의 밧줄을 놓아버리는 순간 마음은 어느 난장판인들 곧장 홀가분해져 고요 즉 정靜을 누릴 수 있다. 그 고요靜를 즐기며 한 순간만이라도 걸림 없이 자유自遊를 누리고 싶다면 마음속의 날카롭기 짝이 없는 송곳 끝부터 겪어挫 무디게 할 일이 급하다.

# 행복은 깃털보다 가볍고 모래알보다 싸다

無欲以靜 무욕이정이라

無名之樸
무명지박

夫亦將無欲
부역장무욕

不欲以靜
불욕이정

天下將自正
천하장자정

무명의無名之 본디 그대로는樸 또한亦 욕심내지 않음을無欲 실행한다將. 하고자 하지 않음으로不欲 써以 고요하면靜 세상은天下 장차將 저절로自 바르게 될 것이다正.

『노자』 37장 참조

　자연은 무명無名이다. 이것은 돌멩이고 저것은 소나무이고 또 저것은 참새이고 등등 만물에다 이름을 붙여두고 호명하는 것은 사람의 짓이지 자연의 짓은 아니다. 물론 태양이니 달이니 은하수니 '블랙홀'이니 '빅뱅'이니 'H₂O', '중력파'니 등등 온갖 이름들은 오로지 사람이 만들어 부르는 짓일 뿐이다. 자연은 본래부터 이름이 없고 말도 없다. 그래서 불언지교不

言之教 즉 말없는不言之 가르침教이란 자연의 가르침을 말하는 것이다. 어찌 자연에 이름이나 말만 없을 뿐이겠는가! 욕심이라는 것이 없으니 자연을 일러 한 글자로 박樸이라 하는 것이다. 박樸이란 나뭇등걸을 말하지만 그냥 그대로라는 뜻이다.

다듬거나 깎아 꾸밈이 하나도 없음이 그냥 그대로이다. 마음속에 아무런 낌새가 없다면 그런 마음이 곧 그냥 그대로의 마음이다. 그냥 그대로의 마음을 무욕無欲이라 하고 그냥 한 글자로 정靜이라 한다. 마음이 욕欲에 휘말리지 않으면 마음은 그저 그냥 고요할 뿐이다. 욕심에 꼬이고 마는 마음이 있고 욕심에 꼬여들지 않는 마음이 있다. 욕심에 흔들리지 않는 마음이라야 무욕無欲하고 무욕해야 마음의 고요靜를 누릴 수 있는 것이다. 정말로 즐거운 행복이란 욕심이 없어서 누리는 마음의 고요靜 바로 그것이다. 이런 까닭으로 정말로 즐거운 행복은 돈으로 살 수 없고 권력으로 차지할 수 없으며 명성으로 얻을 수도 없는 것이다. 그래서 행복은 깃털보다 더 가볍고 황금이 아니라 모래알보다 더 싸다는 게다. 그런데 사람들은 깃털보다 가벼운 행복을 지고 갈 생각을 버리고 태산보다 무거운 돈이니 명성이니 권세를 칭칭 감아서 짊어지고자 끙끙거리며 굶은 개처럼 킁킁거리기를 마다하지 않는다. 왜 그런가? 돈 명성 권세 등등이 행복 그것이라고 믿기 때문이다.

그러나 행복을 돈 주고 살 수 없다는 것은 얼마나 다행인지 모른다. 만약에 편안한 마음의 행복 즉 마음의 고요를 돈으로 살 수 있다고 한다면 부자들이 모조리 사들일 터이니 말이다. 돈 명성 권세 등등을 넘치게 거머쥐고 나면 행복은 그만 떠나고 만다. 그런 줄도 모르고 하마나 잡은 행복을 뺏길세라 자나 깨나 심란心亂해 바람 부는 억새밭같이 살아간다. 심란

心亂함이 곧 불행함이고 불행이란 마음속에 온갖 잡생각이 얽히고 뭉쳐 갈 피를 잡지 못하게 하는 심화心火이다. 마음을 태워 졸이는 것보다 더한 불행은 없다.

불행은 이 욕심 저 욕심을 꼬드기다 불쏘시개에 튄 불똥 같다. 불쏘시개는 산천을 태워버리는 불길을 지펴내는 데 불똥 하나면 충분하다. 바늘 도둑이 소도둑 되고 꿀맛 본 생쥐는 꿀단지가 목숨 앗아가는 허방인 줄 모른다. 이렇듯 무욕無欲과 유욕有欲이 따로 있는 것이 아니다. 누구든 모두 욕심 없이 태어난다. 살수록 성욕性欲이 생겨난다. 이 성욕性欲은 'sex'를 말함이 절대로 아니다. 살아가는 힘을 얻어냄을 일러 성욕性欲이라 한다. 성욕性欲이 'sex'만 떠올리게 한다면 성정性情이라는 말로 바꿔도 된다. 삶이란 무엇인가? 이 성정이라는 성욕을 누림이다. 성정이 그치면 그것이 곧 죽음이다.

정情이란 마음 밖의 것들을 목숨이 만나서 일어난다. 그 정情이 마음 밖의 것들을 차지하고자 하면 욕欲이 된다. 돈 명성 권력 등등 이런 것들은 정욕情欲이지 본래 타고난 마음性의 것은 아니다. 갓난애의 마음을 생각하면 금세 알 일이다. 젖 달라고 응애응애 보채다가 젖 물리면 쪽쪽 빨고 배가 차면 딱 그치고 색색 잠자는 영아嬰兒의 마음 그게 바로 무욕無欲이라는 마음이다. 본래 무욕은 무과욕無過欲의 줄임이다. 넘치는 욕심이過欲 없다無. 그러면 그 마음이 곧 무욕이다. 그래서 과욕寡欲하면 곧 무욕이라는 게다. 넘쳐나는過 욕심欲을 줄여라寡. 그러면 누구나 무욕해지고 마음을 태우던 욕欲의 불길이 꺼져 심화心火는 심회心灰가 된다. 마음이 재灰처럼 돼 고요하니 그냥 그대로 행복하다.

# 083

# 호랑이는 푸성귀를 탐하지 않는다

不如守中 불여수중이라

虛而不屈
허이불굴

動而愈出
동이유출

多言數窮
다언삭궁

不如守中
불여수중

비어서虛而 굴하지 않고不屈, 움직이면
動而 더욱더愈 나온다出. 말이言 많으
면多 빨리數 막히니窮, 상도常道를 따
름을中 지킴만守 못하다不如.

『노자』 5장 참조

수중守中하면 언제 어디서든 순풍順風에 돛단배처럼 세파世波를 헤치고
아무런 탈 없이 삶을 누린다고 한다. 수중은 중中을 지키라守는 말씀이다.
수중의 중中은 가운데라는 뜻은 아니니 중간中間을 지키라는 말은 아니다.
수중守中 이 말씀은 수중도守中道를 줄인 말씀이라고 여기면 된다. 그러니
중도中道를 지키라 함이 여기 수중이라는 말씀이다.

중도中道란 가운데 길을 말하는 것은 아니다. 중도의 중中은 따를 순順과 같은지라 중도中道는 곧 순도順道와 같은 말씀이다. 도道를 따라라順. 이 말씀이 곧 중도이다. 물론 여기서 중도의 도道는 〈도법자연道法自然〉의 바로 그 도道이다. 자연自然을 본받는法 도道를 일컬어 상도常道라 한다. 그러니 여기 중도의 도道는 인도人道나 인도仁道가 아니라 자연이라는 도道이다. 자연의 도道를 일컬어 상도라고 하는 것이다. 그러니 수중守中이라는 말씀은 자연을 따르기를 지키라는 말씀이니 이는 곧 상도를 따르기를 저버리지 말고 꼭 지켜가라 함이다.

세상천지에서 사람만 빼고 나면 수중守中하지 않는 것이란 없다. 하늘땅은 물론이고 온갖 새나 짐승이나 온갖 풀이나 나무들 치고 상도常道를 어기고 제멋대로 사는 것들은 하나도 없다. 수중은 천사天食로써 알 수 있다고 한다. 자연이 주는 먹을거리를 천사天食라고 한다. 〈먹을 식食-먹을거리 사食〉 이처럼 〈食〉의 발음을 달리한다. 호랑이는 푸성귀를 탐하지 않아 천사天食하여 수중守中하고, 노루는 고기를 탐하지 않아 수중한다. 나아가 초목草木은 해와 땅이 주는 먹을거리로 자라고 꽃을 피우고 씨를 맺고 허락받은 자리를 만족하고 산다. 바닷물에 사는 물고기는 바다를 떠나지 않고 시냇물에 사는 물고기는 시냇물을 떠나지 않는다. 이처럼 사람만 제하면 어느 목숨이든 오로지 수중守中하면서 삶을 누린다.

다른 여러 목숨들과 견주어보면 사람은 끝이 없는 욕심꾸러기의 목숨인 셈이다. 사람의 욕심보는 삼라만상을 모조리 싸고도 남을 만큼 한이 없다. 사람의 욕심은 한강물을 다 들이켜도 목마름이 풀리지 않는다고 함은 인간의 탐욕貪欲을 말함이다. 인간은 바로 이 탐욕 탓으로 수중守中을 밥 먹듯이 어기면서 방자放恣하게 산다. 하늘땅을 얕보고 업신여기는 겁 없는 짓放恣을 오히려 인간이 찾고 누리는 멋이라며 떵떵거린다. 이런 탓으로 사람만 목숨이지 그 외 다른 것들은 인간을 위한 물건쯤으로 여기고 판을 친다.

담양에 있는 소쇄원瀟灑園과 요새 서양풍을 본뜬 정원庭園들을 견주어보면 수중守中하고 안 하고를 단박에 확인할 수가 있다. 소쇄원에 있는 나무들은 그냥 그대로 저마다 자리를 잡고 산천에 살듯이 살고 흐르는 물도 그냥 생긴 개울 따라 흘러가는 데 빈터를 잡아서 정자를 짓고 산천을 좀 빌렸을 뿐이지 사람의 손을 거의 미치지 않으려고 한 모습이 선연해 수중守中하고서도 정원을 마련할 수 있음을 가르쳐준다. 그러나 요새 정원이라면 모조리 서양풍을 본떠 나무가 가위질을 당한다든지 산천에 있는 바윗돌을 날라다가 눈요기로 박아둔다든지 물줄기를 인공으로 뿜어 올리는 분수라든지 등등 사람의 짓들로 꾸며져 인간이 범한 반수중反守中이 넘쳐난다. 정원 따위로 수중을 어기는反 짓은 별것 아닐 수 있다. 지금 우리가 먹고 마시는 것 중에서 천사天食 즉 자연이 마련해준 먹을거리라곤 거의 없어진 셈이다. 고사리 곰취 더덕 도라지 등등도 산천에서 그냥 그대로 자란 것이 아니라 밭이나 비닐하우스에서 살충제 농약으로 목욕하고 비료 주고 사람의 손으로 길러내 밥상에 얹히는 세상인지라 수중守中하자 하면 비웃고 마는 세상이다.

# 084

# 만석꾼 뱃속에 똥거지가 살면

### 禍莫大於不知足 화막대어부지족이라

禍莫大於不知足
화막대어부지족

咎莫大於欲得
구막대어욕득

故 知足之足常足矣
고 지족지족상족의

불행 중에는禍 만족할 줄足 모르는
것不知보다 더於 큰 것은大 없으며
莫, 허물 중에서咎 탐하고자 함欲得
보다 더於 큰 것은大 없다莫. 그러
므로故 만족함의足 앎을知之 충족함
은足 늘常 만족함이다矣.

『노자』 46장 참조

 

만석꾼 뱃속에 상거지가 살면 사방 십 리가 가난하다는 게다. 탐욕스런
만석꾼 논바닥에는 벼이삭 하나 남겨두지 않는 까닭이다. 탐욕스런 부잣
집 마름은 매몰차게 마련이고 후덕한 부잣집 마름은 후덕하게 마련이다.
매몰찬 마름은 가을걷이 논바닥에 이삭 하나라도 떨어질세라 눈알을 부라
리며 논바닥을 휘젓고 후덕한 마름은 더러더러 이삭이 떨어진들 못 본 척
먼 산 바라기로 논두렁만 어슬렁거린다.

옛날에는 가을걷이가 끝난 논바닥에 이삭 줍는 아이들이 이리저리 뛰어다니면 근방에 후덕한 부자가 살고 있구나! 지나가는 나그네들도 고마워했다. 가을걷이가 금방 그쳤는데도 논바닥에 이삭 줍는 아이 하나 없으면 근방에 탐욕스런 부자가 부라리고 있구나! 지나가는 나그네들도 혀를 차며 흉보았다.

물론 이제는 없어진 풍경이지만 하루 두 때 먹기 힘들었던 시절에는 가난한 집 아낙네들과 아이들이 가을걷이가 끝난 논바닥에 떨어진 이삭 줍기로 한겨울 양식을 보태고자 늦가을 들녘을 헤맸었다. 논바닥에 여기저기 알게 모르게 슬쩍슬쩍 버려진 이삭들에는 후덕한 부잣집의 후덕한 마름이 눈감아주었던 따뜻한 인정이 숨어 있었다. 그래서 후덕한 부잣집에서 인심 난다고 하는 것이다. 그런데 이런 부자란 흔하지 않은 법이다. 부자는 더 부자가 되고자 바라기에 부자의 탐욕은 천벌도 우습게 여긴다. 지족자부知足者富라는 말씀은 부자한테는 가당치 않기 쉽다. 왜냐하면 부자의 마음속에는 지족知足이란 없는 까닭이다. 만족할 줄 안다는 부자를 만나기란 하늘에 별 따기와 같을 게다. 백 석이면 족하지 해놓고 백 석이 되면 천석꾼이 되고자 하고 천석꾼이 되면 만석꾼이 되고자 하는 것이 부자의 마음을 틀어잡는 탐욕이다. 그래서 과보夸父라는 전설이 생긴 것이다.

햇빛을 독점해서 세상에 내다 팔면 부자가 당장에 되리라 다짐하고 과보라는 사내가 햇빛을 뒤쫓으려 했다. 해가 들어간다는 우곡隅谷에 이르러 목이 말라 냇가로 가 냇물을 다 마셔도 갈증이 풀리지 않아 강으로 가 강물을 다 마셨는데도 목마름이 풀리지 않자 북쪽에 있는 세상에서 제일가는 호수의 물을 마시려고 달려가다가 그만 목이 말라 죽고 말았다는 그 과보라는 사내야말로 탐욕의 화신인 셈이다. 이처럼 탐욕은 그야말로 부지족不知足으로 말미암아 섶을 짊어지고 불길 속을 뛰어들게 한다. 만족하면 그 순간 부자가 되는 열차에 몸을 실을 수 없는 법이다. 재물財物이란 마음을 무겁게 짓눌러대는 짐이지 마음을 즐겁게 풀어주지 않는다. 재물이 줄어들세라 신경을 곤두세우며 긴장의 끈을 자나 깨나 놓을 수 없게 하는 긴장보다 더한 화禍란 없는 법이다. 재물이 복福을 가져다주지 믿고 탐욕을 부리는 순간 화禍가 그림자처럼 따라붙는다. 온갖 불행의 꼬투리는 탐욕에서 비롯됨을 외면하는 짓을 두고 부지족不知足이라 하는 것이다.

만족할 줄足 모른다不知. 이것을 일러 탐욕貪欲이라 한다. 탐욕 탓으로 화禍가 닥쳐와도 겁먹지 않겠다는 배짱이 아무리 두둑하다 한들 화禍가 닥치면 소금물에 절어빠진 푸성귀처럼 되게 마련이다. 한 되의 땀을 흘렸다면 그 한 되의 보람으로 만족함이 지족知足이다. 한 되의 땀을 흘리고 한 말의 보람을 바란다면 그것은 탐욕이다. 따지고 보면 탐욕보다 더 크고 무서운 대도大盜는 없다. 담 넘어오는 도둑은 재물을 훔치려는 도둑이지만 제 마음속에 도사린 탐욕이라는 부지족不知足의 대도大盜는 목숨을 틀어쥐고 앗아가려 하니 탐욕이라는 부지족의 도둑보다 더 큰 화禍란 세상에 없다. 그러나 마음속에서 꿈틀대는 탐욕이라는 대도가 한없는 불행을 안겨주어도 그놈의 탐욕을 쫓아낼 줄 모른다.

왜 행복은 깃털보다 가볍지만 잡을 줄 모르고 불행은 땅덩이보다 무겁지만 피할 줄 모른다고 하겠는가? 복을 바란다면서 화禍를 불러오는 부지족不知足의 탐욕을 못 버리는 까닭이다.

# 085

# 능히 온 세상의 어머니가 된다

可以爲天下母 가이위천하모라

有物混成
유물혼성

先天地生
선천지생

寂兮寥兮
적혜요혜

獨立不改
독립불개

周行而不殆
주행이불태

可以爲天下母
가이위천하모

吾不知其名
오부지기명

强字之曰道
강자지왈도

强爲之名曰大
강위지명왈대

혼연히混 이루는成 것이物 있다有. 천지에天地 앞서先 생겼다生. 고요하구나 寂兮! 아득히 휑하구나寥兮! 홀로獨 있고立 바뀌지 않으며不改, 두루周 미치지만行而 위태롭지 않다不殆. 능히可 그로써以 온 세상의天下 어머니가母 된다爲. 나는吾 그其 이름을名 알지 못한다不知. 글로 하여字之 도라道 하고曰, 억지로强 그것을之 이름으로名 일컬어爲 큼이라大 한다曰.

『노자』 25장 참조

우주宇宙가 있으니 그것은 생긴 것이고 천지만물이 있으니 그 또한 생긴 것이다. 있는 것은 다 생긴 것이다. 이 삼라만상森羅萬象이 분명 있으니 그 무엇이 그것을 낳는다는 말인가? 그 무엇이 삼라만상을 낳아주었으니 그 무엇은 분명 삼라만상의 어머니임이 분명하다. 우주도 낳고 천지도 낳고 만물도 낳는 그 무엇을 억지로 글로 써서는 도道라 하고 이름으로 불러서 대大라고 한다. 그러니 도道라거나 대大라거나 하면 그 본래의 뜻은 천지天地-만물萬物을 낳아준 어머니母를 일컬음이다.

음양陰陽이라 하면 낡았고 과학이 아닌 생각이라 여기려 한다. 음양이 합하면 생기고 음양이 흩어지면 죽는다고 하면 과학이 아니라고 한다. 그러나 정자와 난자가 합하여 생명이 생긴다고 하면 그것은 과학이라고 한다. 부모가 나를 낳았음은 엄연한 사실이니 증명할 필요가 없다. 아버지의 기운을 양陽이라 하고 어머니의 기운을 음陰이라 하며 그 음양이 합함을 충沖이라 하여 그 충기沖氣로써 아들도 낳고 딸도 낳는다고 하면 과학이 아닌 생각이고 부모가 '섹스sex하여' 아들딸 낳는다고 하면 과학적인 생각이란 말인가? 'sex'를 번역하여 '성교性交'라고 하는데 말이 되지 않는 소리이다. 결코 주고받고 교환할 수 없는 것이 성性이다. 성性은 천지가 준 것을 받았다가 돌려주어야 하는 목숨이다. 내 목숨은 줄 수도 없고 빌릴 수도 없는 것. 남녀가 결혼하여 기운을 섞어sex하여 아이가 태어나면 그 아이만의 성性이 생긴다. 아이가 제 부모를 닮지만 똑같은 판박이는 결코 아니다.

왜 아이는 부모의 소유물所有物이 아닌가? 하나의 목숨인 까닭이다. 품성稟性 즉 목숨性을 주는 짓稟은 오로지 도道만이 한다. 그래서 아무리 하잘것없는 것일지라도 도道의 것이라 한다. 나에게 도道가 간직돼 성性이라는 목숨을 누린다. 이런 연유로 도道라는 것이 천지만물天地萬物의 어머니 母가 된다. 그래서 천균天均이라 한다. 자연은天 균등均等하여 균일均一하니 평균平均이라는 것이다. 상하上下니 귀천貴賤이니 미추美醜니 이리저리 시비是非를 걸어 따지기는 사람의 짓이지 결코 자연에는 없는지라 어느 목숨이나 한 어머니인 도道의 품안에 안겨 있다. 이런 연유로 만물을 일컬어 천예天倪 즉 자연의天 아이倪라 하는 것이다.

사람의 목숨은 귀하여 크고 하루살이의 목숨은 천하여 작다고 함은 사람이 지어낸 말이지 자연에는 그런 말이 없다. 사람의 목숨만 귀하고 다른 목숨은 사람을 위하여 있다고 서슴없이 착각하는 쪽이 사람이다. 그러다 보니 양계장이니 목장이니 가두리 어장魚場 등등이 생겨 홍청망청 고기를 먹어치운다. 상도常道가 만물의 어머니라는 생각이 인간의 마음에 간직돼 있다면 인간은 그만큼 순해지고 선해질 것이 분면하다. 진정 현대인은 순박한 마음을 팽개치고 무자비한 쪽으로만 치닫는다. 현대인이 온갖 문명의 이기利器들로 문화생활을 누린다고 자처하지만 다른 목숨들의 편에서 본다면 옛날에 살았다가 몰살당한 공룡보다 더 무서운 무리일 뿐이다. 사람의 생각이 덕德을 상상傷하게 하고 사람의 행동이 도道를 상상傷하게 하니 사람이 등장하면 새는 날아가고 물고기는 물속으로 숨어버린다. 옛사람들은 도망가는 새를 보고 부끄러워할 줄 알았고 숨는 물고기를 보고 낚싯대를 꺾을 줄 알았다. 그런데 이제는 새총으로 날아가는 새를 맞춰 떨어뜨리고 낚싯대로 고기를 낚아 손맛이 끝내주니 유쾌하다며 희희낙락 기고만장 천하가 이미 인간의 것인 양 겁이 없다.

# 산중 촌부들이 누린 함덕의 삶

含德之厚 함덕지후라

含德之厚
함덕지후

比於赤子
비어적자

毒蟲不螫
독충불석

猛獸不據
맹수불거

攫鳥不搏
확조불박

상덕을德 품음이含之 두터움은厚 핏덩이赤子와於 견줘진다比. 독 있는毒 벌레도蟲 갓난애를 쏘지 않고不螫, 사나운猛 짐승도獸 갓난애를 당겨 잡지 않으며不據, 낚아채는攫 새도鳥 갓난애를 붙잡지 않는다不搏.

『노자』 55장 참조

　　산중 작은 마을에서 같은 날 태어나 꾀둥이 순둥이 불러대면서 평생 외지에 나가본 적 없이 중늙은이가 된 두 농부農夫가 콩밭에서 김을 매다 잠깐 나무그늘 아래에 자리 잡고 땀을 식히는데 저만치서 풀덤불 속 둥지에다 까투리가 낳아둔 꿩알을 욕심껏 훔쳐 먹고 기어 나오는 큼직한 살무사 한 마리를 꾀동이가 보았다. 제 배 속에 든 꿩알을 깨뜨리려고 어렵사리 상수리나무 등걸을 기어 올라가려는데 꾀동이가 잽싸게 지게작대기 코로 그 살무사의 뒷목을 질끈 눌렀다. 독을 한껏 품은 살무사가 주둥이를 쫙쫙 벌리고 독이빨을 드러내 독을 쏘아대자 그 주둥이에 삼베수건을 들이밀었고 살무사가 콱 물어버리는 순간 삼베수건을 홱 낚아채니 살무사의 독이빨이 삼베수건에 걸려들어 뽑히고 말았다. 그러고는 짓눌렀던 지게작대기를 떼니 살무사는 그만 나무 아래로 풀썩 떨어져 풀덤불 속으로 사라졌다. 삼베수건을 들어 보이며 "한 사람 목숨 건졌어" 꾀동이의 큰소리에 가만히 앉아 그 광경을 구경하던 순둥이가 빙긋이 웃고 있었다.

"꾀동이는 천하제일의 독사 땅꾼이지. 아마 자네 손에 죽은 살무사가 수백 마리 넘지. 어서 삼베수건이나 주게. 젖은 뱀독부터 개울물에 씻어 올게." 산에서 독사를 잡아 죽이는 날이면 구경하던 친구가 늘 독 묻은 삼베수건을 빨아주었다. 살무사를 맨 처음 잡았던 날 "독사도 제 몸 건드리지 않으면 달려와서 물지는 않으니 보이는 족족 달려가 작대기로 짓눌러 죽일 것은 없지 않은가?" 순둥이가 시비 건 적이 있었다. "그래 나 독사 백정이야. 독사인 줄 알면 누가 밟겠나. 산길 가다가 모른 채 건드려도 독사는 사정없이 물어 사람을 죽이니 보는 족족 잡아 죽이는 것 아닌가." "그러네. 독사 한 마리 없애면 한 사람 목숨 구한다는 말이 맞네. 자네가 살무사 사냥을 하고 내가 자네 삼베수건을 빨세." 골목에서 놀던 깨복쟁이 코흘리개 시절을 지나 서당에 함께 다니면서 훈장님으로부터 꾀동이 순둥이 별명을 얻었고 소년시절부터는 봄여름엔 다랑이 논밭에서 함께 농사를 짓고 가을겨울에는 산에 올라 약초藥草를 캐면서 살았다.

꾀동이는 순둥이를 부러워하고 순둥이는 꾀동이를 부러워했다. 꾀동이는 서당에서 글을 잘했고 순둥이는 그러지를 못했다. 그런데 훈장님은 꾀동이는 머리가 앞서 재빠른 반면 순둥이는 머리가 뒤져 둔한 편이나 세상살이에 둔한 편이 오히려 좋을 때가 더 많으니 꾀동이와 순둥이는 늘 좋은 벗으로 함덕含德하며 살아가라고 가르쳤다. 그 가르침을 받은 대로 둘은 한평생 산중에서 도란도란 상대의 의견을 서로 따라주면서 봄 여름 가을이면 농사짓고 겨울이면 함께 심산深山에서 약초 캐면서 서로 마음을 툭 열어두고 욕심 없이 서로 도와 밀어주고 끌어주며 유별날 것 없이 늘 흘러가듯 평상심으로 살았다. 이들에게 부귀나 명성이란 아무런 상관없었다. 그냥 그대로 산천 따라 삶을 누렸다. 이들 산중 촌것들이야말로 함덕의 삶을 그냥 그대로 누렸던 셈이다.

마음속에 탐욕이 일지 않으면 그 마음이 함덕含德이고, 목숨을 소중히 하는 마음이 함덕이다. 임신부가 불룩한 배를 드러내고 아장아장 걷는 모습은 보면 볼수록 보기 좋다. 왜 그럴까? 그 불룩한 배가 함덕의 모습을 떠올려주는 까닭이다. 남정네가 산더미 같은 배통을 짊어지고 어정어정 걷는 모양은 보기 싫다. 왜 그럴까? 산더미 같은 배통은 탐욕貪欲을 떠올리되 함덕을 저버린 모습 같기 때문이다. 번잡하고 숨차게 하는 도시를 벗어나 산천에 가면 마음이 절로 고요해지는 것은 산천에 있는 모든 것들이 함덕하고 있는 까닭이다. 자연을 따라 본받기 하면 그것이 곧 덕德을 품고含 삶이니 무엇보다 과욕寡欲 즉 욕심을欲 줄여 가면寡 함덕이 누구에게나 자리잡아 간다.

# 들으려 해도 들리지 않는 말이 자연이다

希言自然 희언자연이라

希言自然
희언자연

飄風不終朝
표풍부종조

驟雨不終日
취우부종일

孰爲此者
숙위차자

天地
천지

天地尙不能久
천지상불능구

而況於人乎
이황어인호

들으려 해도 들리지 않는希 말이言 자
연이다自然. 돌개바람은飄風 반나절도
朝 못 가고不終, 소나기는驟雨 하루 낮
을日 못 간다不終. 무엇이孰 이를此 하
는爲 것인가者? 천지이다天地. 천지도
天地 오히려尙 장구할久 수 없거늘不能
그런데而 하물며況 인간에게於人랴乎!

『노자』 23장 참조

사람이 제 입으로 맨 처음 소리 내는 말은 무엇일까? 그것은 '맘'일 터이다. 나는 다섯 살부터 두 여동생을 데리고 마당에서 놀았다. 마당 가 담 밑에 매어둔 어미 염소의 젖을 빨고자 그 새끼들이 '맴맴' 소리 하자 돌잡이 여동생이 '맘맘' 하며 무척 반가워했지만 세 살짜리 여동생은 '맴맴' 소리에 관심 없이 소꿉장난만 했었던 기억이 생생하다. 그래서 나는 텃밭으로 달려가 "엄마야, 동생이 젖 달라고 맘맘 한다"고 외쳤던 기억도 생생하다. '맘'이 '맘맘'이 되고 '맘맘'이 '엄마'가, '엄마'가 '어머니' 소리로 되면 희언希言은 사람의 입에서 사라지고 언어言語만 들고 나게 된다.

자연의 말을 희언希言이라 하고 사람의 말을 언어言語라 한다. 희언은 그냥 그대로 그 소리만으로 들어주면 되는 말이지만 언어는 여러 속셈을 숨기고 감출 수 있어 그냥 그대로 들어선 낭패이고 알아서 갈아들어야 하는 말이다. 아이가 '맘맘' 하다가 '엄마' 하면 그 아이 입에서 이미 희언은 떠나고 언어가 끼어들어 버린 셈이다. 잔뜩 재 저질러놓고 엄마가 왜 이랬느냐고 따지면 시치미 뚝 떼고 안 했노라 고개 젓는 돌잡이 입에서 어찌 희언이 나올 것인가! 해놓고 안 했다고 뚝 잡아떼는 그 마음속은 이미 자연의 마음은 물러졌고 인간의 마음이 차고 들어오는 법이다.

최치원崔致遠 선생이 당唐나라에서 벼슬할 때 우리 말을 '때까치 소리' 같다고 했다 해서 우리말을 깎아내렸다고 말하는 의견을 낸 글을 읽었던 기억이 난다. 그러나 그렇게 보지 않아도 된다는 생각이다. 뜻글로 주고받는 중국말에 비하여 우리말은 소리 그냥 그대로 주고받는 말인지라 '때까치 소리'라는 비유를 들었을 터라는 짐작이 앞선다. 까치 새끼는 제 어미의 소리를 맨 처음 알아듣고 참새 새끼도 제 어미의 소리를 맨 처음 알아듣듯이 사람도 다를 바 없이 어머니 소리를 맨 먼저 듣고 흉내함이 돌잡이

만이 누리는 인간의 희언希言이다. 젖 먹는 어린애한테 '젖 먹자' 말하기보다 '맘맘' 소리 하는 쪽이 산모産母의 희언이다. 뜻으로 들리지 않는 소리라야 어린것이 쉽사리 들어줌이 어린애의 자연이다. 뜻으로 들림이 아니라 그냥 그대로 소리로 들림이 자연의 말 희언希言이다. 바람이 불고 비가 내리면 온갖 것들이 내는 소리들, 물소리 새소리 짐승들 소리 등등 이런저런 소리들이 바로 자연의 희언이다.

자연에는 온갖 소리들이 있다. 그러나 무슨 뜻을 고집하려고 나는 소리란 없다. 산들바람에는 조용하다가 돌개바람이 불면 산천의 온갖 구멍들이 저마다 소리를 세차게 낸다. 반나절 넘게 불어대는 돌개바람은 없다. 돌개바람이 사라지면 요란스레 우짖던 소리들도 따라서 사라진다. 가랑비가 부슬부슬 내리면 초목도 땅바닥도 그냥 그대로 비를 맞아준다. 그러나 소나기가 쏟아지면 나무 잎사귀들도 요란스럽게 소리 내고 땅바닥 돌멩이할 것 없이 귀청을 때리다가도 언뜻 소나기가 지나가면 언제 그랬냐는 듯이 떠들던 온갖 소리들이 조용해진다. 바람이 불거나 비가 오거나 물이 흐르거나 그 무엇들이 부딪친다거나 하면 이런저런 소리 내다가 바람이 자고 비가 개이고 물이 머물고 부딪침이 그치면 따라서 났던 소리들도 속절없이 사라진다. 이처럼 자연의 말인 희언希言에는 어떠한 꼬리표도 달리지 않는다. 그래서 희언은 참말이냐 거짓말이냐 따지고 물어 시비是非 논란論難을 일으키지 않는다. 대나무 그림자가 뜰을 쓸어도 뜰 위의 티끌 하나 건드리지 않는다고 하듯이 자연의 말 희언은 오고 가고 할 뿐이다. 그러나 사람은 언어를 참말이냐 거짓말이냐 따지면서 말뚝처럼 박아놓고 변함없이 붙들어매고자 글로 적어 도장을 찍자고 한다.

# 암컷은 항상 고요로써 수컷을 이긴다

牝常以靜勝牡 빈상이정승모라

大國者天下之下流

대국자천하지하류

天下之交

천하지교

天下之牝

천하지빈

牝常以靜勝牡

빈상이정승모

以靜爲下

이정위하

큰 나라라는大國 것은者 하류이고下
流, 온세상의天下之 사귐이고交 온 세
상의天下之 암컷이다牝. 암컷은牝 항
상常 고요로써以靜 수컷을牡 이기고
勝 고요로써以靜 낮춤을下 삼는다爲.

『노자』 61장 참조

　봄이 오면 온갖 새들이 나무 끝 가지에서 목청껏 소리치고 있는 모습을
쉽사리 목격할 수 있다. 목이 빠져라 허공을 향해 지저귀는 그 놈은 어떤
종류의 새이든 수컷이다. 수컷이 암컷을 불러 짝짓기를 하고자 목청껏 뽑

는다. 물론 새만 그런 것이 아니다. 어느 짐승이든 소리 질러대는 놈은 수컷이다. 암컷은 소리 질러 요란 떨 것 없이 가장 강해서 가장 우렁차게 울부짖는 수컷을 골라내 짝짓기를 해 새끼를 얻으면 그만이다. 목청껏 떠들어야 할 뿐만 아니라 암컷 하나를 두고 목숨을 걸다시피 피 흘리며 결투를 해야 하는 것은 수컷들이다. 이처럼 암컷은 가만히 있고 수컷이 요동친다. 그래서 빈정모동牝靜牡動이라 하고 음정양동陰靜陽動이라 한다. 암컷은 고요하고牝靜 수컷은 움직이고牡動 음기는 고요하고陰靜 양기는 움직인다陽動고 하는 것이다.

어느 집이나 아이들이 철들면 아버지 앞에선 권위를 인정하면서도 속으로는 '아버지는 종이호랑이, 엄마한테 꼼짝도 못해' 싱글거린다. 아빠는 허세이고 엄마가 실세야. 이런 지경은 초등생도 잘 안다. 어찌 가정만 이렇겠는가! 천하도 마찬가지이다. 천하에는 큰 나라도 있고 작은 나라도 있다. 큰 나라라고 밀림속의 수컷들처럼 떵떵거리면 작은 나라들이 모여들지 않고 따돌림 당해 오래가지 못한다. 큰 나라가 강한 지위를 오래오래 유지하자면 암컷 같아야 한다. 가정에서 어머니가 조용하지만 실로 강한 것처럼 강대국일수록 소국의 마음을 얻자면 어머니 같아야지 힘자랑하는 수컷을 닮아서는 강대국 노릇 오래가지 못한다. 사자 무리에서 수컷 하나가 왕 노릇 하지만 암사자들 눈에 나면 쫓겨나고 말듯이 인간의 천하도 자연의 이치를 벗어나지 않는다. 그래서 큰 나라는 천하의 하류下流라 하는 것이다.

물이 흘러가는 맨 하류를 바다라고 한다. 큰 나라는 바다 같아야 한다. 한강이니 낙동강이니 대동강 섬진강 나누어지지만 바다로 흘러들면 이것저것 사라지듯이 대국大國이 진실로 하류下流 노릇하면 천하의 작은 나라들이 모여들어 서로 어울려 사귀는 터를 이룬다. 그래서 대국大國을 일러 천하지교天下之交라 하는 것이다. 수탉이 화려하고 우렁차게 울지만 병아리들은 수수한 암탉 옆에 모여서 모이를 주워먹는 법을 배우며 자라듯이 강대국일수록 암컷을 닮아 작은 나라들을 감싸주어야지 힘세다고 군림하려 들면 역천逆天 즉 자연을 배반하는지라 망하고 마는 법이다. 그래서 참다운 강대국을 일러 천하지빈天下之牝이라 하는 것이다.

글 읽는 법은 서당에서 배우고 사람 되는 법은 제 집에서 배운다. 물론 이 말씀이 이제는 거짓말처럼 됐지만 실로 변함없이 참말일 뿐이다. 학교에 있는 교사나 교수는 능력을 길러줄 수는 있어도 사람이 되게 가르치기는 부모보다 더 나은 선생은 없다. 옛날 부모가 자식들에게 맨 먼저 가르치는 덕목德目이 자비自卑해라-자하自下해라-하심下心해라 이 셋 중에 하나였다. 낱말의 소리는 다르지만 그 뜻은 한 가지로 〈자신은 낮추라〉는 말씀이다. 겸손하라는 말씀이다. 잘난 척 떠들지 말고 입이 무거워 고요할수록 세상에 손가락질 받지 않음을 다 자라서 세상으로 나갈 때까지 집안의 어미애비가 귀에 못이 박이도록 가르쳐 세파世波를 마주하게 자식을 길렀다. 인간의 세상도 밀림 속과 별로 다를 게 없기에 그렇게 가르쳤다. 사람들이 자연을 본받아 서로 탐하지 않고 산다면 인간세人間世도 부쟁不爭의 세상이 열릴 터이지만 인간이 사는 곳에는 어디든 욕欲의 불길이 솟는지라 고요靜로써 겨루기 없이不爭 살기 어렵다. 그러니 상쟁相爭하는 세상일지라도 밀림에서 암컷이 수컷을 이기는 이치를 깨달을수록 승자勝者로서 너그럽게 살 수 있다.

# 089

# 클수록 어둑하고 작을수록 눈부시다

明道若昧 명도약매라

明道若昧
명도약매

進道若退
진도약퇴

夷道若類
이도약류

上德若谷
상덕약곡

大白若辱
대백약욕

廣德若不足
광덕약부족

建德若偸
건덕약투

質眞若渝
질진약투

밝은明 도는道 어두운昧 듯하고若, 나아가는進 도는道 물러나는退 듯하며若, 평이한夷 도는道 끼리인類 듯하다若. 높은上 덕은德 고을인谷 듯하며若, 더 없는大 흼은白 검은辱 듯하고若, 큰廣 덕은德 모자란不足 듯하며若, 굳건한建 덕행은德 박정한偸 듯하고若, 소박한質 진실은眞 변하는渝 듯하다若.

『노자』 41장 참조

시냇물은 철철 흘러감을 눈으로 보게 한다. 그러나 강물은 늠름히 가만히 멈춘 듯 보지만 바다로 흘러가는 중이다. 이처럼 작은 흐름은 눈에 보이지만 큰 흐름은 눈에 보이지 않는다. 우렛소리는 귀청을 찢을 듯 울리지만 이 땅덩이가 자전하면서 질러대는 소리는 아무도 듣지 못한다. 이 역시 작은 소리들은 귀에 들리지만 크나큰 소리는 귀에 들리지 않음이다. 이처럼 큰 것大은 드러내지 않고 작은 것小이 드러내고자 안달한다. 생선가게 망신은 꼴뚜기가 한다고 하지 않는가! 이처럼 클수록 어둑해 보이고 작을수록 눈부시게 보인다.

명도明道란 안으로 밝히되 겉으로 밝히지 말라는 이치를 담고 있는 말씀이다. 호랑이와 표범은 빛나는 털옷 탓으로 사냥꾼을 불러들이고 나무를 잘 타는 원숭이와 족제비를 잡는 개는 드러난 재주 탓으로 목줄에 매인다. 소인小人은 자광自光하지만 대인大人은 자명自明한다고 한다. 대인은 명도明道를 진실로 본받고 소인은 명도를 얕보고 비웃다 못해 업신여기려는 까닭이다. 스스로 뽐내자고 밖으로 과시하면自光 그 끝은 세상의 손가락질을 면하기 어렵고, 안으로 자기를 밝혀自明 앉을 자리 설 자리를 알아채는 사람은 끝내 세상의 환호를 저절로 받는다. 때 빼고 광내야 세상이 알아주지, 어수룩하면 할수록 등신바보가 돼서 치이니 떵떵거려야 된다는 세상이 판을 치는 듯 보이지만 세상은 늘 자광自光을 버리고 자명自明을 받든다. 자명自明하는 사람은 명도明道를 왜 본받고 살아야 하는지 곰곰이 새겨 살피고 헤아려 깨우치게 해주는 길잡이가 되어준다.

요새 세태世態는 너도 나도 인기스타가 되었으면 하지만 마음 편히 세상살이를 누리자면 눈에 확 들어오는 화단의 모란보다 눈에 잘 뜨이지 않는 풀밭 속의 풀꽃이 되어야 하는 것은 예부터 지금껏 변하지 않았다. 물론 풀꽃 같은 사람을 만나기가 하늘의 별 따기처럼 보일 터이지만 그래도 그런 인간들이 어디선가 태어나고 있기에 세상이 거칠어도 참고 견디면서 살아갈 맛이 나는 법이다. 왜 갓난애 같아지라고 노자老子께서 여러 번이나 당부했겠는가? 배고프면 보채고 배부르면 색색 자고 눈뜨면 벙긋벙긋 웃는 돌 전 어린애를 보라. 젖내를 솔솔 풍기는 토실토실한 몸매를 보라. 풀꽃 같은 생기生氣를 풍기는 어린 인간은 명도明道의 인간이다. 그 어린 것의 마음속이 곧 명도明道 즉 밝은 도道 바로 그것이다. 명도란 자연 바로 그것이다. 어린애 마음 그것은 타고난 그냥 그대로의 마음이다. 그래서 영아嬰兒는 명도明道의 인간이요 자연의 인간이다. 명도니 자연이니 이런 낱말이 어렵다면 핏덩이嬰兒가 타고난 그 마음을 생각하면 된다.

영아의 마음을 잃지 않고 사는 분을 일러 성인聖人이라 한다. 왜 성인의 마음을 일러 약경若鏡이라 하는가? 오면 오는 대로 비추고 가면 가는 대로 사라져 마치 구름이 바람 따라 오고가는 하늘같은 마음인지라 성인의 마음은 거울처럼若鏡 무심無心해 영아의 마음 같다.

무심은 그냥 마음이 없음이 아니다. 욕심이 없다는 무욕無欲이다. 마음에 이욕利欲이 없는데 세상천지에 막힐 것이 없다. 성인聖人의 마음에는 이욕이 없으니 온 세상 사람들과 걸림 없이 통해 다툴 일이 없는지라 세상에 나아가 똑똑한 척할 것이 없어 어수룩하기 짝이 없다. 속마음은 더없이 밝지만 겉보기로는 어둑해 보임을 약매若昧라 한다. 명明은 드러나지 않는 밝음이고 광光은 겉으로 드러나는 밝음이다. 그래서 광도光道라 않고 명도明道라 한다. 드러나지 않는 밝음이니 어둠 같아若昧 보일 뿐이다. 타고난 마음을 살면서 잃어버렸음을 두려워하는 순간 명도明道가 곧 누구에나 찾아들어 속을 밝힌다.

# 090

# 선한 사람은 교묘히 말하지 않는다

善者不辯 선자불변이라

信言不美
신언불미

美言不信
미언불신

善者不辯
선자불변

辯者不善
변자불선

知者不博
지자불박

博者不知
박자부지

미더운信 말은言 꾸미지 않고不美, 꾸
민美 말은言 미덥지 않고不信, 선한善
사람은者 교묘히 말하지 않고不辯 교묘
히 말하는辯 사람은者 선하지 않으며不
善, 도道를 아는知 사람은者 박식하지
않고不博 박식한博 사람은者 도道를 알
지 못한다不知.

『노자』 81장 참조

아기 코에 코딱지가 붙어 있어도 밉거나 더럽기는커녕 오히려 더 예뻐
보이는데 왜 어른 코에 코딱지가 붙어 있으면 더럽고 지저분해 밉상이 될

까? 젖먹이는 바로 그 자체가 선자善者인 까닭이다. 선자善者란 어려운 말로 법자연法自然하는 사람을 말하고 법자연하는 것을 말한다. 자연을 본받음法을 일러 선善이라 하는 것이다. 선하면서 악한 목숨은 천지에 사람밖에 없다. 사람을 빼면 천지에 선악善惡이란 없다. 사람만 천지에 어깃장을 밥 먹듯이 저질러대지만 다른 온갖 목숨들은 자연 따라 살다 갈 뿐이다.

오로지 사람만 선하기도 하고 악하기도 하면서 제 주장을 내세우고 아옹다옹하며 삶을 이끌어간다. 젖먹이가 돌만 지나면 떼도 쓰고 거짓부렁으로 제 엄마를 웃기기도 한다. 왜 돌잡이의 거짓부렁은 오히려 어미 눈에 예쁘게 보일까? 재 저질러놓고 엄마의 꾸중을 피해보려고 돌잡이가 아양을 떨면 어느 엄마든 예뻐서 웃지 거짓부렁 말라고 핀잔주는 엄마는 없다. 돌잡이까지만 해도 사람은 자기를 무조건 유리하게 하고자 속임수를 부리지 않지만 이것저것 알아채기 시작하면 인간은 온갖 속임수를 서슴지 않는다. 그래서 갓난애로 되돌아가야 하는 까닭을 아는 사람은 불행할 리 없다고 하는 것이다.

사람의 세상이 선악善惡으로 물들 뿐 산천에는 선善만 있지 악惡은 없다. 호랑이가 노루를 잡아먹는 짓은 살생殺生이 아니다. 그러나 호랑이를 잡아 한몫 보려는 사냥꾼의 불질은 살생이다. 비행기를 타고 아프리카로 날아가 엄청난 입장료를 내고 사냥터에 들어가 야생동물을 향해 총질하면서 '사냥은 최고의 스포츠'라고 외치기도 하고, 낚싯배를 타고 바다로 나가 '손맛 좀 보자'고 외치기도 하는데 이런 짓은 사람이 살생殺生보다 더한 불선不善 즉 악惡이 없다는 자연의 이치를 잊어버린 탓이다. 하기야 옛날 로마에서는 사람과 사람이 서로 싸우게 하여 살인하는 장면을 구경하면서 함성을 질렀다니 인간에게 깃들어 있는 악惡은 참으로 무섭다.

안방에 가면 시어미 말이 옳고 부엌에 가면 며느리 말이 옳다. 왜 이런 속담이 생겼겠는가? 한 가지를 두고 사람이 귀에 걸고 싶으면 귀걸이가 되고 코에 걸고 싶으면 코걸이가 되기 때문이다. 저한테 좋으면 그것은 선善하고 맞고 저한테 싫으면 그것은 악惡하고 틀리다는 고집을 사람은 저마다 감추고 산다. 그러다 보니 아는 놈이 도둑놈이지 너스레를 떨면서 구렁이 담 구멍 들듯이 얼렁뚱땅 눈 가리고 아웅 하기를 마다하지 않는다. 이런 거짓부렁이 바로 악惡이다. 선善은 그냥 그대로인지라 보태고 덜고 깎고 붙여 꾸미고 다듬어 거짓부렁하는 짓이 없다. 이런 연유로 선善에는 변辯이라는 것이 없다. 시비是非를 가려 어느 것이 시是이고 비非인지 가려내 이것이 시是이고 저것이 비非라고 밝혀내자는 짓이 변辯이다.

변辯은 말이 말을 불러서 말이 말을 만들고 나아가 말이 말을 물고 늘어진다. 이러다 보니 말은 할수록 늘어나 이 말이 옳은지 그른지 저 말이 옳은지 그른지 갈피를 잡지 못하게 되고 어 해 다르고 아 해 달라 이러고 저러고 말이 말을 잇다 보면 결국 말을 교묘하게 잘 꾸며대는 쪽이 말다툼에서 이긴다. 이런 결판은 따지고 보면 그냥 그대로의 자연을 잇는 선善을 밝히는 짓이 아니라 오히려 선善을 두루뭉수리로 뭉개버리고 사람이 제멋대로 선善을 빙자하여 속임수를 부리는 짓으로 이어지고 만다. 이런지라 시비是非를 가리려다別 시是와 비非 둘이 서로 다투고爭 마는 것이 변辯이다. 선善은 자연을 본받음이니 선善에는 시비是非도 분별分別도 없다. 그러므로 당연히 교묘하게 꾸며대는 말이란 없다.

# 091

# 가장 낮게 고개 숙인 벼이삭이 볍씨 된다

必以身後之 필이신후지라

江海所以能爲百谷王者

강해소이능위백곡왕자

以其善下之

이기선하지

故 能爲百谷王

고 능위백곡왕

是以 聖人欲上民

시이 성인욕상민

必以言下之

필이언하지

欲先民

욕선민

必以身後之

필이신후지

가람과江 바다가海之 수많은百 골짜기의谷 왕인王 까닭인所以 것은者 그것이其 아래 자리에 있기를下之 좋아하기善 때문이다以. 그러므로故 백곡의百谷 왕이王 능히能 된다爲. 이를是 본받아以 성인은聖人 백성民 위에 있고자 할 때면欲上 반드시必 말로言 써以 낮추고下之, 백성에民 앞서고자 할 때면欲先 반드시必 손수 자신으로身 써以 뒤로 물러선다後之.

『노자』 66장 참조

개천의 물은 시냇물보다 작기에 시내의 위쪽에서 아래로 흘러내리고, 시냇물은 강물보다 작기에 강물의 위쪽에서 아래로 흘러내리며, 강물은 바다보다 작기에 위쪽에서 아래로 흘러내리고, 바다는 맨 아랫자리에 있기에 더없이 크고, 옹달샘의 물은 맨 윗자리에 있어서 작디작다. 이처럼 작을수록 윗자리에 있고 클수록 아랫자리에 있는 것이 자연의 이치이다. 꽃이 하늘을 향하다가 시들면 땅으로 향하고 꽃잎이 떨어지고 나면 그 자리에 열매가 들어서며 풋 열매도 하늘을 향하다가 영글면 땅을 향하고, 다 영근 열매는 땅으로 떨어져 씨앗이 된다. 이런 연유로 옛날에는 가을걷이 전에 황금물결을 치는 논으로 나아가 가장 낮게 고개 숙여 땅을 향하고 있는 벼 이삭을 골라 내년 벼농사의 볍씨로 삼았다. 이처럼 볍씨가 될 이삭은 다른 이삭들보다 더 탄탄히 영글어 고개를 더 많이 아래로 숙인 것이다. 그래서 선하지善下之하거나 선후지善後之하면 살아가는 길이 위태롭지 않아 길다고 한다.

남보다 아래쪽에 있기를下之 좋아하라善. 남보다 뒤쪽에 있기를後之 좋아하라善. 그러면 남들이 기꺼이 자기를 위쪽에 있게上之 해주고 앞쪽에 있게先之 해준다. 내가 남보다 앞서자고 하면 남들이 나를 뒤로 밀쳐내고 위쪽에 있자고 하면 남들이 나를 아래쪽으로 밀어내려 나와 겨루기를 마다하지 않는다. 내가 탐하고 네가 탐하면 필유상쟁必有相爭이라 반드시必 서로相 다툼이爭 일어난다有. 여기서 서로가 살기 힘든 가시밭길을 자초해 버린다. 이러한 상쟁相爭이란 인간에게만 있는 겨루어 다툼이지 자연에는 없다. 사람은 발광發光하고자 아우성치지만 자연은 늘 미명微明할 뿐이다. 인간은 눈부시게 과시하고자 밝음光을 쫓고 어둠暗을 싫어해 밝음과 어둠을 둘로 나눈다. 그러나 자연은 밝음과 어둠을 하나로 아우른다. 그 아우름을 일러 미명微明이라 한다. 미명은 첫새벽을 연상하면 된다. 어둠과 밝음이 함께하면서 어둠暗이 서서히 가고 밝음明이 서서히 돌아오는 순간의 첫새벽에는 명암明暗이 함께 한다. 그래서 선후先後-상하上下-귀천貴賤-대소大小-장단長短-미추美醜 등등을 둘로 보고 차별하면 사람의 짓이고 하나로 보고 아우르면 자연의 짓이다. 달리 보이는 둘을 차별 않고 하나로 아우름이 미명微明이다.

사람이 왜 자연에는 없는 악惡을 범할까? 겉과 속을 능청스럽게 달리하면서 미명微明을 비웃는 까닭이다. 속으론 싫어 찡그리면서 겉으론 좋다고 미소 짓는 시늉을 사람은 척척 해낸다. 이런지라 열 길 물속은 알아도 한 길 사람 속은 모른다고 하는 게다. 이처럼 겉 다르고 속 다른 짓을 능청맞게 범하는 사람한테 앞서고 싶다면 먼저 뒤로 물러나고 윗자리가 탐나면 먼저 아랫자리를 택하라고 하면 응할 리 없다. 남을 짓밟고서라도 위로 올라야 하고, 남을 밀쳐서라도 앞서가야 승자勝者로서 살아남는다고 확고한 속셈을 감추고 있는 한 자하自下하라거나 자후自後하라는 말씀은 쇠귀에 경經 읽어주는 꼴 되기 쉽다.

자신을 낮추고自下 자신을 뒤로하라自後고 하면 겉으로 그렇게 하고 속으로 자상自上하고 자선自先하는 꾀를 부리면 된다고 속셈치는 순간 선善은 팽개쳐지고 불선不善 즉 악惡이 달라붙고 만다. 이를 일깨워주고자 하는 분이 곧 성인聖人이다. 성인은 뒤에 물러서기를 좋아하면서 자기를 낮추어 말하고 백성을 살기 편안한 세상으로 이끌어가고 싶어서 스스로 뒷자리를 택한다. 이런 성인이 몇 분 옛적에 있었지만 그 뒤로는 등장하지 않는다. 그래도 남겨놓은 말씀이 여전히 살아 있으니 다행스럽다.

# 092

# 무심에 머물면 재앙을 면한다
### 知止所以不殆 지지소이불태라

始制有名
시제유명

名亦旣有
명역기유

夫亦將知止
부역장지지

知止所以不殆
지지소이불태

譬道之在天下猶川谷之於江海
비도지재천하유천곡지어강해

제작하기制 시작하니始 이름이名 생겼다有. 이름이名 또한亦 이미 旣 있으니有 무릇夫 또한亦 마땅히將 멈추기를止 알아야 한다知. 머물기를止 앎은知 그로써以 위태롭지 않는不殆 바이니所 비유컨대譬 도가道之 세상에天下 있음은在 온 개울이川谷之 강해로 江海 흘러듦과於 같다猶.

『노자』 32장 참조

　6.25 전만 해도 호랑이는 없었지만 여러 산짐승들이 많았다. 특히 산촌 가까이에 있는 산속 개천 따라 산골짝으로 보리농사 거름을 마련하려고 풀 베러 가는 경우 도랑가에서 가재를 사냥하는 족제비나 오소리들을 자주 볼 수 있었다. 워낙 잽싼 놈들이라 사람을 힐끔힐끔 쳐다보며 개울의

작은 돌을 뒤지면서 달아나지 않았다. 일꾼들이 족제비를 만나면 "저놈을 올겨울 덫으로 잡아 붓 매는 장인匠人한테 팔아야지" 고함을 치고 오소리를 만나면 "저놈도 올겨울 용수 덫으로 사로잡아 털가죽을 벗겨 털목도리하고 기름덩이는 걷어내 등잔불 밝힐 테다" 고함쳐도 아랑곳 않고 산천천렵川獵에 능한 놈이 족제비, 오소리이다.

옛날 산촌에 겨울이 닥치면 북어쾌에서 북어 대가리가 잘려나갔었다. 덫 미끼로 북어 대가리만 한 것이 없었기 때문이다. 산골 도랑가를 따라 북어 대가리를 미끼로 삼아 덫을 놓아두고 심심풀이 삼아 날마다 덫 자리를 찾아가 족제비나 오소리가 걸렸나 살펴보는 재미를 산촌 장정들은 겨울에 즐겼다. 종종 족제비는 북어 대가리를 탐하다 덫에 걸려들지만 오소리는 걸려드는 경우가 드물었다. 오소리 그놈은 헛간의 닭장 안에 든 닭을 노리고 밤마다 기웃거리는 경우는 흔했다. 한밤중에 닭장 안의 닭들이 퍼덕이며 북새통을 이루면 필시 닭장에 구멍이 생겨 오소리 그놈이 닭서리를 벌이는 경우이다. 그러면 잠자던 장정들이 부리나케 뛰어나가 닭장 문을 열어젖히지만 잽싼 오소리는 닭 한 마리를 물고 산속으로 줄행랑을 치고 만다. 다음날이면 오소리가 간밤에 물어죽이고 간 닭을 잡아서 온 가족들이 닭 국물을 맛보기도 하지만 분해한다. 닭 맛을 본 오소리는 반드시 다시 찾아오게 되어 있으니 바로 그놈이 들어왔던 그 구멍에다 용수로 덫을 만들어 오소리를 포획하게 된다.

한 사나흘 지나면 다시 닭장에 난리가 난다. 부리나케 나가보면 아니나 다를까 오소리가 용수 덫 속으로 들어가 있다. 용수 덫 속에서 되돌아 나오려고 발광을 부려봤자 용수 입구가 철컥 닫히고 말았으니 오소리는 그만 독 안에 든 쥐 꼴이 되고 만다. 오소리가 든 용수를 다시 삼끈으로 단단히 동여매 통째로 개울로 가져가 물속에 집어넣고 남은 삼끈에다 묵직한 돌들을 용수의 상하에 묶어 수장시켜버린다. 다음날 아침에 개울에 가면 오소리 주검은 밤새도록 개울물에 깨끗하게 빳빳이 씻겨 있다. 그놈을 나무에 매달아두고 주둥이부터 조심스럽게 눈두덩까지 가죽을 벗겨 올린 다음 주둥이 양쪽을 잡고 꼬리 쪽으로 뽑아 내리면 오소리 가죽이 원형대로 벗겨지고 오소리 기름덩이가 나무에 매달린다.

오소리가 그냥 산속에서 굶주림을 참으면서 산쥐나 산토끼 사냥을 하면서 겨울을 버텼으면 용수 덫에 걸려들어 목숨을 앗기고 털은 목도리 감이 되고 기름덩이는 등잔불로 타고 살과 뼈는 말려져 한약재로 쓰이는 재앙을 당할 리 없었을 터이다. 사람이 키우는 닭을 탐하다 닭장을 덮친 탓으로 용수 덫에 갇혀 수장 당하고 만 것인지라 오소리도 탐욕 탓으로 생죽음을 당한 셈이다. 오소리가 겨울의 허기를 견디면서 저를 살게 해주는 산천에 머물기만 했더라면 그런 참혹한 죽임을 당하는 재앙을 면할 수 있었을 터이다.

탐욕 탓으로 당하는 재앙이 어찌 덫에 걸려든 오소리 같은 산짐승한테만 생기겠는가? 사람의 탐욕에 비하면 금수禽獸한테 무슨 탐욕이랄 것이 있겠는가? 유명有名에 걸신 들려 끝도 한도 없이 탐욕 부리기로 말하면 세상 천지에 사람밖에 없는 편이다. 주역周易 64괘卦의 맨 윗자리上九上六는 복福 받기보다 흉凶하기가 열에 아홉이니 상구상륙上九上六을 바라지 말라고 아무리 해도 사람은 저마다 유명有名을 탐하고 이런저런 재앙을 당하고서 땅을 친다. 재앙災殃 없이 살고 싶은가? 그렇다면 무심無心에 머물러라止. 온갖 재앙을 분명 면한다.

# 093

# 명백은 빈 곳간 같은 마음이다

明白四達 명백사달이라

愛民治國
애민치국

能無爲乎
능무위호

天門開闔
천문개합

能爲雌乎
능위자호

明白四達
명백사달

能無知乎
능무지호

백성을民 아끼고愛 나라를國 다스리는 때治 능히能 인위가爲 없는 것無인가乎? 천문이天門 열리고開 닫힘처럼闔 능히能 암컷이雌 되는 것爲인가乎? (허정虛靜한) 마음이明白 사방에四 이르는 것처럼達 능히能 시비 가림의 앎이知 없는 것無인가乎?

『노자』 10장 참조

사금砂金을 채취할 수 있다는 산천山川에 가면 냇가에서 둥근 쇠접시에 물모래를 퍼 담아 흘러가는 물에다 쉼 없이 일고 있는 모습을 목격할 수 있다. 듬뿍 담긴 모래를 물결에 흘려보내고 나면 쇠접시 바닥에 노란 알갱이가 눈곱만큼 남을 때도 있고 아니면 허탕치고 마는 경우도 있다. 모래에서 금을 얻는 사람은 결코 모래 알갱이와 금 알갱이를 혼동하지 않는다. 모래 속에서 아무리 작은 금 알갱이라도 골라내는 데 헷갈림이란 없다. 이것과 저것을 헷갈림 없이 결단決斷함을 지智라 하고 이것과 저것 중에서 간택簡擇 즉 서슴없이 골라냄을 혜慧라 한다. 이러니 지혜知慧란 채금採金하는 짓과 같다. 이것은 모래이고 저것은 금이라는 결단이 나면 조금도 망설임 없이 모래는 버리고 금을 간택하듯 지혜는 시비是非-논란論難을 결단내서 비非를 버리고 시是를 간택해낸다. 그래서 사람들은 지혜를 갖추라며 온갖 지知를 축적해 똑똑한 사람이 되자고 아우성이다.

그러나 지혜로운 마음은 명백明白하지 않는 마음이다. 명백한 마음은 그 속이 빈 곳간처럼 감출 것 숨길 것 하나도 없다. 갓난애가 타고난 마음을 본래 마음이라 한다. 마음을 성정性情이라 하지 않는가! 성性은 타고난 본래 마음이고 정情은 태어난 다음 인간이 이루어가는 마음이다. 생이지지生而知之라 하지만 요새 말하는 과학지식을 갖추고 태어난다는 말은 아니다. 아주 어려서부터 성현聖賢을 본받을 줄 아는 마음을 일러 생이지지生而知之라 하는데 실은 그런 인간은 없다고 보아도 된다. 공자孔子 당신도 생이지지가 아니라고 제자들에게 밝혔다. 그러나 공자께서 호학好學하라 했으니 마음이라는 곳간을 학식學識으로 채우라고 한 셈이다. 빈 곳간에는 자물쇠가 없지만 무엇이든 간직한 곳간이면 자물쇠가 있다. 자물쇠가 있으면 열쇠가 있게 마련이다. 마음이라는 곳간에 살아가는 밑천財이 되는 온갖 학식을 가득 채워두고 그 곳간 자물쇠를 잠갔다 열기를 잘하게 하는 것이 지혜요 지식이요 학식인지라 열쇠로 열고 닫아야 하는 마음 곳간을 만들어낸다.

　사람마다 그 마음속이 다르다 함은 저마다 나름대로 그 무엇에 대한 지식을 갖추고 요량대로 꾀를 내며 깎고 다듬고 흥정하려는 속셈을 감추어 두고 자기 쪽에 유리하도록 밀고 당기니 마음속 심정心情은 장막 뒤편에 도사린다. 그래서 계약서니 내용증명서니 인감증명이니 보증인이니 등등 만에 하나 속을세라 거멀못을 치고 박고 하는 것이다. 사람이 사람을 믿지 못하니 사람 아닌 것으로 신표信標를 증명하자 함이다. 갓난애의 마음으로만 사람을 본다면 이 사람 저 사람 다를 바가 없다. 갓난애 마음이란 심성心性 바로 그것인 까닭이다. 갓난애는 먹고 자고 깨면 싸고 또 먹고 할 뿐이지 꾀부릴 줄 조금도 모른다. 그래서 갓난애 마음이야말로 명백明白의 마음 바로 그것이라 도심道心 같다 한다.

　명백明白은 빈 곳간 같은 마음이다. 빈 곳간이니 빗장을 질러 문을 닫아야 할 것도 없고 자물쇠를 채워둘 것도 없으니 남 몰래 열쇠를 간직할 것도 없다. 속속들이 명백明白한 마음은 그 안이 훤하게 밝으니 명明이라 하고 마음이 그대로 드러난 그 자체를 백白이라 한다. 왜 첨피결자瞻彼闋者하라 하고 허실생백虛室生白이라 하겠는가? 저彼 빈闋 것者을 두 눈으로 똑똑히 보라瞻. 빈虛 방이室 햇빛을白 내지生 않나! 명백明白의 마음은 텅 비움闋 그것이라 햇빛 내는 빈방 같다. 빈 방은 잠가두지 않는다. 잠가두지 않으니 자물쇠도 없고 따라서 열쇠도 없다. 햇빛도 바람도 휑하니 들고나는 빈방 같은 이 명백明白한 마음, 이를 일러 무심無心이니 허심虛心이니 허정虛靜이라 함은 지혜 따위에 걸림 없이 사방팔방 두루두루 막힘 없이 어느 누구와도 통해 미덥기 때문이다.

# 094

# 하늘땅 사이에서 암·수컷이 조화하는 기운

沖氣以爲和 충기이위화라

---

道生一 一生二

도생일 일생이

二生三 三生萬物

이생삼 삼생만물

萬物負陰而抱陽

만물부음이포양

沖氣以爲和

충기이위화

도가道 하나를一 낳고生, 하나가一 둘을二 낳고生, 둘은二 셋을三 낳고生, 셋은三 온갖 것을萬物 낳는다生. 온갖萬 것은物 음기를陰 지니면서負 而 양기를陽 간직하고抱, 음양陰陽은 충기沖氣로써以 화기가和 된다爲.

『노자』 42장 참조

나를 부모가 낳았다. 이 말을 아무도 의심하지 않을 터이다. 그렇다면 부모는 누가 낳았나? 조부모가 낳았다. 그렇다면 조부모는 누가 낳았나? 이렇게 거슬러 올라가도 끝이 없으니 그냥 조상祖上이라 하고 만다. 그래도 조상은 어찌 낳게 되었을까? 그런 물음은 그치지 않고 이어져 산마루에 올라갔다고 치자. 산 밑에서 마루까지 올라가고 나면 더는 올라갈 데가 없다. 발밑에는 땅이고 머리 위에는 하늘이다. 산 정상에 올라가면 천지天地 사이에 서 있는 자신을 누구나 발견하게 된다. 그리고 천지가 만물의 부모라는 말씀이 떠오르게 되면 '야호'라고 소리치며 기고만장하지 못하고 엄숙해지게 된다. 뒤따라서 천지란 자웅雌雄이라는 말인가? 산마루에 서거나 앉아서 저 하늘이 수컷雄이고 이 땅이 암컷雌이라는 말인가? 다시 그렇다면 천지라는 수컷과 암컷은 그 무엇이 낳았단 말인가? 아마도 태고의 성인께서 천지를 낳아준 어미를 도道라고 불러놓은 셈이다.

도道를 암컷으로 여기고 현빈玄牝이라 부른 이가 바로 노자老子이다. 그리고 노자는 또 알려야 알 수 없는 신비로운玄 암컷牝의 생식기를 일러 중묘衆妙의 문門이라 했다. 천지와 온갖 것들萬物은 그 문으로 나오고生 다시 그 문으로 되돌아 들어간다니死 중묘衆妙의 문이라고 불러둔 셈이다. 생각해보면 목숨의 생사生死보다 더 묘妙한 것이란 없다. 묘妙나 현玄이란 들으려 해도 들을 수 없고 보려 해도 볼 수 없고 만지려 해도 만질 수 없음이라 아무리 알려고 해본들 알 수 없음을 일컬음이다. 그래서 현묘玄妙하면 있는 듯한데 없으니 황恍하고 없는 듯한데 있으니 홀惚하다는 게다. 목숨을 낳는生 힘을 생기生氣라 한다. 그 기운生氣보다 더 현묘하고 황홀한 기운은 없다. 생기生氣는 암컷과 수컷이 하나가 되어야 이뤄진다. 그런 생기를 충기沖氣라고 한다. 충기沖氣의 충沖은 〈빈 허虛〉이고 〈따를 중中〉이고 〈어울릴 화和〉를 하나로 묶음이다. 이러한 충沖은 『주역周易』이 말하는 〈일음일양一陰一陽〉인 셈이다. 음陰은 양陽이 되어주고 양陽은 음陰이 되어줘 음양陰陽이 하나로 어울림은 남녀의 성교性交를 떠올리면 살펴 새길 수 있는 일이다. 성교性交란 성공性共이다. 암수가 함께해야共 새끼를 낳는 것이다. 새끼를 낳고자 암수가 성교性交함은 현묘하고 황홀하다. 그러나 새끼를 낳기 위한 성교性交의 현묘하고 황홀함을 탐하여 가볍게 여기는 동물이 인간이다.

인간은 새끼를 낳기 위해서만 성교하지 않아 천하게 하지만 짐승들은 성교를 성스럽게 한다. 짐승들은 오로지 새끼를 얻기 위해서 성교하지 인간들처럼 성교를 탐닉하지 않는다. 냇가에 사는 물총새의 암수를 보면 참으로 성스럽다. 알 낳는 철이 돌아오면 암컷은 나뭇가지 위에 동그마니 앉아 있고 수컷이 열심히 물속을 들락거려 물고기 한 마리를 잡아 그 물고기를 암컷에게 먹여주면 암컷이 교미를 허락해준다. 물총새의 교미를 보면 새 생명을 낳는 자연의 이치가 바로 충기沖氣로써 됨을 눈으로 볼 수도 있다. 알을 낳아 품어 알 속에 든 새끼가 나오게 하자면 암컷은 먹이사냥을 할 수 없을 터이니 수컷이 교미하기 전에 암컷에게 영양보충을 시켜주어야 함을 물총새는 학교 같은 데 가서 배운 것이 아니다. 이런 절묘함을 일컬어 하늘땅 사이에서 암컷 수컷이 조화調和하는 기운氣運이라 하고 그 기운을 일러 충기沖氣라 하는 것이다. 그러니 새끼를 낳기 위한 성교性交야말로 현묘하고 황홀한 충기를 누림이다.

천지에서 온갖 암수들이 끼리끼리 짝을 맺어 새끼를 낳음이야말로 현묘하고 황홀한 어울림和이다. 암수가 성교를 해서 낳는 새끼야말로 암수라는 둘이 하나로서 조화調和한 새 목숨이 아닌가! 요새는 정자와 난자가 합쳐 새끼가 된다고 하는데 음기와 양기가 조화돼 새끼가 태어나는 것이 천도天道 즉 자연의 이치이다.

# 095

# 탐욕이라는 적을 얕보면 반드시 패한다

禍莫大於輕敵 화막대어경적이라

禍莫大於輕敵
화막대어경적

輕敵幾喪吾寶
경적기상오보

재화災禍에서禍 적을敵 가볍게 여김輕
보다 더於 큰 것은大 없다莫. 적을敵
가볍게 여기면輕 (곧장則) 나의吾 보배
를寶 거의幾 잃어버린다喪.

『노자』 69장 참조

적敵이란 나를 망하게 하려는 것이다. 사람은 욕망欲望의 덩어리인지라
마치 그 욕망이 짓누르는 바윗덩이 같다는 가위눌림에 소스라칠 때가 빈
번할수록 그 삶은 짓밟히기 쉽다. 물론 산다는 일이 이런저런 온갖 욕망과
마주치고 시달리며 헤쳐 가느라 인생고해人生苦海라 탄식하기도 한다. 하
루하루 살아가는 일들이 마치 풍랑이 험한 바다 같은 날이 허다하다. 왜
이렇게 삶이 풍랑이 거친 바다 같을까? 이렇게 자문自問해보는 사람일수록

어느 누구의 탓이 아니라 바로 자신 탓으로 인생의 바다가 거칠어진다는 사실 앞에 마주 설 수 있다. 그리고 인생 자체가 고해苦海가 아니라 내 속에서 용암처럼 끓어오르는 욕망 탓으로 인생이 거친 바다와 같음을 깨우칠 수도 있다. 그렇게 깨우치는 순간부터 풍랑으로 거칠던 바다가 서서히 잠잠해져 인생의 돛을 달고 순항順航의 삶을 누릴 수 있다. 그러니 인생을 험하게 출렁거리는 바다로 돌변시키는 탐욕貪欲보다 더 무서운 적敵이란 없다.

자기를 패하게 하고 망하게 하는 적敵이 자기 밖에 있기보다는 바로 자기 안에 도사리고 있는 편이다. 자신 속에 숨어 있는 적이 바로 자기가 부리는 탐욕임을 깨우친 사람은 자신 속에 도사린 적을 물리칠 수 있는 병법兵法을 안다. 전쟁터에서만 병법이 필요한 것만은 아니다. 병법들 중에서 싸우지 않고 적을 물리쳐 이기는 것이 최상의 병법이라 한다. 그러자면 자기한테 싸움을 걸어올 적을 만들지 않음이 최선의 병법이 된다. 탐욕을 부리면 바깥의 적을 불러와 그 적한테 패하기 쉽지만 탐욕을 부리지 않으면 그 적한테 질 리가 없다. 탐욕을 겁 없이 부리는 사람은 탐욕이라는 적을 얕보기 때문에 밖으로부터 온갖 적을 불러와 겨루고 다투다가 필패必敗 당하고 마는 것이다.

예전에 감나무가 많은 고을에는 까치밥 병신이라고 평생 손가락질 당하는 자가 한둘씩은 있었다. 산천에서 밥 먹을 때 벌레들과 나눠먹자고 고수레하고, 유실수에서 열매를 수확할 때 모조리 따지 않고 약간씩 다람쥐 몫으로 남겨두듯이 가을에 감을 딸 때 맨 꼭대기에 달린 감 네댓 개를 까치 몫으로 남겨두는 풍습이 있었다. 상달이 지나 된서리가 내리면 감나무 꼭대기에서 유난히 발갛게 빛나는 홍시가 군침을 당기게 마련이다. 그 홍시를 탐내고 감나무 꼭지 근처까지 아슬아슬 올라가다 그만 감나무 가지가 부러져 훌렁 떨어져 허리를 부러뜨려 곱사둥이가 되거나 다리가 부러져 절뚝발이가 되거나 아니면 머리통이 깨져 그 자리서 죽고 마는 사건이 일어났었다. 그래서 까치밥 탐내면 병신 된다고 아이들한테 어른들이 겁주곤 했다. 홍시 하나 탐내다가 평생 병신 소리 들어가면서 사는 일보다 더한 불행은 없을 터이다. 이런 불행은 홍시를 얕보아서가 아니라 홍시를 탐한 욕심을 얕본 까닭에 당하는 짓이다. 자신 속에 도사리고 있는 탐욕을 가볍게 여긴 탓이다.

탐욕이라는 적을 가볍게 여기고 얕보면 그 누구든 간직한 보물을 잃어버리고 만다. 누구나 탐욕을 버리기만 하면 그 보물로써 삶을 편안하고 즐겁게 누릴 수 있다. 그 보물을 노자老子께서 삼보三寶라 밝혔고 그 삼보가 간직된 마음을 일러 〈소사과욕少私寡欲〉이라 알려주었다. 소사少私하여 과욕寡欲함이야말로 탐욕의 적을 물리치는 최상의 병법兵法이다. 소사少私란 내 몫을 적게 함이다. 그러면 과욕寡欲이 저절로 뒤따라온다. 과욕寡欲이란 욕심을 줄여 적게 함이다. 탐욕이라는 무서운 적은 다사多私로 말미암아 과욕過欲을 부추긴다. 제 몫을 많게 하면多私 저절로 욕심이 넘쳐난다過欲. 욕심이 넘쳐 제 몫을 많게 하면 남의 몫이 줄어들어 겨루고 다툼이 빚어지게 마련이다.

이처럼 탐욕이라는 적은 바깥의 적을 불러들여 자신을 행복하게 해줄 삼보三寶를 잃게 한다. 그 세 가지 보물이란 사랑함이고慈 검소함이며儉 나서지 않음不敢爲先이다. 탐욕을 가볍게 여기는 사람은 자慈-검儉-불감위선不敢爲先을 잃어 인생의 패자敗者로서 늘 흉하게 허덕인다.

# 096

# 얻기 어려운 재화는 행동을 어렵게 한다

難得之貨令人行妨 난득지화령인행방이라

五色令人目盲
오색령인목맹

五音令人耳聾
오음령인이롱

五味令人口爽
오미령인구상

馳騁田獵令人心發狂
치빙전렵령인심발광

難得之貨令人行妨
난득지화령인행방

오색은五色 사람으로人 하여금令 눈을目 멀게 하고盲, 오음은五音 사람으로人 하여금令 귀를耳 멀게 하며聾, 오미는五味 사람으로人 하여금令 입맛을口 잃게 하고爽, 말 타고 달려馳騁 사냥함은畋獵 사람으로人 하여금令 마음을心 미치게 하며發狂, 얻기得 어려운難之 재화는貨 사람으로人 하여금令 행동을行 방해받게 한다妨.

『노자』 12장 참조

　사람한테만 있고 자연에는 없는 것이 돈이다. 돈이야말로 오로지 사람만의 것이다. 그런데 사람이 만든 돈 이것이 사람을 쥐락펴락하려고 한다. 사람 나고 돈 났지 돈 나고 사람 났느냐고 말하지만 현실을 솔직히 들여다

보면 돈 나고 사람 났지 해도 엉뚱하거나 생뚱맞을 리 없다. 어디를 가나 사람대접이 아니라 돈대접이라는 꼴이 벌어진다. 이러다 보니 사람마다 마음속에서 이래도 돈 저래도 돈 돈타령이 끊일 새가 없다. 사람한테 제일 귀한 것이 목숨이다. 그런데 그 목숨보다 더 귀하듯이 모시려는 게 있다. 바로 그것이 돈이다.

돈이란 서로 갖겠다고 하니 돈 벌기가 쉬울 수가 없다. 참으로 벌어 갖기 어려운 것이 돈이다. 힘들이지 않고 돈벌이하겠다면 그것은 도둑질하겠다는 것에 다름 아니다. 도둑놈이 도둑질 끊기란 아편쟁이가 아편 끊기보다 더 어렵다고들 한다. 도둑놈이 감옥 가서 옥살이하고 나오면 도로 도둑질로 감옥 가는 꼴을 얼마든지 볼 수 있다. 땀 흘려 벌어야 되는 돈을 땀 한 방울 안 흘리고 훔치는 도둑놈이 어디 남의 집 담 넘는 놈뿐이랴. 세 치 혓바닥 놀려 남 등쳐먹는 사기꾼이나 힘 있는 자리를 빙자해 나랏돈을 훔치는 오리汚吏나 요새로 말하면 '보이스피싱'으로 남의 돈 빼가는 날강도들 이 모든 놈들은 돈이라면 남의 목숨 따위는 아랑곳 않는다. 단돈 몇만 원이 탐이 나 살인을 하고 줄행랑치는 세상이니 이제는 좀도둑도 돈이라면 남의 목숨 앗아가려 든다. 돈 탓으로 세상이 나날이 더욱 더 살벌해지고 돈 벌기는 점점 더 어려워지니 마치 세상이 도둑의 소굴로 되어가나 싶어 무섭다.

그렇다고 인간세人間世가 도척盜跖의 세상이 될 리는 없다. 공자께서 살았던 시절 도둑떼를 이끌고 이 고을 저 고을 털어대 임금도 떨었다는 도둑떼의 우두머리 도척盜跖이 세상 사람들의 마음을 얻을 수는 없다. 제 자식이 도둑놈 되기를 바라는 도둑놈은 세상에 없다고 하지 않는가! 비록 사람들이 자나 깨나 돈타령을 할지언정 돈 때문에 도둑놈이 되겠다는 놈이야천에 하나나 될까 말까? 말하자면 돈이라면 남의 것도 빼앗겠다고 도심盜心을 품고 살아가는 놈은 0.1퍼센트도 안 될 터라는 말이다. 하기야 미꾸라지 한 마리가 방죽 물 흐리듯이 천에 하나 될까 말까 하는 도둑놈이 돈이 참 벌기 힘들다는 생각을 다져주기도 한다. 돈벌이가 길가의 돌멩이 줍듯이 쉽다면 도둑놈이 생겨날 리 없을 터이니 말이다. 돈 없이는 살 수 없으니 너도 나도 돈 벌자고 아우성인데 돈벌이가 힘들다 보니 힘들이지 않고 돈 갖겠다는 못난 놈이 생겨나는 것뿐이다. 이런 도둑놈들 탓으로 세상이 무섭다기보다 돈을 인간의 상전처럼 믿는 세태世態가 오히려 더욱 무섭다.

공수래공수거空手來空手去라. 빈손으로 와서 빈손으로 돌아간다. 이는 생사의 분명한 사실을 밝혀둔 말씀이지만 이 말씀을 믿고 사는 사람은 참으로 드물다. 아니 없다고 쳐도 무방하다. 비록 빈손으로 왔을지언정 한 세상 금수저 들고 세상 호령하다 가는 것이 흙수저 들고 빌빌하다 가는 것보다 낫지 않느냐고 삿대질하면 그래라 하면 그만이다. 그러나 때린 놈은 선잠 자고 맞은 놈은 푹 잔다 하지 않는가? 이 짓 저 짓 못된 짓 가리지 않고 억척스레 돈 많이 벌어 모아 흥청망청 산다고 부러워할 것 없다. 땀 흘린 만큼 당당하게 번 돈으로 구김살 없이 떳떳하고 느긋하게 사는 인생이 마음 편한 행복이다. 왜 뱁새가 황새걸음을 부러워하지 않는다고 하는가? 돈 많다고 빈자貧者를 얕보면 천하에 못난 졸부인지라 더럽고 돈 적다고 굽실거리면 비렁뱅이 꼴인지라 초라하다. 돈 많이 주고 산 새 옷보다 헤진 곳 고이 꿰매 깨끗이 빨아 다림질해 입힌 헌옷이 더 행복해 보이는 까닭을 생각해볼 일이다.

# 방문을 나서지 않아도 천하를 안다

知天下 지천하라

不出戶 知天下
불출호 지천하

不窺牖 見天道
불규유 견천도

방문을戶 나서지 않아도不出 온 세상을
天下 알고知, 바라지로牖 엿보지 않고
서도不窺 자연의天 이치를道 살핀다見.

『노자』 47장 참조

　　과학의 세상은 온통 바깥 것에만 신경 쓰게 한다. 물질에만 관심이 모
아질 뿐인지라 마음도 물질처럼 다루려고 한다. 마음속마저 전파로 탐지
해 모니터에 올려두고 두 눈으로 검사하는 세상이고, 거짓말 탐지기로 참
이냐 거짓이냐 가려내고 그것이 재판정에서 증거로 인정되고 있는 터이니
이제는 물질의 범주에 들어가지 않는 것이란 하나도 없어 보이는 편이다.
이미 사람의 몸뚱이는 물질로 취급되고 있는 실정이니 아마도 멀지 않아

마음 심心 이것도 물질이라고 선언해버릴 날이 오리라 싶다. 이제 심성心性이니 성선性善이니 하는 낱말들은 설득력을 잃어버린 셈이고 따라서 도덕道德이니 성현聖賢이니 하는 낱말들도 쓰잘 데 없는 고물단지가 되어버린 꼴이다. 오로지 내 바깥의 온갖 물질들만이 관심을 끄는 세상이 되었고 그런 세상에서 사람들은 저마다 한 자리를 차지하고 물질의 힘을 얻고자 아등바등 실랑이를 벌여야 한다. 이러다 보니 자기 자신은 전혀 몰라도 되고 자신 밖의 것들은 많이 알수록 살아가는 경쟁력이 불어난다고 다짐하고 나선다.

이제는 방 밖을 나가지 않고서도 세상을 제 손금 보듯이 안다는 말은 한 치도 통하지 않는다. 방 밖을 나서지 않아도 세상을 안다고 함은 자기 본성本性을 따라 세상을 바라본다는 말이다. 본성으로 보면 너하고 나하고 다를 바가 하나도 없다. 이를 천분天分이라고 한다. 천분이란 나누되 하나가 되는 것이다. 이 사람 저 사람 많지만 본성 즉 천분으로 보면 다름없이 모두 다 하나라는 것이다. 본성本性이라는 말이 어렵게 들린다면 목숨이라고 여겨도 된다. 임금이니 신하니 백성이니 신분을 정해 높고 낮음을 차별하는 짓은 오로지 사람의 짓일 뿐이다. 임금의 목숨이나 신하의 목숨이나 백성의 목숨이나 본성으로 보면 하나일 뿐이다. 이것은 천지가 있는 한 변함없는 이치이다. 변할 수 없는 이치를 천도天道라 한다. 그러니 본성本性은 천분天分이고 천분은 천도天道라는 말씀은 목숨은 하나라는 이치를 말한다.

세상에 나아가 이것저것 살펴보지 않아도 세상은 나와 다를 바 없으니 방 안에 앉아서도 본성을 지키면 세상을 지킨다고 알았던 분을 일러 성인聖人이라 한다. 물론 옛날 사람들이 모두 성인이라는 것은 아니다. 몇천 년에 하나 날까 말까 한 분이 성인聖人이다. 그 성인은 이 세상을 본성을 통해서 보았기에 방 밖으로 나가지 않고서도 세상을 알고 마주할 수 있었다. 이런 성인이 남겨둔 말씀에 깊은 뜻이 숨어 있음을 그래도 옛사람들은 살피고 헤아려 귀담아들으려 했었다. 그러나 이제는 본성本性이 목숨이라는 생각 자체를 털어버린 셈이니 성인의 말씀에 귀 기울일 여념이 없어진 세상이 되고 만 셈이다. 물론 옛날의 범인凡人들도 지금의 범인들처럼 사물事物을 따라 세상을 마주했었지만 자신이 곧 천지天地임을 밝혔던 성인의 말씀을 귀담아두고자 했음이 요새 사람들과는 달랐다.

오늘날 사람들은 자신을 알려 하지 않고 자신 밖의 것들에 온 신경을 곤두세운다. 자신의 마음속은 숨겨두고 남의 마음속을 떠보고자 하니 절로 바깥 정보에만 관심을 쏟고자 한다. 이런 연유로 컴퓨터에 마련된 창고 속에 온갖 사물에 관한 정보들이 홍수를 이룬다. 그 정보들이란 온 세상 온 사람들이 만들어낸 것들이지 자연의 것이란 하나도 없다. 말하자면 현대인은 오로지 정보의 홍수 속에서 자맥질만 일삼으며 사람들의 것만 마주하지 천지天地라는 자연을 마주할 틈이 없다. 자연을 마주하면 그 순간 바로 내가 내 자신을 마주하는 순간이라는 사실을 현대인은 모른다. 길가에 핀 풀꽃 하나를 보고 반가워하는 그 순간만은 정보 따위는 사라지고 풀꽃을 반가워하는 나를 내가 발견하게 된다.

내 눈에 들어온 풀꽃 한 송이를 반가워하는 그 마음이 곧 지천하知天下 즉 자연이란 세상天下을 앎이다. 그 풀꽃의 이름을 알라는 정보하고 아무런 상관없이 절로 내 눈에 들어온 그 풀꽃 자체를 그냥 반가워함이 바로 지천하知天下임을 지금 우리는 모르고 산다.

# 배우기를 끊으면 걱정이 없다

絶學無憂 절학무우라

絶學無憂
절학무우

唯之與阿
유지여아

相去幾何
상거기하

善之與惡
선지여악

相去何若
상거하약

배우기를學 끊으면絶 걱정이憂 없다無.
예함과唯之與 응함이阿 서로相 얼마나
幾何 다른가去? 선함과善之與 악함이惡
서로相 얼마나何若 다른가去?

『노자』20장 참조

　지금 인간세人間世는 이욕利欲만을 앞세우는 경매장같이 되고 말았다.
한 물건을 두고 값을 제일 많이 쳐주는 쪽에 낙찰시켜주는 경매장 모습을
떠올리면 지금 우리 세상을 바라보는 초점을 잡아볼 수 있다. 별의별 근사

한 술어들로 우리의 귀를 현혹하지만 그 모든 속셈은 인간의 이욕을 극대화시키겠다는 쪽에 그 초점이 맞춰지는지라 같은 이기利器일지라도 사람의 이욕부터 사로잡지 않거나 못 하면 아무짝에도 쓸모없어져 버린다. 이런 지경에서 학문學問도 예외가 아니다.

세상이 오로지 이욕利欲과 이기利器만을 부채질하는 배움學만을 너도나도 쫓아 나서려 하니 학문學問도 이기利器로 탈바꿈해야 살아남게 되어간다. 학문에 상아탑象牙塔은 이제 없다. 이른바 학문이란 이욕을 충족시켜줄 방편을 찾아주는 앞잡이로 나서라고 세상이 강요한다. 이 마당에 이욕을 쫓는 배움學을 끊어라絶 하면 뚱딴지같은 소리로만 들릴 터이다. 그런데 왜 절학絶學하라 하나? 무우無憂를 누릴 수 있기 까닭이다. 근심걱정憂이란 내 피를 말리고 내 마음을 프라이팬 위에 올려놓고 들들 볶게 하는놈이다. 이런 무우無憂를 하루에 단 한 순간만이라도 누리고 싶다면 분명절학絶學이 절실하다.

『논어論語』에 보면 〈공자孔子께서는 조이불강釣而不綱하시고 익이불석숙弋而不射宿하셨다〉고 한다. 낚시질은 하되釣而 주낙질은 아니 하고不綱 오니에 끈을 맨 화살을 날리되弋而 졸고 있는 새를 쏘아 잡지 않았다不射宿는 게다. 미끼를 문 물고기 한 마리를 낚을지언정 한꺼번에 여러 마리를 낚겠다는 탐욕을 내지 말 것이며, 주살질로 날아가는 새를 사냥하되 앉아서 졸고 있는 새를 사냥해 쉽게 취하려 하지 말라. 물고기 하나를 낚자면 오래 기다려야 하고 날아가는 새를 잡자면 어렵고 힘들겠지만 자고 있는 새를 쏘아 쉽게 잡을 생각 말라는 깊은 뜻이 담겨 있다. 이 말씀은 쉽게 생각하고 탐욕내지 말고 자기를 닦아 〈도문학道問學하라〉는 뜻이 담겨 있다. 묻고問 배우는學 길을 가라道. 왜 도문학道問學하는가? 어짊仁을 묻고 배우는 길을 따라 가야 하기 때문이고 그래서 호학好學하라 했다.

『노자老子』에는 〈절학무우絶學無憂〉라는 말이 나온다. 이는 『논어』에 나오는 〈호학好學〉을 하지 말라 함이다. 배우기를 좋아하면好學 그럴수록 마음고생이 불어난다고 본 것이다. 인仁을 배우자고 인인仁仁하다 보면 그 인仁 탓으로 마음이 근심걱정에 휘말리는데, 자신이 어질자고 애써서가 아니라 그 인仁에 관한 학식이 모자라면 궁궐에 드는 말을 탈 수 없기 때문에 그 인仁을 알자고 마음을 태워 조바심내야 하니 근심걱정이 태산 같아진다는 것이다. 그러니 인의仁義를 버리고 그것을 취하게 해준다는 교리巧利도 버리면 따라서 무심無心해져 자연에 맡기고 편안히 살 수 있다는 것이다. 마음 편한 삶을 원한다고 하면서도 마음이 편할 수 없는 지경으로 몰아가는 까닭은 무엇인가? 이 문제를 스스로 솔직하게 자문自問하게 하는 말씀이 바로 〈절학무우絶學無憂〉라는 말씀이다.

하루에 단 한 번만이라도 이욕利欲의 달리기를 멈추고 내가 나를 만나 본 적이 있는가? 배우기를 끊으면絶學 걱정거리가 없다無憂고 함은 이욕利欲을 차지하고자 몸부림치지 말라 함인지라 〈절학무우絶學無憂〉를 새기며 살수록 스스로 재촉한 근심걱정憂을 없애고無 자유를 누릴 수 있다. 어차피 이욕의 학식學識을 떠나 살 수 없는 세상에 던져져 있다 할지라도 끊임없이 그 하수인으로 몰아붙이면 마음이 결국 새장 속의 새처럼 되고 만다. 훨훨 날아다녀야 할 인생을 빼앗기고 이욕利欲의 창살 속에 가두는 학식의 종노릇을 하루에 한 순간이라도 그만두고 자신을 무심無心하게 하라 함이 여기 절학絶學이다.

# 해치지 않는 자연이 바로 네 어머니

天之道 천지도라

天之道利而不害
천지도리이불해
聖人之道爲而不爭
성인지도위이부쟁

자연의天之 도는道 이롭게 하되利而 해
치지 않고不害, 성인의聖人之 도는道
위하되爲而 겨루지 않는다不爭.

『노자』 81장 참조

　　대야에 발을 씻으면 땟물로 씻지만 시냇물에다 발을 씻으면 오로지 새
물로만 씻는다. 천지도天之道 즉 자연의天之 이치道 그것은 흘러가는 시냇
물같이 모든 것들은 늘 변화해가고 있음을 말해준다. 세상에 가만히 멈춰
있는 것이란 하나도 없다. 유수流水를 보면 자연을 보는 것과 같다. 그래
서 상선약수上善若水라 한다. 상선上善이란 자연을 칭송함이다. 자연보다
더 선한 것은 없다. 본래 선善이란 상도常道를 그냥 그대로 따름이다. 영락

없이 상도常道를 그냥 그대로 따름을 찬미하여 상선上善이라 한다. 그 상 선上善이 물 같다若水니 이는 물이야말로 천지도天之道를 그냥 그대로 닮고 있다는 말이다.

공자孔子께서도 냇가에서 감탄했다. "지나가는 것은 흐르는 물과 같아! 밤낮으로 쉬지 않는구나!" 이는 자연을 읊음이다. 산 것이면 그 무엇이든 다 죽어가는 것이다. 그래서 자연의 이치는 출생입사出生入死 이 네 자字로 써 새겨 헤아릴 수 있다. 생生이 나와서出 사死로 들어감이入 천도天道인지 라 그것이야말로 흘러가는 물 같다. 두보杜甫도 "천지天地도 부평초浮萍草 라" 읊었다. 흘러가는 물 위에 뜬 풀잎이 아닌 것이란 천하에 없다. 그런 데 그 생사生死의 변화 사이를 이롭게만 해주되 해치지 않는다고 노자老子 께서 찬미한 자연의天之 이치道란 상도常道의 조화造化 그것이다. 그리고 그 조화의 시작을 일러 어머니母라고 노자께서 불러놓았다. 어머니야말로 이이불해利而不害의 화신化身이 아닌가! 갓난애를 가슴에 안고 젖 먹이는 어머니의 모습을 떠올리면 이롭게 해주되利而 해치지 않는다不害고 천도天 道를 〈천하모天下母〉라고 비유한 노자의 마음을 살펴 새기고 헤아려 깨우 칠 수 있는 일이다.

자연은 이해利害를 둘로 나누지 않는다. 따라서 자연은 이롭게만 해주 는 일도 없고 해롭게만 해주는 일도 없다. 대인大人은 자연이 이러함을 알 고 소인小人은 그런 줄을 모른다. 그래서 소인의 심사心事는 변덕이 죽 끓 듯 한다. 팔이 안으로 굽는다면서 미운 놈 고운 놈 갈라서 저하고 같은 쪽이면 이롭게 하고 다른 쪽이면 해롭게도 하는 짓을 소인은 서슴지 않고 범한다. 이래서 소인은 결코 편애하지 않는 자연을 어기고 마는 것이다. 따라서 소인은 성인聖人을 알려들지 않고 오히려 얕보고 업신여긴다.

성인聖人은 이롭게만 해주고 해치지 않는 자연을 그대로 본받기 때문에 오로지 성인은 위이부쟁為而不爭한다. 도와주되為而 남들과 다투지 않는不爭 성인을 본받는 대인은 물 한 모금도 고마워한다. 장자莊子가 이슬만 받아먹고 사는 선인仙人이 막고야산藐姑射山에 산다고 우화寓話해놓은 것은 천도天道를 따라 살지 않는 인간을 나무라기 위해서이다. 이슬만 먹음이란 법자연法自然할 뿐임을 나타냄이다. 자연을 본받음法이란 이롭게 하되利而 해치지 않음不害이고 이러한 본받기는 바로 성인聖人의 도道로 이어지는 것이다. 이롭게 함은 곧 위해줌이다. 위해만 줄 뿐 어떠한 대가도 바라지 않으니 네 탓이냐 내 탓이냐 아옹다옹 겨룰 일이 없으니 부쟁不爭이다. 자연이 불해不害하니 성인聖人도 부쟁不爭한다. 불해不害나 부쟁不爭이나 다를 바 없다. 마치 산속의 옹달샘 물을 산새도 마시고 산토끼도 마시고 노루도 마시고 초목도 마시고 저마다 삶을 누려서 이로울 뿐 해로움이 없는 것처럼 성인의 도道 역시 다를 것이 없다.

공해公害로 지구가 병들어간다고 인간들이 아우성친다. 살지 못하게 하는 이 공해는 사람이 짓는 재앙이지 천지 때문이 아니다. 한강의 물고기가 떼죽음 당하는 꼴이 자주 일어남은 사람들이 해로운 짓을 하여 자연인 한강수를 독수毒水로 둔갑시켜 물속의 모든 목숨을 떼죽음으로 몰고 가는 것뿐이다. 이 땅덩이에서 못살게 하는 짓은 사람만 저질러댈 뿐 다른 온갖 목숨들은 이롭게 해주되 해로움을 주지 않는 천도天道를 따라 살아갈 뿐이다.

# 제 맘대로 삶을 누리게 내버려두라

聖人之道 성인지도라

---

## 聖人之道爲而不爭
### 성인지도위이부쟁

성인의聖人之 도는道 위하되爲而 겨루지 않는다不爭.

『노자』 81장 참조

---

『노자老子』에 나오는 성인聖人은 『논어論語』의 성인聖人이 아니다. 『논어』에 나오는 성인聖人은 인의仁義를 말로만 하는 것이 아니라 행동으로 실행해서 그 이상 더 지극할 수 없는 분을 일러 말한다. 그러나 『노자』의 성인聖人은 그러한 인의仁義를 끊어버리라고 단언한다. 그렇다면 『노자』에 나오는 성인聖人은 누구인가? 자연을 오로지 본받아 포일抱—하는 분이다. 세상 사람들을 하나로— 껴안을抱 뿐만 아니라 온갖 것을 하나로 껴안

는 분을 말한다. 이러한 포일抱─이란 다름 아닌 법자연法自然 즉 자연을 본받음法이다. 자연을 본받음이란 무슨 말인가? 이는 대도大道를 본받기 함이니 그 본받기란 어떤 것인가? 대도는 천지만물을 낳아주되 갖지 않고 위해주되 바라지 않으며 더없는 위임에도 이래라저래라 않음不宰이다. 언제 어디서나 무슨 일이 있어도 부재不宰하나니 만물을 천방天放 즉 가두리 없이 산천이나 대해에 마음껏 자유롭게 살도록 해주는 저 대도를 그대로 본받는 분이 곧 『노자』에 나오는 성인聖人이다. 그 성인은 어느 한 사람이 아니라 자연을 사람으로 여기고 우러러본 편이다.

『논어』의 성인聖人은 분명 사람이지만 『노자』에 나오는 성인聖人은 아마도 대도大道를 의인화擬人化한 것으로 마음먹으면 속이 편하다. 『노자』 오천어五千語를 남긴 노담老聃께서 대도를 성인聖人으로 삼아둔 것으로 생각해도 안 될 것은 없다. 오죽했으면 노담께서 절성기지絶聖棄智하라고 단언했겠는가? 백성 앞에 성인聖人이라고 나서는 사람과 절연하고 지혜롭다고 자처하는 사람과도 단절하라고 서슴없이 말한 그 심정을 생각할수록 마음속에 와 닿는 사연은 절절해진다. 그러므로 『노자』에 나오는 성인聖人은 사람이 아니라 깊은 산속 어딘지 모를 귀영지에서 쉼 없이 새 물을 솟구치게 하는 옹달샘일지도 모른다. 아니 어쩌면 산천에 온갖 새들이 깃들어 사는 새둥지 같을는지 모르겠다. 왜냐하면 『노자』의 성인聖人은 온 사람 온갖 것들을 오로지 도와만 주는 까닭이다.

『노자』의 성인聖人은 결코 보답하라 하지 않는다. 그저 그냥 그대로 도와주는 것을 일러 자연自然이라 한다. 이 천지에서 사람만 주고받고 흥정하면서 살지 사람 이외 온갖 만물은 사람을 도와줄 뿐이다. 목장 울타리 속에서 풀 뜯는 소들은 자연이 아니다. 사람이 돈 받고 팔아치울 상품일 뿐이다. 사람의 것이라면 그 무엇이든 자연이 아니다. 강가에 있는 돌멩이는 자연이지만 그 돌을 주어다 담장을 쌓으면 담장에 놓인 돌은 그만 자연의 것이 아니다. 이처럼 자연은 모든 것들을 천방天放해 둔다. 제 맘대로 삶을 누리게 내버려두는天放 자연을 그대로 본받아 실행하는 분이 『노자』에 나오는 성인聖人인지라 그 성인은 곧 바로 자연을 뜻한다고 여기고 믿으면 마음이 푸근해진다. 왜냐하면 이즈음 사람들이 부쩍 "자연에 살리라" 외치는 모습들이 마치 "성인께 안겨 살리라"처럼 들릴 수도 있기 때문이다.

오로지 위해주기만 하는 성인聖人인지라 우리와 겨룰 일은 없다. 자연은 결코 겨루지 않기에 성인도 따라서 겨루지 않는다. 위해 주되 무슨 일이 있어도 결코 다투지 않는 성인聖人이 목메어 그리운 까닭은 분명하다. 우리는 지금 눈만 뜨면 씨름판에 올라가 샅바잡기 다툼을 면하기 어려운 삶속으로 떠밀려가고 있는 까닭이다. 누구나 바라는 행복 그것은 솔직히 따지고 보면 깃털보다 더 가벼운 것일 수 있다. 돈 주고 행복을 살 수 없다는 것은 얼마나 다행스러운 일인가! 그렇게 바라는 행복이란 것은 겨루어서 이긴 승자의 것이 아님을 믿을수록 삶은 그만큼 나아진다. 우리가 『노자』에 나오는 성인聖人을 본받아 그냥 그대로 위해만 주되 서로 다투지 않는다면 행복은 결코 신기루 같지 않을 터이니 『노자』 맨 끝에 〈위이부쟁爲而不爭하라〉고 말했지 싶다.

피는 꽃은 이쁘고 지는 꽃은 미운가
— 윤재근 선생과 함께 읽는 노자 백책

초판 1쇄 발행 : 2016년 11월 1일

지은이 윤재근
발행인 노미영

펴낸곳 산천재(공급처 : 마고북스)
등록 2012.4.19
주소 서울시 마포구 월드컵북로 5길 48-9 (서교동)
전화 02-523-3123  팩스 02-523-3187
이메일 magobooks@naver.com

ISBN 979-11-87282-01-3 03100
ⓒ 윤재근, 2016

• 본문과 표지 일부에 아모레퍼시픽의 아리따 글꼴이 사용되었음을 밝힙니다.